数字浪潮
工业互联网先进技术 丛书

编委会

名誉主任： 柴天佑 院士
　　　　　　桂卫华 院士

主　任： 钱　锋 院士

副主任： 陈　杰 院士
　　　　　　管晓宏 院士
　　　　　　段广仁 院士
　　　　　　王耀南 院士

委　员： 杜文莉　顾幸生　关新平　和望利　鲁仁全　牛玉刚
　　　　　　侍洪波　苏宏业　唐　漾　汪小帆　王　喆　吴立刚
　　　　　　徐胜元　严怀成　杨　文　曾志刚　钟伟民

"十四五"时期国家重点出版物
出版专项规划项目

数字浪潮
工业互联网先进技术 丛书

Key Technologies
of Industrial Internet

工业互联网关键技术

杜文莉　王峰　赵亮　薛栋　著

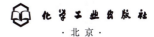

· 北京 ·

内容简介

工业互联网是现代信息技术与工业体系深度融合的全新工业生态、关键基础设施和新型应用模式，是支撑制造业高质量发展的"新基建"之一。本书重点介绍了工业互联网平台的概念和发展历史，国内外典型工业互联网平台的架构和特点，工业互联网边缘层、PaaS 层和 SaaS 层的关键技术，以及工业互联网在流程制造业和离散制造业的应用案例。

本书可作为高校研究生、政府工作人员、企业技术人员理解和学习工业互联网关键技术及应用的重要参考书。

图书在版编目（CIP）数据

工业互联网关键技术 / 杜文莉等著. —北京：化学工业出版社，2023.6

（"数字浪潮：工业互联网先进技术"丛书）

ISBN 978-7-122-43100-4

Ⅰ.①工… Ⅱ.①杜… Ⅲ.①互联网络-应用-工业发展 Ⅳ.①F403-39

中国国家版本馆CIP数据核字（2023）第 041258 号

责任编辑：宋　辉　耍利娜
文字编辑：李亚楠　陈小滔
责任校对：边　涛
装帧设计：王晓宇

出版发行：化学工业出版社
　　　　（北京市东城区青年湖南街 13 号　邮政编码 100011）
印　　装：中煤（北京）印务有限公司
710mm×1000mm　1/16　印张 18$\frac{1}{2}$　字数 320 千字
2023 年 6 月北京第 1 版第 1 次印刷

购书咨询：010-64518888
售后服务：010-64518899
网　　址：http://www.cip.com.cn

凡购买本书，如有缺损质量问题，本社销售中心负责调换。

定　价：108.00 元　　　　　　版权所有　违者必究

序言

当前,人类社会来到第四次工业革命的十字路口。数字化、网络化、智能化是新一轮工业革命的核心特征与必然趋势。工业互联网是新一代信息通信技术与工业经济深度融合的新型基础设施、应用模式和工业生态,通过对人、机、物、系统等的全面连接,构建起覆盖全产业链、全价值链的全新制造和服务体系,为工业乃至产业数字化、网络化、智能化发展提供了实现途径,是第四次工业革命的重要基石。目前,我国经济社会发展处于新旧动能转换的关键时期,作为在国民经济中占据绝对主体地位的工业经济同样面临着全新的挑战与机遇。在此背景下,我国将工业互联网纳入新型基础设施建设范畴,相关部门相继出台《"十四五"规划和2035年远景目标纲要》《"十四五"智能制造发展规划》《"十四五"信息化和工业化深度融合发展规划》等一系列与工业互联网紧密相关的政策,希望把握住新一轮的科技革命和产业革命,推进工业领域实体经济数字化、网络化、智能化转型,赋能中国工业经济实现高质量发展,通过全面推进工业互联网的发展和应用来进一步促进我国工业经济规模的增长。

因此,我牵头组织了"数字浪潮:工业互联网先进技术"丛书的编写。本丛书是一套全面、系统、专门研究面向工业互联网新一代信息技术的丛书,是"十四五"时期国家重点出版物出版专项规划项目和国家出版基金项目。丛书从不同的视角出发,兼顾理论、技术与应用的各方面知识需求,构建了全面的、跨层次、跨学科的工业互联网技术知识体系。本套丛书着力创新、注重发展、体现特色,既有基础知识的介绍,更有应用和探索中的新概念、新方法与新技术,可以启迪人们的创新思维,为运用新一代信息技术推动我国工业互联网发展做出重要贡献。

为了确保"数字浪潮：工业互联网先进技术"丛书的前沿性，我邀请杜文莉、侍洪波、顾幸生、牛玉刚、唐漾、严怀成、杨文、和望利、王喆等 20 余位专家参与编写。丛书编写人员均为工业互联网、自动化、人工智能领域的领军人物，包含多名国家级高层次人才、国家杰出青年基金获得者、国家优秀青年基金获得者，以及各类省部级人才计划入选者。多年来，这些专家对工业互联网关键理论和技术进行了系统深入的研究，取得了丰硕的理论与技术成果，并积累了丰富的实践经验，由他们编写的这套丛书，系统全面、结构严谨、条理清晰、文字流畅，具有较高的理论水平和技术水平。

这套丛书内容非常丰富，涉及工业互联网系统的平台、控制、调度、安全等。丛书不仅面向实际工业场景，如《工业互联网关键技术》《面向工业网络系统的分布式协同控制》《工业互联网信息融合与安全》《工业混杂系统智能调度》《数据驱动的工业过程在线监测与故障诊断》，也介绍了工业互联网相关前沿技术和概念，如《信息物理系统安全控制设计与分析》《网络化系统智能控制与滤波》《自主智能系统控制》和《机器学习关键技术及应用》。通过本套丛书，读者可以了解到信息物理系统、网络化系统、多智能体系统、多刚体系统等常用和新型工业互联网系统的概念表述，也可掌握网络化控制、智能控制、分布式协同控制、信息物理安全控制、安全检测技术、在线监测技术、故障诊断技术、智能调度技术、信息融合技术、机器学习技术以及工业互联网边缘技术等最新方法与技术。丛书立足于国内技术现状，突出新理论、新技术和新应用，提供了国内外最新研究进展和重要研究成果，包含工业互联网相关落地应用，使丛书与同类书籍相比具有较高的学术水平和实际应用价值。本套丛书将工业互联网相关先进技术涉及到的方方面面进行引申和总结，可作为高等院校、科研院所电子信息领域相关专业的研究生教材，也可作为工业互联网相关企业研发人员的参考学习资料。

工业互联网的全面实现是一个长期的过程，当前仅仅是开篇。"数字浪潮：工业互联网先进技术"丛书的编写是一次勇敢的探索，系统论述国内外工业互联网发展现状、工业互联网应用特点、工业互联网基础理论和关键技术，希望本套丛书能够对读者全面了解工业互联网并全面提升科学技术水平起到推进作用，促进我国工业互联网相关理论和技术的发展。也希望有更多的有志之士和一线技术人员投身到工业互联网技术和应用的创新实践中，在工业互联网技术创新和落地应用中发挥重要作用。

钱锋

  工业互联网是现代信息技术与工业体系深度融合的全新工业生态、关键基础设施和新型应用模式，是支撑制造业高质量发展的"新基建"之一，是第四次工业革命的基石。从价值角度，工业互联网本质是通过工业全要素、全价值链和全产业链的连接、解耦和重构，是人、机、物工厂互联互通的新型工业生产制造服务体系，实现对企业成本、质量、效益的优化和新技术、新产品、新模式的培育；从技术角度，工业互联网紧密结合5G、大数据和人工智能，构成了数据采集、传输、计算、分析和应用的闭环；从业务角度，工业互联网落地实施需求牵引、场景驱动，围绕各行业数字化转型，实现价值、技术和业务的闭环。

  同时，我国的工业互联网人才培养体系和生态也在逐渐完善。工业互联网需要多样化和多层次的人才培养模式，需要汇集高校/研究机构、企业、工业互联网平台和解决方案供应商，共建工业互联网人才培养体系和生态，各方优势互补、分工协作，共同推进工业互联网人才培养的实施，提高工业互联网人才培养质量与效率，有助于推动现有知识体系、知识结构的更新迭代，以适应制造业创新发展带来的复合型人才能力需求的新变化、新要求。

  本书围绕工业互联网基础、关键技术与核心应用，紧密结合前沿理论、场景化实验与丰富的实践案例，进行全方位、多层次的介绍，一方面充分描述工业互联网平台领域前沿、核心关键技术，另一方面平台充分融合团队在面向典型流程制造业和离散制造业方面的实践案例，用于工业互联网复合型人才培养。

第 1 章　绪论，深度介绍了工业互联网的基本概念、体系架构、关键技术和发展趋势，包括制造业发展的历程，各国工业互联网体系架构，工业互联网关键技术和发展趋势。

第 2 章　工业互联网平台，主要介绍边缘层、基础层、平台层和应用层的体系架构，以及国内外主流工业互联网平台的架构和功能特点。

第 3 章　工业互联网边缘层，介绍工业数据接入、边缘计算通信协议、边缘计算数据处理，以及典型的边缘计算应用场景等。

第 4 章　工业互联网 PaaS 层，介绍底层支撑体系框架，包括工业数据集成与资源管理、工业 APP 开发编排计算、工业低代码 APP 开发等技术，为后续工业 APP 开发提供平台支撑。

第 5 章　工业互联网 SaaS 层，介绍基于 SaaS 层的工业 APP 的概念、开发和应用全流程，以及工业 APP 生态体系建设。

第 6 章　工业互联网赋能行业应用，介绍工业互联网赋能典型流程制造业和离散制造业的应用案例，包括炼化一体化、煤化工、钢铁、水泥、电力、汽车等行业。

本书紧密围绕国家、区域及行业经济发展对智能制造、绿色制造和高端制造的实际需求，应用工业互联网技术解决企业生产和管理过程的痛点问题，介绍了关键技术的原理和方法，并给出了丰富的应用案例。本书可作为高校研究生、政府工作人员、企业技术人员理解和学习工业互联网技术及其应用的重要参考书。

著者

目录

第 1 章 绪论 ... 001

1.1 工业互联网概述 ... 002
- 1.1.1 互联网和互联网+ ... 003
- 1.1.2 工业1.0～工业4.0 ... 004
- 1.1.3 传统制造业面临的问题 ... 005
- 1.1.4 工业互联网的内涵 ... 006

1.2 工业互联网体系架构 ... 008
- 1.2.1 美国工业互联网参考架构 IIRA ... 009
- 1.2.2 德国工业4.0参考架构 RAMI 4.0 ... 010
- 1.2.3 日本工业价值链参考架构 IVRA ... 011
- 1.2.4 中国工业互联网体系架构 ... 012

1.3 工业互联网关键技术 ... 015
- 1.3.1 技术体系 ... 015
- 1.3.2 关键技术 ... 019
- 1.3.3 工业互联网前沿技术 ... 023

1.4 工业互联网发展趋势 ... 026

  1.4.1 工业互联网产业融合发展 026
  1.4.2 5G + 工业互联网快速融合发展 026
  1.4.3 工业 APP 应用持续丰富和拓展 027
  1.4.4 工业互联网平台发展趋势 027
 参考文献 028

第 2 章 工业互联网平台 031

 2.1 工业互联网平台概述 032
 2.2 工业互联网平台技术架构 035
  2.2.1 边缘层 035
  2.2.2 基础层 037
  2.2.3 平台层 038
  2.2.4 应用层 038
 2.3 国内外工业互联网平台 040
  2.3.1 国外工业互联网平台 040
  2.3.2 国内工业互联网平台 046
 参考文献 053

第 3 章 工业互联网边缘层 055

 3.1 边缘层概述 056
 3.2 工业数据接入 057
  3.2.1 工业控制系统 057
  3.2.2 工业信息系统 060
  3.2.3 其他工业设备 065
 3.3 边缘计算通信协议 070
  3.3.1 OPC DA 071
  3.3.2 OPC UA 072

####### 3.3.3 Modbus 073
####### 3.3.4 工业互联网标识解析 075
####### 3.3.5 工业实时数据库 077
3.4 边缘计算数据处理 082
####### 3.4.1 工业数据处理 082
####### 3.4.2 云计算与边缘计算 088
3.5 边缘计算应用 093
####### 3.5.1 视觉数据分析 093
####### 3.5.2 高频振动信号分析 095
####### 3.5.3 风机信号处理 097
参考文献 097

第 4 章　工业互联网 PaaS 层　　101

4.1 PaaS 层概述 102
####### 4.1.1 PaaS 层定义 102
####### 4.1.2 PaaS 层定位 103
####### 4.1.3 PaaS 层的技术架构 104
4.2 PaaS 层核心支撑技术 108
####### 4.2.1 分布式开发技术 108
####### 4.2.2 微服务架构 113
####### 4.2.3 微服务治理 116
####### 4.2.4 微服务开发框架 119
####### 4.2.5 容器与容器云 123
4.3 工业数据集成与资源管理 132
####### 4.3.1 工业数据集成与资源管理概述 133
####### 4.3.2 工业数据集成与资源管理流程和方法 134
####### 4.3.3 工业数据集成与资源管理工具 140
4.4 工业 APP 开发编排计算平台 148

4.4.1　基于平台的开发与部署　　149
　　4.4.2　基于组件的可复用技术　　154
　　4.4.3　图形化编程开发技术　　156
　　4.4.4　运行时求解计算过程　　161
　　4.4.5　异构算力环境调度　　164
　　4.4.6　分布式计算与并行计算　　167
4.5　工业低代码 APP 开发　　168
　　4.5.1　工业低代码 APP 开发简介　　169
　　4.5.2　工业低代码 APP 开发原理　　170
　　4.5.3　典型的低代码开发平台　　179
　　4.5.4　工业低代码的应用场景　　189
参考文献　　191

第 5 章　工业互联网 SaaS 层　　195

5.1　SaaS 概述　　196
　　5.1.1　SaaS 定义　　196
　　5.1.2　SaaS 主要特点　　197
　　5.1.3　SaaS 发展现状　　198
　　5.1.4　SaaS 代表产品　　199
5.2　工业 APP 概述　　200
　　5.2.1　工业 APP 定义　　200
　　5.2.2　工业 APP 的特点　　201
　　5.2.3　工业 APP 与工业软件　　202
　　5.2.4　工业 APP 发展现状　　203
5.3　工业 APP 开发　　204
　　5.3.1　技术架构　　205
　　5.3.2　关键技术　　206
　　5.3.3　开发流程　　207

5.4 工业 APP 应用 … 209
    5.4.1 面向智能设计的工业 APP … 209
    5.4.2 面向智能生产的工业 APP … 214
    5.4.3 面向智能运维的工业 APP … 219

5.5 工业 APP 生态体系建设 … 225
    5.5.1 生态体系的构成内容 … 225
    5.5.2 参与主体及主要活动 … 226
    5.5.3 生态基础建设 … 228
    5.5.4 使能环境建设 … 229

参考文献 … 232

第 6 章 工业互联网赋能行业应用 … 235

6.1 工业互联网赋能流程制造业典型应用 … 236
    6.1.1 炼化一体化生产智能管控典型案例 … 236
    6.1.2 煤气化炉智慧生产管控平台案例 … 240
    6.1.3 水泥行业智能工厂建设典型案例 … 245
    6.1.4 基于工业互联网平台的钢铁智慧管控中心建设 … 248
    6.1.5 基于工业互联网平台的空冷数字孪生智能控制系统 … 252
    6.1.6 基于工业互联网平台的危废焚烧智能决策系统 … 256

6.2 工业互联网赋能离散制造业典型应用 … 261
    6.2.1 基于工业互联网平台的高端发动机智能设计、智能运维一体化系统 … 261
    6.2.2 基于工业互联网平台的汽车行业生产仿真和优化系统 … 265
    6.2.3 大型工程机械一体化平台典型应用 … 269
    6.2.4 动力电池行业智能工厂典型应用 … 273
    6.2.5 基于工业互联网平台的 AI 质检领域典型应用 … 276

参考文献 … 281

Digital Wave
Advanced Technology of
Industrial Internet

Key Technologies
of Industrial Internet

工业互联网关键技术

第 1 章

绪论

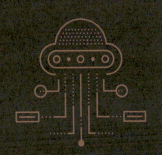

工业互联网是新一代信息通信技术与工业经济深度融合的新型基础设施、应用模式和工业生态，通过对人、机、物、系统等的全面连接，构建起覆盖全产业链、全价值链的全新制造和服务体系，为工业乃至产业数字化、网络化、智能化发展提供了实现途径，是第四次工业革命的重要基石，是实现制造业高质量发展的基本保障。本章主要介绍工业互联网的基本概念和内涵、体系架构、关键技术和发展趋势。

1.1
工业互联网概述

20 世纪中叶以来，工业技术与信息技术开始融合，持续推动技术创新。网络技术的发展加速了融合过程，网络化工业控制系统的发展就是融合带来技术发展的范例。网络化工业控制主要经历了三个发展阶段：20 世纪 60 年代和 70 年代的计算机控制系统，20 世纪 80 年代和 90 年代的分布式控制系统，以及 21 世纪的现场总线系统。在这些阶段，技术研发重点是工业过程的自动化和信息化。

2012 年，为了适应网络信息技术的发展，国际工业技术巨头通用电气公司（GE）提出了工业互联网的概念，并发表了工业互联网的白皮书[1]，给出了工业互联网的定义：基于开放的、全球化的网络，将设备、人和数据分析（工业互联网三要素）连接起来，通过对大数据的利用与分析，升级航空、医疗装备等工业领域的智能化，降低能耗，提升效率。工业互联网的本质是智能机器、高级分析和工作中的人的深度集成。

工业互联网的发展对传统制造业的转型升级及国际竞争力的提升起决定性作用。工业互联网被明确定义为推动传统制造业往数字化、现代化转型的关键驱动力，是加速 5G 应用开发、万物互联、智能制造的强劲引擎，逐渐成为传统制造产业融合发展的重要方向[2]。

1.1.1 互联网和互联网+

（1）互联网

互联网（Internet），是指将计算机网络以一组通用的网络协议互相联结在一起，发展出覆盖全世界的全球性互联网络，这种将计算机网络串联在一起的方法可称作"网络互联"。互联网的特点包括：信息交换具有时域性，更新速度快；信息交换不受空间限制；信息交换具有互动性，人与人、人与信息之间可以互动交流；信息交换的使用成本低，可以代替实物交换；信息交换的发展趋向于个性化，可以满足用户的个性化需求；整合有价值的信息资源，信息存储规模大、高效快速；信息交换形式多，包括视频、图片、文字等。

互联网在经济和社会领域的广泛应用为其与行业的深度融合奠定了坚实的基础，互联网逐渐从信息消费领域转移到生产领域，进一步激活、释放和放大了传统产业和服务业的创新潜力。例如，基于物联网和云计算的智能制造和资源、能源共享正在改变工业生产模式；基于互联网和大数据的大规模协作和价值共享正在成为经济社会发展的主流。互联网正在成为经济社会发展的新引擎，推动经济社会发展从要素驱动向创新驱动转变。

（2）互联网+

"互联网+"是互联网在以信息时代和知识社会为创新形式的创新2.0的推动下发展起来的一种新的商业形式，也是一种经济和社会发展新形式。"互联网+"就是"互联网+传统产业"。随着科学技术的发展，信息和互联网平台开始整合互联网和传统产业，凭借互联网的优势和特点产生了新的发展机会。"互联网+运用"通过对传统产业进行优化、升级和改造，让传统产业更加迅速地适应当前发展，最终推动社会持续性发展。

"互联网+"融合升级了信息化与工业化，以互联网作为当前发展的核心特征，通过提取互联网，并将其与各行各业（如工业、商业、金融等服务业）全面融合。创新是"互联网+"的关键，只有创新才能使这个"+"真正具有价值和意义。因此，"互联网+"被认为是创新2.0下互联网发展的一种新形式，是知识社会创新2.0推动下经济社会发展的新演进。

1.1.2　工业1.0～工业4.0

18世纪60年代开始第一次工业革命，蒸汽机出现，手工劳动被机械生产替代，社会从以农业、手工业为基础转型到了以工业机械制造带动经济发展的新模式，实现工厂机械化，进入"蒸汽时代"，即工业1.0。

19世纪末20世纪初第二次工业革命后，以劳动分工为基础，应用继电器、电气自动化控制机械设备等电力驱动产品开展大规模生产，进入了"电气时代"，即工业2.0。

第三次工业革命源于计算机的出现，20世纪70年代，在工业2.0基础上，电子与信息技术的广泛应用，大幅度提高了制造过程自动化控制水平。工厂大量采用由PC、PLC/单片机等自动控制的机械设备进行生产，机器逐步替代人工，进入"电子信息化时代"，即工业3.0。

来自传感器和工业物联网的数据推动了第四次工业革命，信息技术和制造业正在不断融合，生产也变得越来越自主。工业4.0由德国政府在2013年《高技术战略2020》确定，支持工业领域新一代革命性技术的研发与创新，进入实体物理世界与虚拟网络世界融合的工业4.0时代，由美国率先提出虚拟网络-实体物理系统，即信息物理系统（Cyber-Physical System, CPS）。基于CPS的智能化，将形成高度灵活、个性化、数字化的产品与服务新生产模式。图1-1是工业1.0～工业4.0的发展历程。

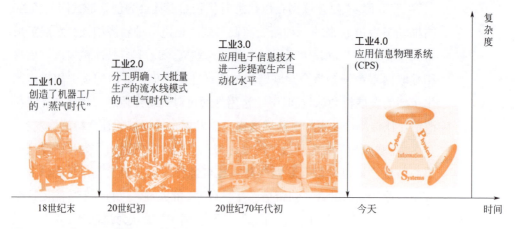

图1-1　工业1.0～工业4.0的发展历程

在工业 4.0 的背景下，国内传统产业结构得到升级改造，推动了制造业的发展。工业 4.0 基于工业物联网，涵盖客户需求、生产制造过程、信息管理系统等，实现检测、调控、交互一体化，以最快的速度、最先进的技术完成生产任务。与传统的工业制造相比，这不仅是速度的提高，而且是质量的显著改进。

1.1.3 传统制造业面临的问题

制造业的信息化系统包括企业资源规划（ERP）、制造执行系统（MES）和过程控制系统（PCS）三层结构。ERP 为海量数据提供强大的分析能力，对企业的人力、财力、资源、能源等进行规划，并实时监控完成情况；MES 实现信息资源的跨领域协作和开放共享，通过生产调度和工艺设计，制定各生产部门的生产计划，确定工艺指标，分解为生产调度和控制系统运行指标，并实时监控完成情况；PCS 全面感知制造过程，实现生产过程各个回路的闭环控制，以及对各个装备的逻辑控制和过程监控。

传统制造业正面临着三方面的问题：一是感知深度不足，传统仪表自动化系统仅感知过程变量，信息维度低，难以反映物理过程深层次动态特性；二是互联的广度不足，跨领域信息孤岛难以互联互通，无法准确描述领域间复杂关联关系，决策结果的全局性差；三是分析的综合预见性不足，对工业运行数据的挖掘多是从单一视角和需求出发，不够深入，导致决策不准确。

为了应对这些挑战，可以依托工业互联网的互联互通能力，采集温度、压力等多源信息，综合决策，提升感知深度；打通产品规划、产品设计、生产制造、服务等各个环节，提升互联广度；融合数据、知识和生产工艺，综合分析生产过程、设备的动态特性，将反馈调控改为预测式调控，提升分析预见性。随着工业互联网应用领域的不断拓展，制造业的生产效率逐渐提高，生产成本和环境影响显著降低，助力制造业高质量发展。

1.1.4 工业互联网的内涵

从早期 GE 提出工业互联网理念,到 GE 的 Predix 平台受到热捧,再到西门子宣布推出工业互联网平台 MindSphere,乃至我国多家本土制造业企业宣布推出工业互联网平台,工业互联网的热度不断提高。目前,工业互联网已成为政府、制造企业、互联网公司、物联网公司、电信运营商、IT 和自动化厂商等各方关注的焦点。

(1) 工业互联网的定义

工业互联网是新一代信息技术与工业系统全方位深度融合所形成的产业和应用生态,是工业数字化、网络化、智能化发展的基础设施,其本质是以人、机、物互联为基础,通过对工业数据的全面深度感知、实时传输交换、快速计算处理和高级建模分析,实现智能控制、运营优化和生产组织方式变革。

工业互联网是第四次工业革命的重要基石。工业互联网通过人、机、物的全面互联,实现全生产要素、产业链和价值链的全面连接,收集、传输、存储和分析各种数据,形成智能反馈,推动形成全新的生产和服务体系,实现资源优化配置,充分发挥制造设备、工艺和材料的潜力,提高企业生产效率,创造差异化产品,提供增值服务。工业互联网为实现和促进实体经济各个领域的转型升级提供了具体途径。

工业互联网不是互联网在工业的简单应用,而是具有更为丰富的内涵和外延。它以网络为基础、平台为中枢、数据为要素、安全为保障,既是工业数字化、网络化、智能化转型的基础设施,也是互联网、大数据、人工智能与实体经济深度融合的应用模式,同时也是一种新业态、新产业,将重塑企业形态、供应链和产业链[3]。互联网的应用会促进协同能力的提升,协同能力的提升会带动企业业务的分工细化。面向未来,企业会更多地共享外部资源,企业内部的协同能力也会越来越强,相应外部环境变化的速度会越来越快,从而引发企业的战略改变。

工业互联网作为"人-机-物"深度融合的智能网络空间,具有下面几个主要特征:三元融合,实现了对人行为模型、工业过程模型与信息系统模型的融合;时空关联,能够实时反映工业过程的时空变化;平行演进，实现了信息空间与物理空间的同步演进；智能涌现，实现工业过程的自感知、自分析、自优化、自执行。

(2) 工业互联网与智能制造

智能制造是指具有自感知、自学习、自决策、自适应等功能的先进制造过程、系统与模式的统称，融合了新一代信息技术与先进制造技术，贯穿于制造活动的各个环节，如设计、生产、管理、服务等。工业互联网与智能制造虽然各有侧重，前者侧重于工业服务，后者侧重于工业制造，但其本质都是实现智能制造与智能服务。工业互联网是实现智能制造的发展模式和现实路径，通过工业平台为企业提供定制化的服务。智能制造作为全球工业的终极目标，最终目的是实现全球工厂的智能自动化。

工业互联网与智能制造不等同。工业互联网支撑智能制造，而智能制造帮助企业实现业务目标。现阶段，工业互联网仍处于初级应用阶段，多数为设备物联加分析或者业务系统互联加分析的组合。从目前发展现状来看，工业互联网通过企业互联实现网络化协同，通过产品互联实现服务延伸，并在精准对接的基础上满足个性化定制的需求，让企业实现智能化生产。智能化的目标不只是单一机器或者单一的生产线进行智能化，而是整个生产流程的智能化，通过布置传感器设备，以无线通信技术为支撑，搭建工业云平台，从生产到管理实现全流程互联互通，形成闭环，对数据进行科学分析与应用，从而推动传统制造型企业向生产服务型企业转型。

(3) 工业互联网的发展模式

在企业内部，要实现工业设备、信息系统、业务流程、产品与服务、人员之间的互联，打通IT网络与工控网络，实现从决策层到生产车间的纵向互联；在企业间，要实现上下游企业（供应商、经销商、客户、合作伙伴）之间的横向互联；从产品生命周期的维度来看，要实现产品从设计、制造到应用，再到报废回收再利用的整个生命周期的互联。工业互联网的发展模式介绍如下。

① 基于叠加式系统改造的智能工厂探索　在数字化工厂的基础上，智能工厂利用物联网技术和监控技术加强信息管理服务，减少生产过程

的人工干预，提高可控性，合理计划排程。利用智能化控制系统方案，通过部署云平台和智能控制设备，有效采集设备生产数据，企业通过云平台实现智能化的生产管理，以达到降低企业经营成本、提高生产效率的目标。

② 基于集成式系统的智能工厂探索　该模式主要包括技术集成化和管理集成化，例如机电一体化、生产和生物技术一体化；管理信息系统（MIS）集成产品信息、功能和过程，统筹管理整个制造过程，包括客户集成、价值链集成、智力集成、纵向集成、横向集成。

③ 基于产品智能化和互联网的智能延伸服务　上下游企业产品设计、生产制造和制造服务协同，针对不同的市场需求，给出不同的解决方案；企业通过在产品上添加智能模块，实现产品联网与运行数据采集，并利用大数据分析使智能服务多样化，从销售产品拓展到优化服务，如客户增值体验、产品优化方案等。

④ 基于企业间联网的云制造协作　各个制造行业存在差异，不同的企业与企业之间也存在差异，企业之间实现联网互通，相互协作，加速产业融合，推动制造业工业互联网的飞速发展。云制造模式具有云计算的优点，还拥有柔性制造和网络化制造等先进制造模式的优势，可以高效共享与协同海量制造资源，具有良好的系统开放性和用户参与度。

⑤ 基于工业互联网的定制化生产　大规模定制的核心在于通过产品结构、生产流程的重构，运用信息化手段、柔性制造技术，把产品的定制生产全部或者部分转化为批量生产，为单个客户或者小批量多品种市场定制任意数量的产品。通过工业互联网平台，需求企业和生产企业可以直接沟通工业产品的个性化需求，实现小批量定制化生产。

1.2
工业互联网体系架构

工业互联网总体架构的设计和制定可以指导相关技术研发、标准研制、试验验证、系统集成和应用推广等工作。世界主要国家在推进制造业数字化的过程中，不约而同地把参考架构设计作为主要抓手，如美国推出工业互联网参考架构 IIRA，德国推出工业 4.0 参考架构 RAMI 4.0，日本推出工业价值链参考架构 IVRA，其核心目的是以参考架构凝聚产业共识与各方力量，指导技术创新并参与解决方案研发，引导制造企业开展应用方面的探索与实践，并组织标准体系建设与标准制定，从而推动工业互联网的发展从概念走向落地。

1.2.1 美国工业互联网参考架构 IIRA

2015 年，美国工业互联网产业联盟推出了工业互联网参考架构 IIRA（Industrial Internet Reference Architecture），如图 1-2 所示，从商业、应用、功能和执行 4 个视角进行描述。整个参考架构是在商业、运营、信息、应用和控制 5 大功能域及系统安全、信息安全、弹性、互操作性、连接性、数据管理、高级数据分析、智能控制、动态组合 9 大系统特性基础上形成的，由边缘层、平台层和企业层及其包含的软硬件系统和网络组成的系统架构[4]。

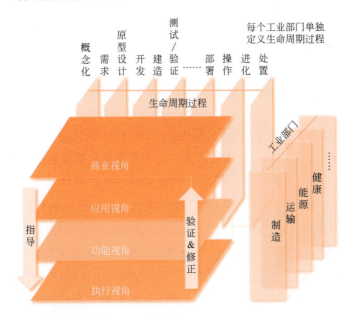

图 1-2　美国工业互联网参考架构 IIRA

其中，商业视角关注利益相关者的识别，以及其在业务和监管环境中建立工业互联网的业务愿景、价值观和目标。它进一步确定了工业互联网如何通过映射到基本系统功能来实现既定目标。

应用视角解决了预期系统使用的问题。它通常表示为涉及人类或逻辑用户的活动序列，这些活动提供其预期功能以最终实现其基本系统功能。

功能视角关注互联网中的功能组件、它们的相互关系和结构、它们之间的接口和交互，以及系统与环境中外部元素的关系和交互，以支持整个系统的使用和活动。

执行视角处理实现功能组件、它们的通信方案和生命周期过程所需的技术。这些组件由活动（应用观点）协调并支持系统能力（商业观点）。

2016 年 11 月，美国工业互联网产业联盟发布了经营战略和创新框架（Business Strategy and Innovation Framework, BSIF），帮助企业识别和分析必须利用新兴的工业物联网机遇解决的问题。这一文件由工业互联网联盟企业战略工作组起草，描述了企业在部署工业物联网之前要考虑的策略和目标、问题和挑战，搭建结构化框架以及设置系统以识别、评估和启动工业物联网，以此降低市场和技术的不确定性，为客户、用户和合作伙伴提升价值[4]。

1.2.2　德国工业 4.0 参考架构 RAMI 4.0

2015 年，德国经济部、德国教育与科技部，以及西门子、Festo 与 SAP 等企业共同参与升级版工业 4.0 平台建设，组成新的工作小组，针对工业 4.0 标准化、技术研发、数据安全、人才培养、法律框架五个课题进行讨论[4]。2015 年 4 月，《德国工业 4.0 实施战略》提出参考模型 RAMI 4.0（Reference Architectural Model Industrie 4.0），如图 1-3 所示，其本质是从工业角度出发，结合已有工业标准，以 CPPS（信息物理生产系统）为核心的智能生产功能，映射到全生命周期价值链和全层级工业系统中，以简单直观的方式呈现数据驱动的工业智能化图景。德国工业 4.0 是以生产车间为核心的信息化革命，工厂的数字化和智能化是产

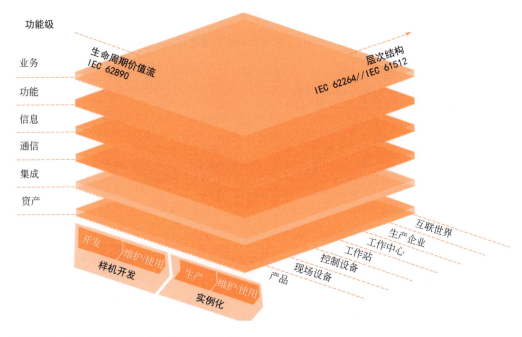

图 1-3　德国工业 4.0 参考架构 RAMI 4.0

业升级的核心部分。德国工业 4.0 主要关注复杂生产场景中的工业自动化、软/硬件的融合和内部信息系统的智能化[5]。

2016 年 3 月，德国工业 4.0 平台和美国工业互联网联盟（IIC）签署合作协议，就合作目标、内容等达成共识，导出共同的需求，推动全球统一标准的研制，升级版工业 4.0 平台持续深入地对标准化问题进行研究，进一步聚焦于网络通信、信息数据、价值链、企业分层等标准，提出标准化机构要根据工业 4.0 架构对相关技术进行说明或规定，形成统一的标准并实施应用，以克服信息技术和制造技术因原理、接口和数据结构等不同而产生的融合困难[4]。

1.2.3　日本工业价值链参考架构 IVRA

2016 年 12 月，日本工业价值链促进会推出智能工厂的基本架构——工业价值链参考架构（Industrial Value Chain Reference Architecture，IVRA）[4]，如图 1-4 所示。该架构同时参考了美国 IIRA 架构和德国 RAMI 4.0 架构

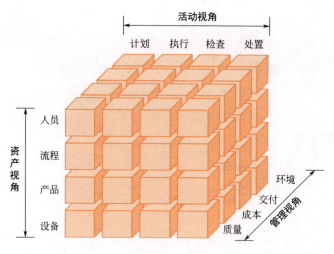

图1-4 日本工业价值链参考架构 IVRA

的内容，从设备、产品、流程、人员的资产视角，质量、成本、交付、环境的管理视角，以及计划、执行、检查、处置的活动视角，组成三维模型，并细分出智能制造单元，进而提出了智能制造的总体功能模块架构。

日本工业价值链参考架构借鉴精益制造、持续改善的经营思想等，嵌入日本制造业特有的价值导向，突出专家知识库对制造过程的重要影响，坚持人员是制造过程中的关键因素。此外，考虑到互联制造各环节接口的复杂性，日本工业价值链参考架构提出宽松定义的标准结构，通过建立企业间的宽松接口，突破"每个实例服从于一个标准"的传统模式限制，企业可根据自身实际情况选择适合的模型，不必过多地改变业务流程[4]。

1.2.4 中国工业互联网体系架构

2016年8月，中国工业互联网产业联盟（AII）发布了《工业互联网体系架构（版本1.0）》，如图1-5所示，提出了工业互联网的网络、数据、安全三大体系。其中，"网络"是工业数据传输交换和工业互联网发展的支撑基础，包括网络互联、标识解析、应用支撑三大体系；"数据"是工业智能化的核心驱动，本质是数据智能在工业中的全周期应用，包括"采集交换-集成处理-建模分析-决策与控制",形成优化闭环,驱动工业智能化;"安全"是网络与数据在工业中应用的重要保障,包括设备安全、控制安全、网络安全、数据安全、应用安全等。基于三大体系,工业互联网重点构建三大业务优化闭环,即面向机器设备操作优化的闭环,面向生产运营决策优化的闭环,以及面向企业协同、用户交互与产品服务的全产业链、全价值链优化的闭环,并进一步形成智能化生产、网络化协同、个性化定制、服务化延伸四大应用模式[6]。

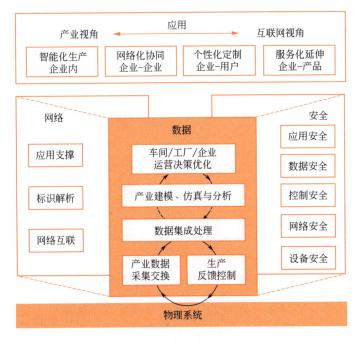

图1-5 工业互联网体系架构(版本1.0)

工业互联网体系架构1.0发布以来,工业互联网的概念和内涵获得各界广泛认同,开始由理念与技术验证走向规模化应用推广。但面向新技术发展与制造业数字化转型的需求,工业互联网体系架构1.0存在以下问题:制造业特点不够突出,具有较强的技术通用性,但没有结合制造业需求、流程、生产工艺等特点;5G、人工智能、边缘计算、区块链等新技术发展将可能改变传统架构范式,需要在工业互联网发展过程中进一步融合。

为了进一步适应我国智能制造和数字化转型发展的需求，2020年4月，在充分继承了体系架构1.0核心思想的基础上，工业互联网体系架构2.0出现，如图1-6所示。体系架构2.0将体系架构1.0提出的三大智能化闭环合并为共性的数据优化闭环，体现了工业互联网系统中数据无处不在的特征。在体系架构1.0中，网络、数据、安全在数据功能上存在一定重叠，如安全体系中包含数据安全功能，网络体系中包含数据传输与互通功能；在体系架构2.0中，以平台替代数据，重点体现体系架构1.0中数据的集成、管理与建模分析功能，形成网络、平台、安全三大体系，但功能内涵与体系架构1.0基本一致。

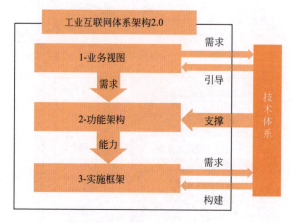

图1-6　工业互联网体系架构2.0

工业互联网体系架构2.0包括业务视图、功能架构、实施框架三大板块，形成以商业目标和业务需求为牵引，进而明确系统功能定义与实施部署方式的设计思路，自上向下层层细化和深入。

业务视图明确了企业应用工业互联网实现数字化转型的目标、方向、业务场景及相应的数字化能力，主要用于指导企业在商业层面明确工业互联网的定位和作用，提出的业务需求和数字化能力需求对于后续功能架构设计是重要指引。

功能架构明确企业支撑业务实现所需的核心功能、基本原理和关键要素，用于指导企业建立工业互联网的支撑能力与核心功能，为工业互联网实施框架的制定提供参考。

实施框架定义了各项功能在企业落地实施的层级结构、软硬件系统和部署方式,层级包括设备层、边缘层、企业层和产业层,为企业提供工业互联网具体落地的统筹规划与建设方案,也可以指导企业技术选型与系统搭建。

工业互联网体系架构2.0面向数字化转型的时代需求,融合工业互联网发展的最新理念、价值、技术、功能、范式和流程,形成了指导国家、社会、产业、企业等多层面工作推进的一套综合性体系框架。工业互联网体系架构2.0进一步丰富了工业互联网的理论内涵,加快建立工业互联网应用实施的指导框架,能够为政府机构、企业、科研机构、投资者等利益相关方提供引导和参考,促进各界统一认识、凝聚共识、协作共赢,共同推进工业互联网赋能制造业转型升级,并不断发展走向成熟[7]。

1.3 工业互联网关键技术

工业互联网通过对工业数据的全面深度感知、实时传输交换、快速计算处理和高级建模分析,实现智能控制、运营优化和生产组织方式变革。由工业互联网体系架构2.0和工业互联网的发展可以看出,工业互联网的应用离不开技术体系的支撑。工业互联网的技术体系是支撑功能架构实现、实施架构落地的整体技术框架,超出了单一学科和工程的范围。为了能够适应制造业数字化转型的各种业务场景的需求,需要将独立技术联系起来组成相互关联、各有侧重的新技术体系,包括网络、平台、安全三大技术体系。围绕三大体系和工业互联网平台架构,需要数据/设备接入、平台资源管理调度、工业APP开发和应用等若干关键技术支撑。

1.3.1 技术体系

(1)网络体系

网络体系是实现工业生产全要素深度互联的基础,包括网络互联、数据互通和标识解析体系，其框架如图 1-7 所示。网络互联实现要素之间的数据传输；数据互通实现要素之间传输信息的相互理解；标识解析实现生产要素的标记、管理和定位[8]。网络体系是实现设备、物料、控制系统、信息系统、人之间的泛在连接，形成工业智能化的"血液循环系统"的基础。

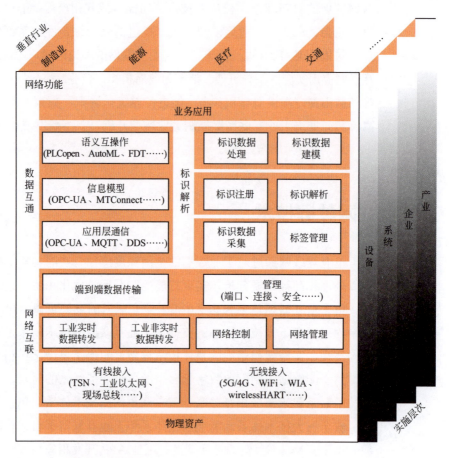

图 1-7　工业互联网网络体系框架

① 网络互联　网络互联，即通过有线、无线通信的方式，联结工业互联网体系中的全要素，支撑业务发展的多要求数据转发，实现端到端的数据传输。网络互联根据协议层次由底向上分为多方式接入、网络层转发和传输层传送等。

② 数据互通　数据互通主要实现数据和信息在生产要素间、系统间的无缝传递，促进不同系统在数据层面的相互"理解"，从而实现数据互操作与信息集成。数据互通包括应用层通信、信息模型和语义互操作等功能。

③ 标识解析　标识解析提供标识数据采集、标签管理、标识注册、标识解析、标识数据处理和标识数据建模功能。标识数据采集定义了标识数据的采集和处理方法，包含标识读写和数据传输两个功能，负责标识的识读和数据预处理；标签管理定义了标识的载体形式和标识编码的存储形式，完成载体数据信息的存储、管理和控制；标识注册是在信息系统中创建对象的标识注册数据，并存储、管理、维护该注册数据[9]；标识解析根据不同的标识编码查询目标对象的网络位置或者相关信息，对机器和物品进行确定性的定位和信息查询；标识数据处理对采集后的数据进行清洗、存储、检索、加工、变换和传输，根据不同业务场景，依托数据模型来实现不同的数据处理过程；标识数据建模构建特定领域应用的标识数据服务模型，建立标识应用数据字典、知识图谱等，基于统一标识建立对象在不同信息系统之间的关联关系，提供对象信息服务。

（2）平台体系

平台是工业全要素连接的枢纽，下连设备，上接应用，通过海量数据汇聚、建模分析与应用开发，推动制造能力和工业知识的标准化、软件化、模块化与服务化，支撑工业生产方式、商业模式创新和资源高效配置[9]。

工业互联网平台体系一般包括边缘层、IaaS、PaaS 和 SaaS 四个层级，是工业互联网的"操作系统"，实现数据汇聚、建模分析、知识复用和应用创新等功能。数据汇聚将多源、异构、海量数据集中到工业互联网平台，为深度应用提供基础；建模分析提供工艺机理、大数据、人工智能驱动的模型和分析工具，对海量数据挖掘分析，实现机理和数据驱动的智能决策；知识复用将工业经验和知识转化为平台上的模型库、知识库，并以微服务组件方式提供二次开发和重用，加速工业知识的沉淀；应用创新面向研发设计、经营管理、生产控制、服务保障等业务场景，提供各类工业 APP、云化软件，解决企业痛点需求。

（3）安全体系

工业互联网安全体系包括设备、控制、网络、平台、工业 APP、数据等多方面网络安全问题，核心任务是通过监测预警、应急响应、检测评估、功能测试等手段确保工业互联网健康有序发展。"安全"是网络与数据在工业中应用的安全保障，包括设备安全、网络安全、控制安全、数据安全、应用安全和综合安全管理[10]，如图 1-8 所示，表现为通过涵盖整个工业系统的安全管理体系，避免网络设施和系统软件受到内部和外部攻击，降低企业数据被未经授权访问的风险，确保数据传输与存储的安全性，实现对工业生产系统和经营管理系统的全方位保护。

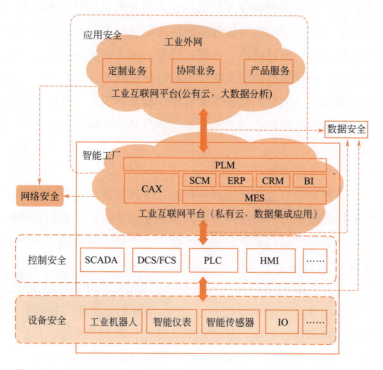

图 1-8　工业互联网安全体系框架

① 设备安全　指工业智能装备/产品的安全，包括工厂内单点智能器件、成套智能终端、智能产品在操作系统/应用软件和硬件两方面的安全问题，可采用的安全机制包括固件安全增强、恶意软件防护、设备

身份鉴别与访问控制、漏洞修复等。

② 控制安全　指生产控制安全，包括控制协议、控制软件和控制功能的安全，可采用的安全机制包括协议安全加固、软件安全加固、恶意软件防护、补丁升级、漏洞修复、安全监测审计等。

③ 网络安全　指承载工业智能生产和应用的工厂内部网络、外部网络及标识解析系统等的安全，可采用的安全机制包括网络结构优化、边界安全防护、接入认证、通信内容防护、通信设备防护、安全监测审计等。

④ 应用安全　指支撑工业互联网业务运行的工业互联网平台与工业应用软件的安全，可采用的安全机制包括安全审计、认证授权、DDOS攻击防护、漏洞排查、应用程序行为监测等。

⑤ 数据安全　包括采集、传输、存储、处理等各个环节的数据以及用户信息的安全，可采用的安全机制包括明示用途、数据加密、访问控制、业务隔离、接入认证、数据脱敏等[11]。

1.3.2　关键技术

工业互联网平台需要解决多类工业设备接入、多源工业数据集成、海量数据管理、工业数据建模分析、工业应用创新与集成、工业知识积累迭代实现等问题，涉及九大关键技术，分别为数据集成和边缘处理技术、IaaS 技术、平台使能技术、数据管理技术、工业数据建模与分析技术、应用开发和微服务技术、工业 APP、智能服务、平台安全技术[12]。

（1）数据集成和边缘处理技术

工业互联网边缘层通过大范围、深层次的数据采集，以及异构数据的协议转换与边缘处理，构建了工业互联网平台的数据基础，主要技术包括设备接入、协议解析和边缘数据处理等[3]。

① 设备接入　应用工业以太网、现场总线、4G/5G、NB-IoT 等工业通信协议，将工业现场设备接入平台边缘层，通过各种通信手段接入设备、系统和产品，采集海量数据。

② 协议解析　运用协议解析、中间件等技术兼容 OPC、Modbus、

CAN、Profibus 等各类工业通信协议，实现数据格式的转换和统一；应用 HTTP、MQTT 等方式将采集到的数据从边缘侧传输到云端，实现数据的远程接入。利用边缘计算设备实现底层数据的汇聚处理，并实现数据向云端平台的集成。

③ 边缘数据处理　基于边缘分析算法、高性能计算芯片、实时操作系统等技术的支撑，在靠近设备或数据源头的网络边缘侧进行数据预处理、存储以及智能分析应用，提升操作响应灵敏度，消除网络堵塞，并与云端分析形成协同[13]。

（2）IaaS 技术

工业互联网 IaaS 层基于分布式存储、虚拟化、并行计算、负载调度等技术，实现网络、计算、存储等计算机资源的池化管理，根据需求进行弹性分配，并确保资源使用的安全与隔离，为用户提供完善的云基础设施服务。IaaS 主要由服务器、分布式存储、网络和虚拟化等云基础设施组成，分布式存储和虚拟化技术是 IaaS 的关键技术，解决了工业互联网数据存储和云计算的问题[14]。

① 分布式存储　将大量的普通服务器，通过网络互联，对外作为一个整体提供存储服务。采用可扩展的系统结构，利用多台存储服务器分担存储负荷，使分布式网络存储系统具有高可靠性、可扩展性、易维护等优势。

② 虚拟化　将计算机的各种实体资源（CPU、内存、磁盘空间、网络适配器等）抽象成可供分区、组合为一个或多个电脑配置环境的资源管理技术。虚拟化框架由宿主机、虚拟机和进程管理程序组成，进程管理程序主要负责协调硬件资源的访问，并施加保护。

（3）平台使能技术

在通用 PaaS 架构上进行二次开发，实现工业 PaaS 层的构建，提供海量工业数据的管理和分析服务，并能够积累沉淀不同行业、不同领域的工艺机理和知识经验等，实现封装、固化和复用，在开放的开发环境中以微服务的形式提供给开发者，用于快速构建定制化工业 APP，打造完整、开放的工业操作系统，具有资源调度、多租户管理、容灾特性、高效压缩传输方法和轻量级高强度加密机制五种平台使能技术[15]。

（4）数据管理技术

数据管理技术，即实时增量工业大数据处理技术，具有高速集成接口及增量存储规范和数据集成安全规范，可构建数据业务关联关系模型，在使用轻量级大规模数据索引技术的前提下，能基于内存的高速实时流数据处理方法和工业流数据过滤及回归算法，对工业数据进行清洗、管理、分析和可视化，提高数据管理的效率和数据质量。数据管理技术包括以下三种。

① 数据处理框架　借助 Hadoop、Spark、Storm 等分布式处理架构，满足海量数据的批处理和流处理计算需求。

② 数据预处理　运用数据冗余剔除、异常检测、归一化等方法对原始数据进行清洗，为数据的存储、管理与分析提供高质量数据来源。

③ 数据存储与管理　通过分布式文件系统、关系数据库、时序数据库等不同的数据管理引擎，实现海量工业数据的分区选择、存储、编目与索引等[16]。

（5）工业数据建模和分析技术

工业互联网在工业领域广泛应用，大量与工业生产活动相关的数据被实时采集并存储到企业的信息系统中，工业数据在进行预处理后，可用来建立模型和分析数据潜在的信息，有助于改进生产工艺，提高生产效率，降低生产成本，为实现智能制造奠定基础，关键技术是机理建模和数据分析算法。

① 机理模型是工业互联网平台的重要构成要素，其汇集了工业生产过程中的机械、电子、物理、化学等领域的专业知识，结合实际工业生产实践经验，基于已知工业机理开发各类模型，集成到工业互联网平台中，实现高级分析应用。工业机理模型将工业经验知识进行提炼和封装，推动行业知识经验在平台的沉淀集聚，通过设计开发专业的数据模型和算法组合，对特定的工业数据输入进行计算处理，输出工业控制相关参数。

② 数据分析算法是模型开发、检测监控、智慧决策的基础。通过运用决策树、神经网络、支持向量机等机器学习算法，以及深度学习、迁移学习、强化学习等人工智能算法，实现面向历史数据、实时数据、

时序数据的聚类、分类和预测分析。

（6）应用开发和微服务技术

应用开发需要支持多种编程语言与工具。支持 Java、Python、JavaScript、Ruby 和 PHP 等多种语言编译环境，提供 Eclipse integration、JBoss Developer Studio 和 Jenkins 等各类开发工具，构建高效便捷的集成开发环境。

微服务架构提供包括服务注册、发现、通信、调用的管理机制和运行环境，支撑基于微型服务单元集成的"松耦合"应用开发和部署。图形化编程提供可视化的模块化编程环境，简化开发流程，支持用户采用"拖、拉、拽"方式进行应用的创建、测试、扩展等。

（7）工业 APP

工业 APP 是基于松耦合、组件化、可重构、可重用思想，面向特定工业场景，解决具体的工业问题，基于平台的技术引擎、资源、模型和业务组件，将工业机理、技术、知识、算法与最佳工程实践，按照系统化组织、模型化表达、可视化交互、场景化应用、生态化演进原则而形成的应用程序，是工业软件发展的一种新形态[17]。

工业大数据挖掘和分析的结果可广泛应用于企业研发设计、复杂生产过程、产品需求预测、工业供应链优化和工业绿色发展等各个环节，而作为工业软件的一种工具、要素和载体的工业 APP，为制造业建立了一套信息空间与物理空间的闭环赋能体系，是释放工业大数据价值的方式。工业 APP 的体系架构可分为研发设计、生产制造、运维服务和经营管理四个方面。

（8）智能服务

智能服务体现在应用创新上，以模块化、服务化的模式，实现制造应用的动态自组织，提供数据管理、建模等基础服务，以及数据分析、仿真、优化等核心服务，支撑工业生产和经营管理的应用开发。同时，构建良好的工业 APP 创新环境，使开发者基于平台数据及微服务功能实现应用创新。

（9）平台安全技术

工业互联网实现了设备、工厂、人和产品的全方位连接，因此工业互联网安全建设必须从综合安全防护的视角对其进行统筹规划,在各个层面实施相应的安全防护措施。平台安全技术主要有数据接入安全、平台安全和访问安全三个层面[18]。

① 数据接入安全　通过工业防火墙、工业网闸、加密隧道传输等技术,防止数据泄露、被侦听或篡改,保障数据在源头和传输过程中的安全。

② 平台安全　通过平台入侵实时检测、网络安全防御系统、恶意代码防护、网站威胁防护、网页防篡改等技术,实现工业互联网平台的代码安全、应用安全、数据安全、网站安全等。

③ 访问安全　通过建立统一的访问机制,限制用户的访问权限、所能使用的计算资源和网络资源,实现对平台重要资源的访问控制和管理,防止非法访问。

在上述几类技术中,平台使能技术、工业数据建模与分析技术、数据集成与边缘处理技术、应用开发和微服务技术正快速发展,对工业互联网平台的构建和发展产生深远影响。在平台层,PaaS 技术和容器技术正加速改变信息系统的构建和组织方式;在边缘层,边缘计算技术极大地拓展了平台汇聚和管理数据的范围和能力;在应用层,智能服务等新型开发框架不断改变工业软件的开发方式,工业机理与数据科学的深度融合正在推动工业应用的创新浪潮。

1.3.3　工业互联网前沿技术

随着新一代信息技术的发展和面向工业场景的二次开发,5G、边缘计算、区块链、工业人工智能、数字孪生成为影响工业互联网后续发展的核心重点技术和不可或缺的组成部分[13]。

(1) 5G

5G 技术是移动通信技术的典型代表,具有低延时、高通量、大带宽、高可靠的特性,推动无线连接向多元化、宽带化、综合化、智能化的方向发展,弥补了通用网络技术难以完全满足工业性能和可靠性要求的技术短板,并通过灵活部署,改变现有网络落地难的问题,帮助工业企业加快工厂生产内网的网络化改造[19]。

5G 技术赋能工业互联网的作用体现在两个方面：一方面，5G 低延时、高通量特点保证海量工业数据的实时回传；另一方面，5G 网络切片技术能够有效满足不同工业场景连接需求。5G 网络切片技术可实现独立定义网络架构、功能模块、网络能力（用户数、吞吐量等）和业务类型等，减轻工业互联网平台及工业 APP 面向不同场景需求时的开发、部署、调试的复杂度，降低平台应用落地的技术门槛[20]。

（2）工业人工智能

工业人工智能技术是人工智能技术基于工业需求进行二次开发适配形成的融合性技术，贯穿于设计、生产、管理、服务等工业领域的各个环节，能够对复杂的工业数据进行计算、分析，发现工业规律和知识，提升决策水平。工业人工智能是工业互联网的重要组成部分，在全面感知、泛在连接、深度集成和高效处理的基础上，实现精准决策和动态优化，完成工业互联网的数据优化闭环。

工业人工智能赋能制造业数字化转型的路径包括以专家系统、知识图谱为代表的知识工程路径，抽取工业知识和规则为用户提供原理性指导，如某数控机床故障诊断专家系统，利用人机交互建立故障树，融合多传感器信息精确地诊断故障原因和类型；以神经网络、机器学习为代表的统计学习路径，基于统计分析计算事件发生概率来辅助决策，包括机器视觉、预测性维护等，例如某设备企业基于机器学习技术，对主油泵等核心关键部件进行健康评估与寿命预测，实现关键部件的预测性维护，降低计划外停机概率和安全风险，提高设备可用性和经济效益。

（3）边缘计算

边缘计算通过靠近物或数据源头，实现计算、网络、存储等资源的统一调度及全局优化。通过云计算、网络协同联动，边缘计算打通云、边、网、端等关键环节，实现了工业互联网数据的纵向集成，可满足制造业在敏捷连接、实时业务、数据聚合、应用智能等方面的关键需求。作为工业互联网数据的第一入口，边缘计算设施是各类工业应用的重要载体。

边缘计算技术的赋能作用主要体现在两个方面。一是降低工业现场的复杂性。目前在工业现场存在超过 40 种工业总线技术，工业设备之间的连接需要边缘计算提供"现场级"的计算能力，实现各种制式的网络通信协议相互转换、互联互通，同时又能够应对异构网络部署与配置、网络管理与维护等方面的挑战。二是提高工业数据计算的实时性和可靠性。在部分工业控制场景中，计算处理的时延要求在 10ms 以内，如果数据分析和控制逻辑全部在云端实现，难以满足业务的实时性要求。边缘计算在实时性和可靠性方面能够满足工业互联网的发展要求。

（4）区块链

区块链技术是数字加密技术、网络技术、计算技术等信息技术融合的产物，保证了网络传输与访问安全，实现了数据多方维护、交叉验证、全网一致和不易篡改，进而保障数据传输和信息交互的可信和透明，有效提升制造环节生产要素的优化配置效率，加强不同制造主体之间的协作共享，以低成本建立互信的"机器共识"和"算法透明"，加速重构现有的业务逻辑和商业模式[21]。

区块链在工业互联网中能够解决高价值制造数据的追溯问题，充分发挥促进数据共享、优化业务流程、降低运营成本、提升协同效率等方面的作用，有助于打通数据孤岛，加速工业企业生产流程管理和设备安全互联。

（5）数字孪生技术

数字孪生通过数字空间实时构建物理对象（包括资产、行为、过程等）的精准数字化映射，通过工艺仿真和分析预测形成最优决策，实现工业制造全业务流程的闭环优化。数字孪生以数据与模型的集成融合为核心，融合工艺、制造、信息等技术，覆盖产品全生命周期及生产的全过程；同时，将不同数据源进行实时同步，高效整合多类建模方法和工具，实现多学科、多维度、多环境的统一建模和分析，是工业互联网技术发展的集大成者[22]。

在产品的设计阶段，使用数字孪生可以提高设计的准确性，验证产品在真实环境中的性能；在产品的生产制造阶段，使用数字孪生可以缩短产品生产周期，提高设计质量，降低生产成本；在产品服务阶段，使用数字孪生可以提高设备远程运维的效率，减少宕机时间，降低维护成本。

1.4 工业互联网发展趋势

工业互联网通过融合信息技术和运营技术，为客户提供数字化、智能化的产品和服务来创造价值。工业互联网植根于底层制造环节，为产业赋能和实现产业现代化转型做出巨大贡献。目前，我国工业互联网正处在高速发展时期，在网络基础、平台中枢、数据要素、安全防护等工业互联网核心体系建设上均取得了一定进展，并在产业融合、互联网+、平台建设和制造环节持续发力，拥有巨大的发展前景和全球应用市场。

1.4.1 工业互联网产业融合发展

工业互联网与装备、机械、汽车、能源、石化、化工、有色、建材等传统行业的融合不断深入，改变了传统工业的生产模式和方式。传统工业在生产的集成环节从信息化管理向智能化管理升级，促进生产制造数据在产业链上下游的流动与共享，强化了设计、生产、经营管理和服务保障能力，为客户提供附加值更高的解决方案。

产业融合加速了传统工业供应链协同创新。传统工业都在开展产业数字化转型，原材料和零部件供应商、集成企业、客户之间的沟通更为便捷，具备了数据在上下游企业之间双向流动的软硬件基础，有利于构建互联网平台创新联合体，让包括客户在内的供应链的创新资源向薄弱环节加速集聚。传统工业与新一代信息技术融合发展，激发了自身的创新活力，吸引到新兴领域的创新要素，在释放客户智能化需求的同时也拓展了自身智能化空间，催生了一批传统领域的新模式、新业态。

1.4.2 5G+工业互联网快速融合发展

制造业是"5G+工业互联网"产业融合应用的主要战场。首先，5G

技术改变了制造业企业原本的组织方式和生产模式，对设备、人员、环境进行全方位互联，对生产设备进行实时监控，使工业生产越来越向着无人化、网络化、智能化的方向发展；其次，5G 技术改变了制造业的生产经营模式，使得工业企业同客户交互成为可能，面向客户提供个性化服务，推动制造业向服务型企业转型升级。未来，以 5G、6G、数字孪生、边缘计算、量子互联网为代表的技术应用也将持续深化，助力工业互联网不断创新发展[23]。

1.4.3 工业 APP 应用持续丰富和拓展

从工业互联网产业生态发展趋势看，工业互联网 APP 生态环境建设显得尤为重要，从目前工业 APP 发展基础、发展主体和发展模式来看，国内外工业 APP 发展将呈现出"平台＋应用开发者＋海量用户"的发展趋势，海量的第三方开发者将成为工业 APP 发展的主要推动力[24]。通过工业互联网平台、低代码软件开发平台，让大量的开发者可以参与到工业 APP 的开发中，降低工业 APP 开发的难度和门槛，软件开发者也将不再局限于平台的运营者和平台客户，大量的软件工程师乃至技术人员都能够依托平台进行自主开发，有限、封闭的软件和 APP 开发方式将向海量的、开放的第三方开发方式过渡。

1.4.4 工业互联网平台发展趋势

近年来，工业互联网创新发展取得显著成效，平台体系建设不断完善，"平台＋技术""平台＋行业""平台＋区域""平台＋双链""平台＋生态"等体系化推进，平台已经成为加速制造业旧动能改造和新动能培育的重要载体，特别是在疫情期间为企业复工复产、降本增效、转型发展发挥了巨大作用[25]。展望未来，中国工业互联网平台发展将步入顶层设计更加清晰、市场规模持续扩大、融合创新更加活跃、产业生态更加繁荣的新阶段，为制造业高质量发展提供有力支撑。

参考文献

[1] Evans P C, Annunziata M. Industrial Internet: Pushing the Boundaries of Minds and Machines [R/OL].(2012-12-26)[2022-08-24]. https://www.ge.com/docs/chapters/Industrial Internet.pdf.

[2] 汤丽君，雷群，曹连伟. 我国制造业应用工业互联网的现状与展望 [J]. 机电工程技术，2021, 50(8): 23-25, 134.

[3] 孙杰贤. 夯实工业互联网的安全基石 [J]. 中国信息化，2022 (8): 22-24.

[4] 祝毓. 国外工业互联网主要进展 [J]. 竞争情报，2018, 14(6): 59-65.

[5] Rojko A. Industry 4.0 concept: Background and overview[J]. International journal of interactive mobile technologies, 2017, 11(5): 77.

[6] 工业互联网产业联盟. 工业互联网平台白皮书（2017）[EB/OL]. (2017-12-01) [2022-08-24]. http://www.aii-alliance.org/upload/202003/0302_142939_490.pdf.

[7] 中国工业互联网研究院. 中国工业互联网产业经济发展白皮书（2021 年）[R/OL].(2021-10-18) [2022-08-24]. https://www.doc88.com/p-98439015780296.html.

[8] 沈彬，李海花，高腾. 工业互联网技术洞察 [J]. 中兴通讯技术，2020, 26(6): 34-37.

[9] 余晓晖，刘默，蒋昕昊，等. 工业互联网体系架构 2.0[J]. 计算机集成制造系统，2019, 25(12): 2983-2996.

[10] "工业互联网"系列科普六问 [J]. 自动化博览，2021, 38(9): 42-46.

[11] 李志博，曾鹏，李栋. 第一讲：工业互联网架构与关键技术 [J]. 仪器仪表标准化与计量，2020(1): 17-19, 38.

[12] 工业互联网产业联盟. 工业互联网关键技术专利态势分析 [Z]. 北京：中国信息通信研究院，2019.

[13] Zhou Z, Chen X, Li E, et al. Edge intelligence: Paving the last mile of artificial intelligence with edge computing[J]. Proceedings of the IEEE, 2019, 107(8): 1738-1762.

[14] 孙伟龙. 基于 IaaS 云计算的 Web 应用技术研究 [D]. 南京：南京理工大学，2011.

[15] 工业互联网产业联盟. 工业互联网平台白皮书（2019）[EB/OL].(2019-06-05) [2022-08-24]. http://www.aii-alliance.org/upload/202002/0228_135747_302.pdf.

[16] 孙小东，王劲松，李强，等. 工业互联网平台的架构设计 [J]. 工业加热，2020, 49(5): 48-50, 54.

[17] 中国工业技术软件化产业联盟（中国工业 APP 联盟）. 工业 APP 白皮书（2020）[R/OL]. (2020-12-30) [2022-08-24]. http://www.aii-alliance.org/upload/202012/1230_171022_357.pdf.

[18] 工业互联网产业联盟. 工业互联网安全框架 [EB/OL]. (2018-12-11) [2022-08-24]. http://www.aii-alliance.org/upload/202002/0228_140108_424.pdf.

[19] 工业互联网产业联盟. 工业互联网体系架构（版本 2.0）[EB/OL]. (2020-04-23)[2022-08-24]. http://www.aii-alliance.org/static/up-load/202004/0430_162140_875.pdf.

[20] 王元双，郑振国，余惠彬. 5G 赋能第 5 代指挥信息系统 [J]. 计算机仿真，2022, 39(6): 5-8, 65.

[21] 工业互联网产业联盟. 工业区块链应用白皮书（1.0 版）[EB/OL]. (2019-10-31) [2022-08-24]. http://www.aii-alliance.org/upload/202009/0907_221833_524.pdf.

[22] 工业互联网产业联盟. 工业数字孪生白皮书(2021) [EB/OL]. (2021-12-06) [2022-08-24].

http://www.aii-alliance.org/uploads/1/20211206/0abb4304b8de47a3c04ce803a5ac5dc8.pdf.

[23] 付宇涵，王丹，柴雯，等 . 中国工业互联网发展历程与展望 [J]. 科技导报，2021, 39(12): 116-120.

[24] 任姚丹珺，戚正伟，管海兵，等 . 工业互联网边缘智能发展现状与前景展望 [J]. 中国工程科学，2021, 23(2): 104-111.

[25] 赛迪智库工业互联网平台形势分析课题组 . 中国工业互联网平台发展形势展望 [J]. 软件和集成电路，2021 (S1): 59-61.

Digital Wave
Advanced Technology of
Industrial Internet

Key Technologies
of Industrial Internet

工业互联网关键技术

第 2 章

工业互联网平台

工业互联网是第四次工业革命的重要支撑，通过人、机、物全方位的协同，打造全生产要素、全价值链、全产业链的新型工业体系，是新一代信息技术与制造业深度融合的产物，对未来工业的发展有着深远影响。工业互联网平台是工业互联网从概念框架走向落地的实体，是实现多源海量异构数据汇聚与建模分析、工业经验知识化与模块化、各类创新应用开发与运行的重要载体，支撑制造业的资源优化配置、生产智能决策、业务模式创新和产业生态培育[1]。

2.1 工业互联网平台概述

工业互联网核心架构由"平台""网络"和"安全"三部分组成，其中"平台"即工业互联网平台，是工业资源配置的核心，正成为各制造大国竞争的新焦点、产业布局的新方向。

工业互联网平台是面向制造业数字化、网络化、智能化需求，构建基于海量数据采集、汇聚、分析的服务体系，支撑制造资源泛在连接、弹性供给、高效配置的工业云平台。其本质是通过构建精准、实时、高效的数据采集互联体系，开发面向工业大数据采集、存储、访问、分析、管理的开发环境，实现工业知识、技术、经验的模型化、标准化、软件化、复用化，不断优化研发设计、生产制造、运营管理等资源配置效率，形成资源富集、多方参与、合作共赢、协同演进的制造业新生态[2]。

工业互联网平台作为工业全要素连接与工业资源配置的主要枢纽，在工业互联网体系架构中具有极其重要的地位。在图 2-1 所示的工业全要素中，生产者能够通过原材料加工、产品制造等物质生产活动不断积累技术和操作经验，并且在此过程中发现或创造新知识，从而进一步提高生产技术水平。随着生产设备从自动化机器转变为网络连接的智能化机器，生产行为逐渐受到系统的监控和指示，同时机器的学习能力不断提升，从而有效提高生产效率。在将工业物料作为生产资源进行

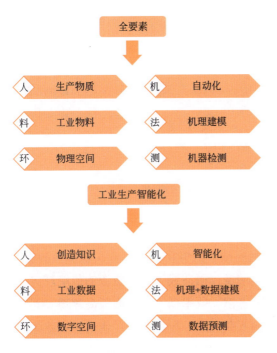

图 2-1 工业互联网平台驱动全要素变革

制造活动的过程中，沉淀的海量工业数据为改进生产过程中的测试手段和分析方法提供数据基础。其中，分析方法由传统的机理建模向机理建模和数据驱动相融合转变，从而进一步提高分析的精度和效果。同时，生产环境则由车间和工厂等实体物理空间向数字孪生等虚拟空间扩容，基于对生产过程各环节进行模拟和仿真、风险分析与预测，保障生产安全与品质。此外，测试方法也在传统的机器检测手段基础上，集成工业数据驱动的针对性预测技术，从而提高检测的实时性与准确性，大大降低损耗。

工业互联网平台赋能产业链供应链以价格为核心，驱动工业全产业链供应链重构和优化，打破产业链主体间服务端点和"信息孤岛"[3]。面对日益增强的市场需求波动和供应链熔断风险，传统供应链模式暴露出的沟通方式老旧、效率低下等弊端日趋明显，迫切需要借助工业互联网平台构筑产业链供应链的新模式。如图2-2所示，以较低的成本迅速地回应市场需求，同时创造出个性化定制、网络化协同等企业制造新方

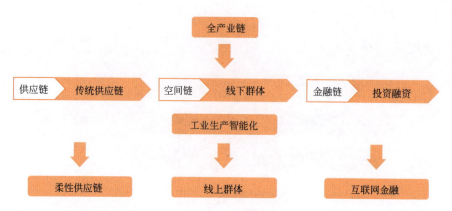

图 2-2　工业互联网平台驱动全产业链与供应链变革

式，得益于工业全产业链中网络化平台能够实现资源的快速整合利用。随着线上群体的逐年增多，面向线下商业资源的传统产业链供应链协同与管理存在沟通方式老旧、效率低下、数据孤岛等现实问题，严重影响了跨企业、跨领域的互联互通、数据共享，使得各企业之间存在着难以逾越的信息鸿沟，无法实现用户需求的快速响应以及企业的降本、提质、增效。基于产业链供应链要素全面实时感知能力，提升供应商、采购商、生产商、经销商、服务商和消费者间的沟通效率。同时，借助于工业互联网平台的大数据集成与分析服务，工业企业与其上下游制造业行业中的各要素共同协作，"线上+线下"紧密衔接，以知识共享与融合驱动"卡脖子"关键技术的创新性研究，进一步提升自主可控产品的研发效率。随着传统的投资、融资等行为逐渐被互联网金融所取代，工业互联网平台的发展将帮助生产企业降低金融风险，获得更加广泛和安全的资金来源，以及更加多样化和标准化的金融服务产品[4]。

工业互联网平台打通消费与生产、供应与制造、产品与服务间等各环节数据流，实现工业经济全价值链变革，促进新型制造模式创新。如图 2-3 所示，在工业全价值链中，随着线性形态的大规模制造模式转变为非线性形态的大规模定制模式，制造模式的中心由企业向用户转变。在大规模定制模式下，用户全流程参与产品采购、设计、生产、研发、营销等环节，同时整个生产全流程的数据信息对用户开放，因此用户在一定程度上拥有自己订购的产品的掌控权，提高了用户的体验度和交互感。

图 2-3　工业互联网平台驱动全价值链变革

2.2 工业互联网平台技术架构

工业互联网平台是工业云平台的延伸发展，其本质是在传统云平台的基础上融合大数据、人工智能、物联网等新一代信息技术，构建更实时、精确、高效的数据采集体系，建设包括存储、集成、访问、分析、管理功能的使能平台，以工业 APP 的形式实现工业技术、经验、知识的模块化、软件化、复用化，为制造企业各类应用提供创新生态[5]。

基于工业互联网的定义，工业互联网平台主要包含四个功能：一是需要提供处理海量工业制造数据的环境；二是需要具备多源异构数据泛在聚集的能力；三是需要实现工业 APP 的开发、测试和部署，并提供相应的开发工具及环境；四是需要利用数据科学和工业机理实现海量数据的深度分析与工业知识的沉淀及复用技术。因此，为实现上述四大功能，工业互联网平台体系架构，如图 2-4 所示，包含边缘层（工业 DaaS）、基础层（工业 IaaS）、平台层（工业 PaaS）、应用层（工业 SaaS）和从下至上的工业安全防护体系。其中，除了 IaaS 层外，其余三层是工业互联网平台的核心。

2.2.1　边缘层

边缘层是工业互联网的重要基石与基础设施，通过运用边缘计算技

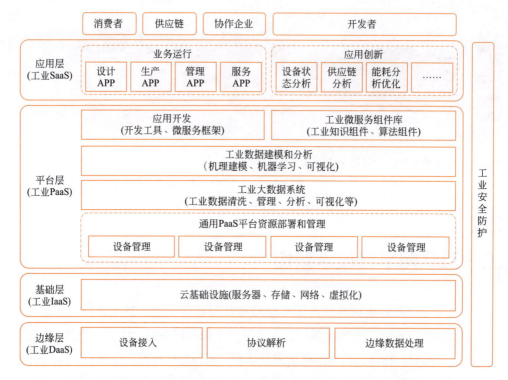

图 2-4 工业互联网平台体系架构

术，实现数据缓存、删除无效数据等预处理以及边缘实时分析，降低云端计算压力以及网络传输负载；同时还利用协议转换实现了海量工业数据的互联互通操作，并对海量设备、系统和产品进行连接和管理。

　　边缘层，如图 2-5 所示，提供工业数据接入、数据预处理和边缘分析应用等功能，从而搭建起工业互联网平台的数据基础。一是通过工业以太网、OPC UA 等工业通信协议和 5G、NB-IoT 等无线协议支持各类工业数据接入，包括机器人、机床、高炉等工业设备数据，以及 ERP、MES、WMS 等信息系统数据，实现对各类工业数据的大范围、深层次采集和连接。二是协议解析与数据预处理，借助中间件兼容工业通信协议、无线协议和网络通信端口，将采集连接的各类多源异构数据进行格式统一和语义解析。使用高精度计算系统和操作管理程序等工具，结合边缘计算技术，在距离工业设备数据产生源头最近的边缘侧进行工业数据的边缘处理，剔除无用数据，减小数据占用空间，提升系统反应速度和数据传输速度，并在进行数据剔除、压缩、缓存等操作后传输至云端。三是边缘分析应用，重点是面向高实时应用场景，在边缘侧开展实时分析与反馈控制，并提供边缘应用开发所需的资源调度、运行维护、开发调试等各类功能。

图 2-5　边缘层

2.2.2　基础层

基础层（IaaS）是工业互联网平台的运行基础，主要基于虚拟化、分布式存储、并行计算、负载调度等技术，实现网络、计算、存储等计算机资源的池化管理，根据需求进行弹性分配，并确保资源使用的安全与隔离，为用户提供云基础设施服务[6]。

IaaS 层，如图 2-6 所示，涉及的云基础设施，包括计算资源、网络资源、存储资源等，为资源的网络连接、计算、存储和虚拟化等提供服务设施，支撑工业互联网平台的整体运行。IaaS 层的核心是虚拟化技术，利用分布式存储、并发式计算、高负载调度等新技术，通过多租户管理、分布式缓存、平行计算和负载均衡调度等手段，实现资源服务设施的动态管理，提升资源服务有效利用率，也确保资源服务的安全。

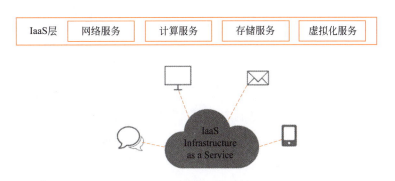

图 2-6　基础层

同时，IaaS 层作为设备和平台应用的连接层，为 PaaS 层的功能运行和 SaaS 层的应用服务提供完整的底层基础设施服务。

2.2.3 平台层

平台层（PaaS）是工业互联网平台的核心，由平台建设运营主体、各类微服务组件提供商、边缘解决方案提供商等共同建设，基于通用 PaaS 技术融合大数据处理、工业数据分析、工业微服务等创新功能，构建可扩展的开放式云操作系统。

工业互联网的 PaaS 层基于全生命周期服务环境与工具、微服务发布及调用环境与工具、开放资源接入与管理等服务，基于强大的数据处理能力、高封装的组件、易于管理与接入的资源、高自由度的开发环境工具，一方面可以接入海量工业资源，另一方面可以实现工业 APP 的开发部署与运行优化。其中，工业微服务库主要由人 - 机 - 物 - 法 - 环工业全要素、微组件和微服务组成，IT 微服务库主要由数据库、算法以及相关中间件组成，工业大数据管理主要由预处理、存储、分析、挖掘以及可视化等操作组成，开放资源接入与管理主要由资源连接与工业资源调度和管理组成。

PaaS 层，如图 2-7 所示，主要提供工业应用开发环境、工业模型管理与服务和工业数字化工具等功能。一是 IT 资源管理，起到调度系统资源和运维管理的作用，主要通过云计算 PaaS 等技术来实现，并集成了大数据、微服务、人工智能、边云协同等信息技术，为上层业务功能实现提供支撑。二是工业建模分析，集合应用仿真分析等工业机理建模。

2.2.4 应用层

应用层（SaaS）是工业互联网的关键，依托各类开发者和平台提供的环境工具、资源与能力，围绕不同行业、不同场景形成一系列工业 SaaS 和工业 APP，实现工业互联网平台的终极价值。

应用层（SaaS），如图 2-8 所示，提供工业创新应用、开发者社区、应用商店、应用二次开发与集成等功能。一是工业创新应用，针对研发

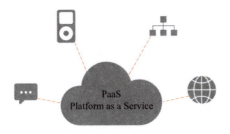

PaaS层	工业应用开发环境 (图形化编程、业务逻辑流程)	人机交互支持 (资源发现、虚拟现实)	平台间集成框架
	工业模型管理与服务 (仿真分析、业务流程、统计分析、数据科学、模型融合)		
	工业数字化工具 (研发设计、仿真优化、生产管理、运营管理等)		
	工业数据管理与服务 (信息建模、数据治理、数据共享、数据标识、数据可视化)		
	通用PaaS平台资源部署与管理 (资源调度、运维管理、IoT组件、边云协同框架、人工智能大数据框架)		

图 2-7 平台层

SaaS层	应用二次开发与集成	
	开发者社区	应用商店
	工业创新应用 (研发设计APP、工艺优化APP、能耗优化APP、运营管理APP等)	

图 2-8 应用层

设计、工艺优化、能耗优化、运营管理等智能化需求，基于平台的微服务功能模块、组件库和应用开发环境，依托第三方开发者，为平台用户提供个性定制 APP、智能生产 APP、网络协同 APP 和服务延伸 APP 等应用解决方案，帮助企业提质、降本、增效。二是应用商店，根据需求提供工业应用的价值变现，相关的服务包括成熟工业 APP 的上架认证、展示分发、交易计费等。三是开发者社区，一个成熟的开放线上社区可以吸引大量的第三方开发者入驻，进行应用的开发和创新，社区负责提供各类资源工具、技术文档以及学习交流等服务。四是应用二次开发与集成，为了满足特定工业场景或用户的个性化需求，对已有工业 APP 的定制化改造成为了重中之重。

2.3 国内外工业互联网平台

目前，全球制造业龙头企业、ICT 领先企业、互联网主导企业基于各自优势，从不同层面与角度搭建了工业互联网平台。工业互联网行业虽发展时间不长，但国内外企业工业互联网平台正处于规模扩张的关键期，正积极探索技术、管理、商业模式等方面的规律，并取得了一些进展[7,8]。

2.3.1 国外工业互联网平台

"工业互联网"的概念由美国通用电气公司（GE）首先提出，自此以后，以工业大数据分析、云计算为代表的工业互联网技术呈现出广阔的发展前景。美国、德国等信息产业强国先后将工业互联网作为未来产业发展的战略重点，并出台了一系列的政策支持措施，率先抢占了工业互联网市场空间和产业发展的制高点。2013 年，GE 公司首先取得了成果，开发出 Predix 软件平台，通过该平台可以实现各种工业资产设备相互连接，同时提供云端服务、资产性能管理（APM）服务和运营优化服务。西门子、施耐德等工业也都抓紧布局工业云平台，推出了MindSphere、EcoStruxure等产品。这些工业巨头凭借其在工业领域的沉淀积累和运用信息技术改造传统制造业的成功经验，以云平台化的方式灵活实现跨区域工业信息服务的部署和交付，把数以亿计的终端工业设备连入互联网，通过提供强大的数据传输、存储和处理能力，为特定的行业提供数字化、网络化、智能化转型的软件应用和服务[9]。近年来，亚马逊、微软等公司也相继推出了AWS IoT、Azure IoT等物联网云平台，工业互联网行业内的竞争日益激烈。

（1）美国通用电气公司Predix工业互联网平台[10]

① 平台简介　GE公司在2013年推出了全球首个工业互联网平台Predix。Predix平台具备开发部署支持（DevOps）和运营分析支持（BizOps）两种基础功能服务，DevOps为企业提供基础的开发组件和工具，企业可以依托DevOps开发符合自身需求的应用程序，并托管在Predix上运行，应用程序的运行状况可通过BizOps进行查询和获取。GE公司目前已基于Predix平台开发部署计划和物流、互联产品、现场人力管理、工业分析、资产绩效管理、运营优化等多类工业APP。

② 平台架构　图2-9给出了Predix平台的架构，由边缘连接层、基础设施层和应用服务层等部分组成。其中，边缘连接层完成数据收集以及通过云端传输数据的工作；基础设施层提供面向全球性安全的云基础架构，实现日常的工业工作负载和监督；应用服务层提供工业微服务和

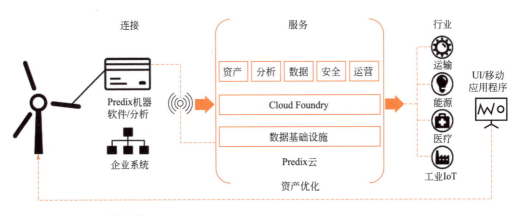

图2-9　Predix平台架构

各种服务性交互框架,以及创建、测试和运行工业互联网程序的环境和微服务市场。

③ 功能特点　Predix 平台提供的重要功能包括:a. 在 IT/OT 连接方面,Predix 平台为生产设备、传感器、HMI/SCADA 系统、IT 系统、资产管理/维护系统(如 EAM/CMMS)的数据传输提供安全可靠的 OT 技术;b. 在数据处理结构方面,Predix 平台支持流式和批量式的数据获取,以及近乎实时的数据处理与分析,从而处理各种应用需求;c. 在云可扩展性方面,Predix 平台满足工业企业在扩展性、安全性和合规性方面的需求,可以处理海量的工业互联网信息,同时还能管理客户的服务水平协议(SLA)、安全、支持、治理、合规性和导出控制。

(2)西门子 MindSphere 工业互联网平台[11]

① 平台简介　MindSphere 平台是西门子于 2016 年推出的基于云原生的开放式物联网操作系统,将产品、工厂、系统和机器设备互联,使客户能够通过高级分析功能来驾驭物联网产生的海量数据。MindSphere 平台提供多种设备与系统连接协议、工业应用、高级分析功能以及利于创新的开发环境。通过这些功能和开发环境,MindSphere 平台将实体事物连接到数字化环境,并提供功能强大的工业应用和数字化服务,以帮助推动业务实现。

基于实时数据预测机器维护需求的功能,MindSphere 平台可以提高整体设备效率并降低维护机器的成本,避免机器意外故障,提高设备寿命,进一步扩大企业的利润空间。

② 平台架构　MindSphere 平台的平台架构,如图 2-10 所示,包括边缘连接层、开发运营层、应用服务层三个层级。边缘连接层负责将数据传输到云平台,开发运营层为用户提供数据分析、应用开发工具、开发环境,应用服务层为用户提供集成行业经验和数据分析结果的工业智能应用。

③ 功能特点　MindSphere 平台应用可以运行在客户指定的云基础设施上,例如亚马逊云计算服务、微软 Azure 云端服务平台、源讯 Canopy 云服务平台等,也可以部署在如阿里云等第三方服务提供商所维护的公有云上,如果条件满足,还可以选择部署在企业私有云上。客户

图 2-10　MindSphere 平台架构

在选择云部署方案时，通常会以成本、可控性、可组态性、可伸缩性、位置与安全等方面作为参考指标。

（3）微软 Azure 工业物联网平台[2]

① 平台简介　Azure 工业物联网平台是首个满足物联网端到端安全的公有云，能够连接设备、数据中心以及云端的服务和解决方案，基于内置的集成工具，可使用任何语言、工具或架构快速便捷地搭建、部署和管理应用程序。因此，Azure IoT 平台解决方案由一个或多个物联网设备构成，这些设备可以与云中托管的一个或多个后端服务通信。基于可信的 Azure PaaS 服务，建立物联网中心应用程序平台，作为物联网解决方案开发的集成环境，可以减轻开发、管理和维护企业级物联网解决方案的负担和成本。

② 平台架构　Azure IoT Central 体系架构如图 2-11 所示。IoT Central 通过 Azure IoT 设备 SDK、Azure RTOS、Azure Sphere 或 Azure IoT Edge 引入设备事件和遥测数据。IoT Central 与业务线应用（如 Power BI、Azure Maps、搜索、API 管理、Web 应用、移动应用、Dynamics 365、Flow 或逻辑应用）集成。

IoT Central 的适用性很广泛，包括 Linux、Windows 和实时操作系统，这些平台的设备 SDK 均可以添加新设备并连接现有设备。依赖于 Azure 的全球可用性，项目可以通过个位数的传感器轻松扩展至数百万台同步连接的设备，无论项目本身复杂还是简单。

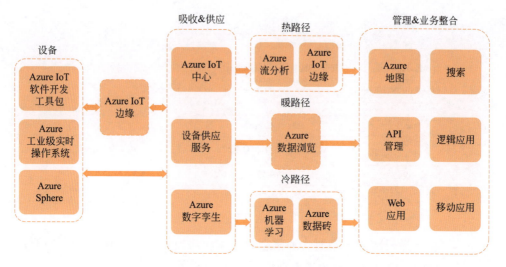

图 2-11　Azure IoT Central 体系架构

③ 功能特点　在数据分析处理方面，提供收集、处理、可视化设备和传感器历史数据内置功能。无需管理复杂的基础结构和软件，平台使用基于 SQL 的语法，以灵活、可扩展的高性能方法来管理数据实时分析，并通过集成 R 和 Python 语言中的代码扩展实时分析和机器学习解决方案。

在业务集成与转换方面，Azure IoT 平台可与第三方应用程序轻松集成访问，并保持分散的系统实时更新。通过低代码开发模式，运用移动推送通知引擎将数百万条消息发送给异构设备。

在平台安全方面，为每个连接的设备设置标识和凭据，从而帮助保持云到设备和设备到云消息的保密性，并选择性地撤销特定设备的访问权限以保持系统的完整性。

（4）亚马逊 AWS 物联网云平台[2]

① 平台简介　亚马逊（Amazon）公司旗下的 Amazon Web Services（AWS）发布了 AWS 物联网云平台，整合了多项 AWS 服务，此举也是为了使 AWS 服务可以更方便地连接制造业客户硬件设备，从而保障互联设备与云应用程序及其他设备交互时的便捷性与安全性。即使是数十亿级别的设备和数以万亿计的消息规模，AWS 物联网平台也能轻松驾驭，处理这些消息的同时还可以安全地将其路由至 AWS 终端节点和

其他设备。

针对工业中质量预测的问题，用户可以使用 AWS 物联网平台软件和服务，基于所有设备数据构建质量预测模型，从而实现流程数字化，转变业务模型，提高性能和生产效率，降低损耗。

② 平台架构　AWS IoT 体系架构如图 2-12 所示。AWS 物联网平台使用最为完备的物联网服务套组加速升级和创新，借助 AWS 物联网集成化工具简便实施、快速迭代，从而节省成本，并保证设备数据管理、存储和分析的安全连接。

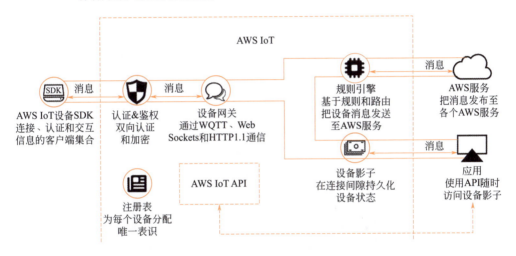

图 2-12　AWS IoT 体系架构

③ 功能特点　在安全性方面，AWS 物联网服务能够解决应用程序中每一层遇到的问题，借助预防性机制保护设备数据，例如加密和访问权控制，并提供审核和监控与 AWS 物联网平台连接的设备的全托管服务，从而确保设备安全性。

在扩展性方面，AWS 物联网平台可使用安全、可靠和弹性的云基础设施构建具有创新性的解决方案，可扩展至与十亿台设备互联，并能够轻松与其他 AWS 服务集成。

在智能性方面，结合高级人工智能、机器学习、物联网构建智能物联网解决方案，通过云基础设施创建模块并部署到设备中，力求打造更智能的设备。

2.3.2　国内工业互联网平台

随着传统制造业与新一代网络、现代信息化技术的融合，工业互联网平台的发展日趋重要。我国工信部于 2021 年 1 月颁布的《工业互联网创新发展行动计划（2021—2023 年）》中，明确指出从"建平台、用平台、筑生态"三个主要方面同步推进，加速工业互联网技术平台体系化升级。近年来，在政府支持引导、企业应用和研发加速等因素推动下，工业互联网平台发展迅速，已经初步形成多层次、系统化的平台体系。根据人民网研究院发布的《中国移动互联网发展报告（2022）》，在国内具有较大影响力的工业互联网平台已经超过 70 家，平台接入设备数量突破 4000 万台（套），工业 APP 数量超过 35 万个。

近年来，工业和信息化部重点推动跨行业跨领域工业互联网平台申报，2022 年共 28 家知名企业的工业互联网平台入选，包括卡奥斯 COSMOPlat 工业互联网平台、航天云网 INDICS 工业互联网平台、东方国信 Cloudiip 工业互联网平台、根云 ROOTCLOUD 工业互联网平台等。本书选取雪浪云工业互联网平台、石化盈科 ProMACE 工业互联网平台、根云 ROOTCLOUD 工业互联网平台和宝信 xIn^{3}Plat 工业互联网平台为案例，对国内典型互联网平台的发展历程、平台架构、功能特点进行阐述。

（1）雪浪云工业互联网平台

① 平台简介　雪浪云工业互联网平台源于自研的云原生雪浪 OS 数据智能系统，致力于基于工业知识与工业机理为制造业提供独特的数字化服务，通过数据、计算与工业工程的技术性创新协同，让设计、制造、运维在数字空间中成为整体，帮助制造业用好数据、模型和工业知识，帮助工程师与科学家解决工程问题，助力企业实现数字化落地。近年来，"雪浪云"与航空航天、高铁、发动机、能源化工等数据价值密度高的行业开展深入合作，为航天科工、中铁装备、铁建重工、中煤等数百家央企及制造业龙头企业提供工业互联网平台服务。

② 平台架构　雪浪云工业互联网平台架构如图 2-13 所示，包括 1 个工业数据智能底座平台、3 套基于平台的通用工具、4 套基于平台的新工业软件和 N 个扩展工具箱。

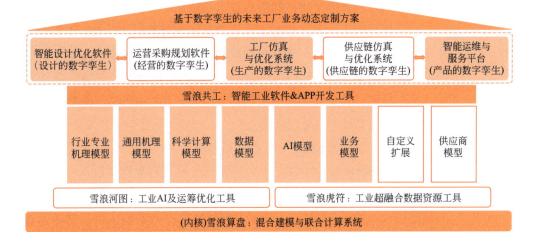

图 2-13　雪浪云工业互联网平台架构

混合建模与联合计算平台基于图形化编程方法，可直观显示应用的硬件配置、数据分析和计算过程，并通过组件（工具箱）的方式，实现自定义功能的扩展和模型的开发。工业数据资源开发与管理工具是一站式工业"人、机、料、法、环、测"多元数据集成、开发与规则求解、资产化管理系统。工业群体智能与运筹优化工具提供围绕工业运筹优化领域的相关 AI 工具箱，能够通过低代码的方式快速完成设计、生产、运维相关的研发。工业数据智能 APP 开发工具基于技术引擎、资源和业务组件，赋能业务人员敏捷搭建工业 APP，支持以集群化方式聚合应用工业 APP 和联合计算资源，解决工业复杂场景问题。此外，雪浪云工业互联网平台提供 4 套基于平台的新工业软件，即协同设计智能优化系统、离散生产仿真与孪生系统、流程工艺实时优化系统、智能进化计算平台，以及涉及设计智能优化、装备数字孪生、离散事件仿真、实时优化系统、流程挖掘、机器学习算法及通用工具箱等超过 500 个工业应用场景中沉淀的 1000 多个机理组件。

③ 功能特点　雪浪云工业互联网平台基于云原生微服务架构，为用户提供可靠性、可扩展性、安全性、用户体验等关键保障。同时，平台云边端协同部署运行，大大降低了持续集成成本和部署实施成本，提

高了资源利用率。平台内置各类功能组件、模块或工具箱，用户可通过拖拽组件的方式直接使用，同时开发者可使用组件编辑器直接开发所需的组件、模块或工具箱，从而实现平台的复用与扩展。此外，雪浪云工业平台提供上百个接口，支持多种模型建立与接入的功能与服务。雪浪云平台并行计算引擎可以有效满足多种计算资源分布式并行计算的需求，在充足的计算资源和调度机制的支持下，可以有效提高分布式计算系统的计算速度和协同处理能力。

（2）石化盈科 ProMACE 工业互联网平台

① 平台简介　ProMACE 平台是石化盈科面向流程制造行业打造的全产业链自主可控的平台，是新一代信息通信技术与实体经济深度融合的基础设施。在石油和化工行业，ProMACE 平台实现了信息物理系统（CPS），同时作为关键引擎驱动流程制造数字化、网络化和智能化。在流程行业生产制造、研发设计、营销服务和供应链管理的各业务环节中，ProMACE 平台提供了很好的支撑。

ProMACE 平台提供边缘计算、数据治理、工业大数据及人工智能等核心能力，服务行业从石油化工延伸到煤化工、精细化工、盐化工、生物化工和新材料等多个流程行业细分领域，ProMACE 平台可满足行业内不同类型企业的需求，提供智能工厂、智能油气田、智能物流等行业解决方案。

② 平台架构　ProMACE平台整体架构如图2-14所示，分为边缘层、IaaS 层、PaaS 层、SaaS 层。

a. 边缘层提供常用工业协议，支持多源工业数据采集，通过提供设备接入、协议解析、边缘计算等功能，实现边缘端的配置、数据、模型与云端的互联互通。

b. IaaS 层基于云计算技术提供数据存储以及计算环境，可对工业数据进行云处理或云控制。同时，平台支持工业应用的快速开发、部署、运行、集成，以及各类资源的分布式调度和最优匹配。

c. PaaS 层由通用 PaaS 层和工业 PaaS 层两部分构成，其中通用 PaaS 层提供一系列管理能力和服务组件。管理能力包括运营管理、服务管理、资源管理、开发过程管理。服务组件主要是技术服务组件。工业

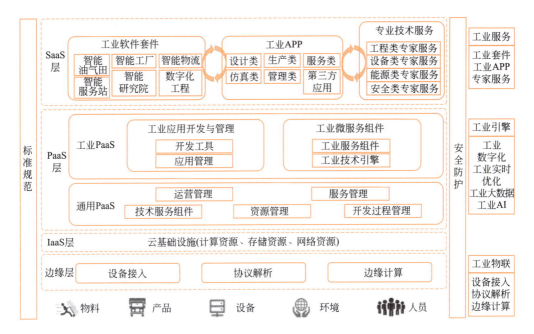

图 2-14　石化盈科 ProMACE 工业互联网平台架构

PaaS 提供面向行业的核心工业引擎、开发工具和服务组件，全面支持工业应用的开发和运行，比如工业应用全生命周期管理工具、核心工业技术引擎以及各领域的专业化服务组件等。

d. SaaS 层是对外服务的关口，与用户直接对接，为企业提供具体应用服务，主要包括各种工业软件套件和工业 APP 应用，为工业企业上云提供支撑。

③ 功能特点　在安全性和可控性上，ProMACE 平台通过泛在的工业物联网环境，实现现场物料、产品、设备、环境和人员的全面感知、识别和控制。在智能性和开放性上，ProMACE 平台的工业云基础设施为上层智能应用和服务的运行、开发、运营与维护提供有效支撑，并作为工业操作系统，提供工业数字化、工业实时优化、工业大数据、工业 AI 四大工业引擎。在应用性上，ProMACE 平台面向流程工业，基于私有云、公有云或混合云部署，提供了涵盖生产管控、安全、环保、设备和能源等流程工业核心应用。在技术性上，ProMACE 平台依托中国石化领先的行业优势、科技优势、专家优势，为客户提供以产品研发、工

程设计、生产制造为核心的特色服务。在标准性上，ProMACE 平台的设计、开发、建设、运维具有统一的应用标准、数据标准、技术标准、服务标准、安全标准以及管理规范。

（3）根云 ROOTCLOUD 工业互联网平台[12]

① 平台简介　根云平台利用树根互联股份有限公司（简称"树根互联"）的行业优势，提供基于物联网、大数据的云服务，能够为各行业提供设备资产实时数据采集、资产性管理、产品生命周期管理、智能服务、大数据分析和人工智能服务。平台将可复用的 API、业务模块以及行业应用进行重构和封装，以服务的方式提供给用户。用户可以用"搭积木"的方式，在平台上快速生成满足自身业务需求的应用。

② 平台架构　根云平台如图 2-15 所示，IaaS 层基于底层的计算、存储和网络设施，通过传感器、控制器等感知和物联设备，对数据和信息进行采集。PaaS 层提供各种微服务和通用的软件服务，允许第三方开发者快速接入搭建，并提供数据清洗、安全管理、隐私管理等服务。SaaS 层提供端到端的解决方案以及物联、服务和数据应用的服务组件。

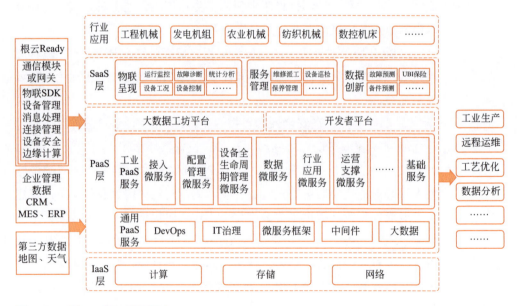

图 2-15　根云工业互联网平台

③ 功能特点

a. 便捷易用的工业数据连接与工业机理建模。根云平台整合沉淀行业专家经验知识库，支持零代码组件化指标配置分析服务，可实现从数据接入、逻辑编辑、结果可视化的指标分析全流程闭环。

b. 普适的设备连接支持。根云平台支持上千种工业协议，可实现千万级的工业设备连接和毫秒级的实时数据采集。

c. 强大的工业设备管理能力。根云平台实现从独立的设备建模到多级嵌套式的产线、车间建模，再到面向应用抽象共性的物理应用接口建模，简化工业设备与工业现场的数字孪生过程。

d. 设备属性颗粒度的权限控制。作为原生账户体系，根云平台从源头实现对 IT、OT 融合数据和到工业设备属性级别的数据管控，并支持根据业务需求实现跨用户角色授权。

（4）宝信 xIn^{3}Plat 工业互联网平台

① 平台简介　xIn^{3}Plat 工业互联网平台是上海宝信软件股份有限公司依托 40 多年钢铁行业的知识积累和工业品质，自主研发的工业互联网品牌。xIn^{3}Plat 平台提供 iPlat 和 ePlat 两大平台套件，支撑智慧制造、智慧服务、智慧治理三类智慧场景。平台采用"云边端"一体化协同的创新架构，满足工业制造及产业生态多业态、多层次、多样化的需求，同时内置 5S 数据生态套件，实现数据数字化、数据资产化、数据智能化、数据可视化、数据标准化。同时依托大数据、人工智能、移动物联等七大核心技术，xIn^{3}Plat 平台为钢铁、医药、轨道交通、石化等多个行业提供工业互联网解决方案，涉及安全生产、供应链管理、研发设计、运维服务等多个业务领域。

② 平台架构　xIn^{3}Plat 平台如图 2-16 所示，提供基础自动化、现场控制终端、特殊仪表仪器、工业视频、智能装备等接口标准，以宝信智能工厂平台为支撑，实现边缘数据采集和汇聚，以及边缘层的应用。在 IaaS 方面，xIn^{3}Plat 平台基于宝信宝之云基础设施，通过服务器、存储、网络、虚拟化、通信等技术，实现计算、存储等计算机资源的资源管理。在工业 PaaS 方面，xIn^{3}Plat 平台以大数据、区块链、人工智能等技术为基础，集成外部成熟的产品，提供微服务和数据 API，汇聚装备、

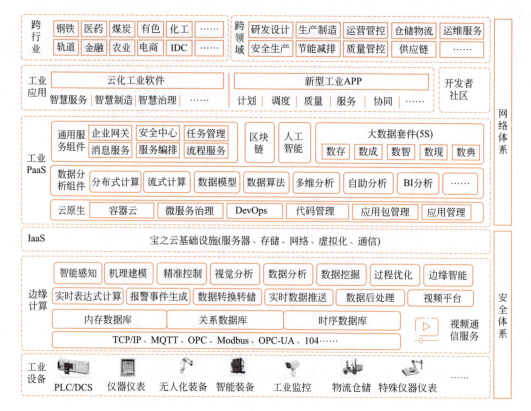

图 2-16 宝信 xIn³Plat 工业互联网平台

生产工艺、业务管理等工艺模型和业务模型，构建行业模型库。在应用方面，xIn³Plat 平台围绕智慧服务、智慧制造、智慧治理等应用场景，提供云化工业软件和新型工业 APP，诠释行业智能化生产、网络化协同、个性化定制、服务化延伸的内涵。

③ 功能特点　xIn³Plat 打造了 iPlat 和 ePlat 两大平台套件，iPlat 套件是面向智慧制造场景的工业互联平台，ePlat 套件是面向智慧服务场景的产业生态平台，xIn³Plat 平台 +iPlat 工业互联平台 +ePlat 产业生态平台共同构成了宝信软件的工业互联网产品体系。同时，xIn³Plat 采用"云边端"一体化协同的创新架构，支持敏态、稳态双态应用模式，满足工业制造及产业生态多业态、多层次、多样化的需求。xIn³Plat 内置 5S 数据生态套件，实现数据标准统一、组织有序、智能可视。

参考文献

[1] 王晨，宋亮，李少昆. 工业互联网平台：发展趋势与挑战 [J]. 中国工程科学，2018, 20(2): 15-19.

[2] 工业互联网产业联盟. 工业互联网平台白皮书（2019)[R]. 北京：中国信息通信研究院，2019.

[3] 工业互联网产业联盟. 工业互联网平台赋能产业链供应链白皮书 [R]. 北京：中国信息通信研究院，2021.

[4] 工业互联网产业联盟. 中国工业互联网投融资报告（2020 年）[R]. 北京：中国信息通信研究院，2021.

[5] 黄忠义. 区块链技术在工业互联网平台安全领域探索应用 [J]. 网络空间安全，2018, 9(10): 22-25, 33.

[6] 周志勇，任涛林，孙明，等. 工业互联网平台体系架构及应用研究 [J]. 中国仪器仪表，2021 (6): 62-65.

[7] 周志勇，赵潇楚，刘合艳，等. 国内外工业互联网平台发展现状研究 [J]. 中国仪器仪表，2022 (1): 62-65.

[8] 肖琳琳. 国内外工业互联网平台对比研究 [J]. 信息通信技术，2018, 12(3): 27-31.

[9] 肖琳琳，卿苏德. 国外工业云发展经验及对我国的启示 [J]. 电信网技术，2017 (2): 69-73.

[10] GE. Predix: 工业互联网 [R]. Boston, USA: GE, 2016.

[11] 工业互联网产业联盟. 工业互联网平台白皮书（2017)[R]. 北京：中国信息通信研究院，2017.

[12] 树根互联. 根云平台产品能力白皮书（2022）[R/OL]. (2022-08-30)[2022-08-30].https://www.rootcloud.com/knowledge/news3859.html.

Digital Wave
Advanced Technology of
Industrial Internet

Key Technologies
of Industrial Internet

工业互联网关键技术

第 **3** 章

工业互联网边缘层

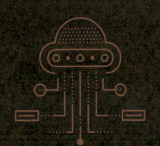

边缘层是工业互联网平台的基础，对海量设备和制造过程进行连接和管理，并通过协议转换实现海量工业数据的互联互通；同时，应用边缘计算技术，实现错误数据剔除、数据缓存等预处理以及边缘实时计算与分析，降低网络传输负载和云端计算压力。

3.1 边缘层概述

工业互联网平台包括边缘层、PaaS 层和应用层三个关键功能组成部分。边缘层提供海量工业数据接入、转换、预处理和边缘分析应用等功能。一是工业数据接入，包括 DCS、PLC 等工业控制系统数据接入能力，ERP、MES、LIMS 等信息系统数据接入能力，以及工业机器人、AGV、工业相机等工业设备数据接入能力，实现对各类工业数据的大范围、深层次采集。二是边缘计算的通信协议与数据处理，将采集连接的各类多源异构数据进行格式统一和语义解析，并在进行数据剔除、压缩、缓存等操作后传输至云端。三是边缘分析应用，重点是面向高实时应用场景，在边缘侧开展实时分析与反馈控制[1]，并提供边缘应用开发所需的资源调度、运行维护、开发调试等各类功能。

边缘计算是指在靠近生产装置或数据源头的网络边缘侧，采用集成网络、计算、存储、应用核心能力为一体的开放平台，就近提供边缘智能服务，满足行业数字化在实时业务、数据优化、应用智能、安全与隐私保护等方面的关键需求。边缘计算与工业控制系统有密切的关系，具备工业互联网接口的工业控制系统本质上就是一种边缘计算设备，解决工业控制高实时性要求与互联网服务质量的不确定性的矛盾。

边缘计算与云计算互相协同，共同推动制造业数字化转型。云计算重点关注非实时、长周期数据的大数据分析，在周期性维护、决策优化等领域发挥特长；边缘计算是云计算的补充和发展，聚焦实时、短周期数据的分析，支撑生产过程的实时智能化处理与执行。边缘计算可以直接操作生产过程的执行单元，也为云端应用的大数据分析提供高质量数据；云计算的智能决策结果下发到边缘侧，边缘计算将新的结果发送到执行单元。

3.2 工业数据接入

工业互联网边缘层通过接入设备进行大规模的深度数据采集，以及对异构数据的协议转换与计算，构建了工业互联网平台的数据基础，主要体现在工业数据接入、通信协议解析和数据处理三个方面，工业数据接入是边缘层数据转换和处理的基础。

工业设备的数据接入主要有三种形式：工业控制系统、工业信息系统和其他工业设备。工业控制系统典型的有集散控制系统（Distributed Control System，DCS）和可编程逻辑控制器（Programmable Logic Controller，PLC）等；工业信息系统常用的有企业资源计划（Enterprise Resource Planning，ERP）、制造执行系统（Manufacturing Execution System，MES）、实验室信息管理系统（Laboratory Information Management System，LIMS）和设备管理系统（Equipment Management System，EMS）等；其他大规模应用的工业设备包括工业机器人、物流机器人、工业相机和高频数据采集设备等。

3.2.1 工业控制系统

（1）DCS

① DCS简介　DCS是以微处理器为核心，集先进的计算机技术、通信技术、控制技术和图形显示技术于一体，对生产过程进行集中监视、操作、管理和分散控制的新型控制系统。DCS集中管理、分散控制的特点提高了系统的可靠性，可以方便地实现不同的控制策略。随着计算机和网络通信技术的发展，DCS向着多元化、网络化、开放化、集成管理方向发展，不同的DCS可以互联和交换数据，通过以太网将DCS

和工厂信息网络相连，实时采集生产过程运行信息[2]。

② DCS 的特点

a. 控制功能分散。DCS 在多台计算机上实现分散控制，以满足系统危险分散、功能分散的要求。

b. 灵活度高，可扩展性强。各工作站之间通过网络传送数据，实现系统的信息共享机制，通过人机接口和 I/O 接口，可以实现对生产数据的实时采集、分析、记录、监视和操作控制。

c. 可靠性高。DCS 结构采用容错处理，在某一单元无法实现控制功能时，系统仍能正常工作。

d. 人机交互能力良好。DCS 采用简洁实用的人机操作界面，图形显示技术支持高分辨率图像和数据实时显示，画面丰富。

③ DCS 应用情况和发展趋势　DCS 侧重对模拟量的整体控制，常用于需要大数据量传输和分布式控制的场景，像发电厂、石油化工、钢铁、烟草、冶金、矿业等流程行业过程控制领域，而航天航空、火电、核电、大型石化、钢铁等装置的主控单元必须使用 DCS 控制，保证系统的稳定性。

为了使 DCS 更加适用于工业自动化生产，新型 DCS 系统不断改善，例如不断丰富软件功能，将 DCS 与 PLC 相互融合，实现系统开放化、超大型化以及通信介质多样化。尽管 DCS 在不断地改进和完善，但还是存在问题，如信息传递落后、传输精度低、抗干扰和纠错能力差等。

（2）PLC

① PLC 简介　PLC 是专为工业生产而设计的一种具有微处理器的数字电子设备。它采用可编程的存储器，用其内部存储程序，执行逻辑运算、顺序控制、定时、算术操作等面向用户的指令，并通过数字或模拟输入/输出控制各种类型的机械或生产过程。

② PLC 的特点　目前，PLC 已广泛应用于石油、化工、电力、钢铁、建材、机械制造、汽车、纺织、交通和环保等行业，它的使用主要体现在以下几个方面。

a. 开关量逻辑控制：PLC 可以用于单台设备的顺序和逻辑控制，也可用于多机群控和自动化生产线控制，如包装生产线、组合机床、注塑机、电镀流水线等。

b. 运动控制：PLC 控制器可以用于圆周运动或直线运动的控制，广泛用于机械制造、零件加工、工业机器人、电梯等场合。

c. 数据处理：PLC 控制器具有数学运算、数据传输、数据转换、排序、查表、位操作等功能，可以完成数据的采集、分析及应用。数据处理一般用于大型控制系统，如无人控制的柔性制造系统；也可用于过程控制系统，完成如石化、造纸、煤炭工业中的一些数据分析要求。

d. 模拟量控制：在工业生产过程中，有很多连续变化的物理量（或模拟量），如温度、压力、流量、液位等。为了实现 PLC 对模拟量的处理，必须实现模拟量和数字量之间的 A/D 和 D/A 转换。

e. 通信与网络：大多数 PLC 具有通信功能，可以执行 PLC 与计算机之间的对等连接和上级连接，这些通信技术使 PLC 更轻松地形成工厂自动化系统。它还可以连接到外部设备，如打印机和监视器，进行记录和监视。

③ PLC 发展趋势　随着 PLC 的应用领域日益扩大，其技术朝着模块化、智能化方向发展，产品结构也在不断改进。为满足工业自动化各种控制系统的需要，智能 I/O 模块、温度控制模块和检测 PLC 外部故障的专用智能模块相继出现，不仅增强了控制模块的功能，扩展了 PLC 的应用范围，还提高了系统的可靠性。

在产品规模上，PLC 的发展趋向两极化。一方面，为满足单台设备及小型自动控制产线的需要，大力发展传输速度更快、质量更高的小型和超小型 PLC。另一方面，推进大型 PLC 的发展，使其具有容量大、性能稳定、可靠性高的特点。向高速度、大容量发展的 PLC 技术在自动化生产中已非常成熟，不仅控制功能增强，功耗和体积减小，成本下降，稳定性和生产效益提高，编程和故障检测更为通俗易懂，而且随着远程 I/O 连接和通信网络、数据采集与处理以及图像显示的发展，PLC 向生产过程智能控制的方向发展，成为实现工业生产智能化的重要支撑。

3.2.2 工业信息系统

（1）ERP

① ERP 的概念和功能　ERP 是建立在信息技术基础上，以系统化的管理思想，为企业高层及员工提供决策方案和基础信息控制的信息化平台。ERP 系统是将企业经营管理思路、企业生产经营流程、企业运营环节出现的各类数据、企业运行中的人力资源和物流资源、计算机硬件及软件集成于一体的企业资源管理系统。

ERP 系统综合"三流"（资金流、信息流、物流）进行管理，更加合理有效地利用企业现有的资源，使企业的经济效益最大化，其核心功能体现在实现了对整个供应链的有效管理[3]，具体表现为以下几个方面。

a. ERP 系统可以对整个供应链资源进行管理，合理安排企业每一个环节上的人财物等资源，适应市场竞争的需要。

b. ERP 系统体现了事先计划与事中控制的管理思想。ERP 系统的计划系统包括主生产计划、物料需求计划、采购计划、销售执行计划、利润计划、财务预算和人力资源计划等，可以有效地帮助企业实现预期目标。

c. ERP 系统体现着精益生产和敏捷制造的管理思想。竞争激烈的市场经济要求企业运用同步工程和敏捷制造等管理理念，以保证企业产品质量，迎合消费者的需求。

以制造行业举例，随着制造业近年来的迅猛发展，制造行业的营销订单增多、产品品种增加、客户需求错综复杂，企业内部原先以手动管理为主的方式已不能适应企业迅速发展的要求，出现信息反馈延时，生产计划在时间上、数量上等安排不够合理，产品不能按时按量发货、交货等问题。通过 ERP 系统帮助企业建立主动服务的自动化触发和全流程的管理监控，实现全面实时管理的精细化成本核算，从而为企业增值增效、分析决策提供数据支持，最终帮助企业实现增益目标[4]。

② ERP 应用场景　ERP 管理系统现已可以适用于任何形式的工业生产，在典型的离散型机械制造行业最能取得成效，涉及的工业领域主要有机械设备、汽车、造船、飞行器等，具体体现在生产资源计划、生产调配和产后分析上。生产后将实际成本和成本模型对比，对于差异情

况进行智能化处理分析,避免不必要的资源浪费,可以有效地整合和分析处理工业机构资源,增强市场竞争力。

(2) MES

① MES 的概念和功能 制造执行系统(MES),是面向生产制造车间的生产管理技术与实时信息同步系统,它位于企业上层生产计划系统和底层工业控制系统之间。MES 采集从订单下达到产品出厂全过程的数据,实现生产过程管控的优化。MES 运用及时、准确的信息,对市场、装置、原料等外部条件的变化做出迅速的响应,提高生产效率。MES 可以改善投资回报率,优化生产管理,有助于及时交货、加快库存周转和提高收益。

完整的 MES 一般包含资源配置和状态监测,工序级生产任务,生产的过程、调度、设备、人力、质量、文档、产品数据的跟踪与管理,现场数据采集,以及生产性能分析等功能模块,如图 3-1 所示。

图 3-1 MES 功能模块

② MES 应用场景 MES 的应用可以显著降低企业运行成本、提高效益,具体的应用场景介绍如下[5]。

a. 工艺规格标准管理:MES 能够定义工艺规格并对其实施标准化管理,通过设立报表、工艺卡片、工程图、零件图等完成对相关工序流程的拟定和管理。

b. 作业计划与排程调度：MES 能够通过执行 ERP 系统的作业指令来设置订单的优先级顺序，并可以执行管理插单、加急订单等操作。

c. 数据采集与生产看板：MES 系统可以利用 RFID 射频识别处理技术、条形码技术等来完成对车间现场数据的采集和传输，并将实时的产品数据信息、订单完成情况及设备状态等显示在车间的电子看板上，辅助管理人员掌握车间现场信息。

d. 产品跟踪/产线物流：通过 RFID 射频识别技术对物料信息实时追踪，掌控在制品的当前状态。

e. 质量控制与分析：参考标准工艺流程进行作业，防止产品加工阶段出现失误。对于质量问题进行上报与处理，并自动总结上一阶段质量问题的成因，进行质量回溯。

f. 设备状态监控：经由 DNC（分布式数控）系统完成对车间设备的全程监控，主要监控设备的运行情况、产出绩效、性能数据等，对提升车间机器的利用率很有参考价值。

g. 人力管理与执行监督：系统及时对指令执行、机器状态、产品品质的异常状况做出警告提示，并监督处理结果，自动将违规信息和相关责任人记入档案，实现质量回溯。

（3）LIMS

① LIMS 简介　LIMS 将网络信息传输技术、信息管理技术、计算机技术与先进科学的管理思想结合，为实验室样品数据的自动采集、录入、分析处理与传输及信息共享、成本控制等提供技术支持，为客户检测进度及信息查询提供信息共享平台。

LIMS 通过提供合理、规范和高效的管理模式，来帮助管理人员在现有软硬件基础上，优化并提高实验室整体水平，能提高样品测试效率及结果的可靠性。LIMS 由数据采集/信息输入、数据分析处理、报告生成/发布、实验室资源管理和系统管理等部分组成，如图 3-2 所示。LIMS 包括一些全局辅助性功能，如系统配置管理、网络通信技术、用户界面等[6]。

图 3-2　LIMS 组成

② LIMS 的结构和作用　LIMS 作为通用的实验室信息管理系统，可以应用在各个行业的实验室中，其主要应用领域包括医药、科研教学、化工、农业/食品、烟草、进出口检验检疫、冶金、矿山、机械制造、石油/天然气、政府部门等。LIMS 系统的常见应用场景包括以下几种。

a. 科研教学：在开放式教学和教育信息化改革的情况下，实验室的信息化和智能化应运而生，"互联网+实验室"的融合，可以提高实验室的建设和资源利用效率，提升实验室管理的科学性和规范性。

b. 生物医疗：LIMS 贯穿样本接收、预约、核查、检测试验、数据分析、数据解读、报告生成、客服跟踪等业务流程，帮助生物医疗机构或工厂提高工作效率、降低出错率，完成数据信息化管理、风险自动预警等。

c. 数据检测：经济的快速发展和生活水平的提升，对检测行业的精准度要求越来越高，工作内容日益繁琐。LIMS 可以用于数据信息的录入、统计、计算、报告、存档、查看、维护等，帮助检测机构高效、轻松、准确地维护日常数据。

（4）设备管理系统

① 设备管理系统简介　设备管理系统是将信息化的设备技术与现代化管理相结合的信息系统，使用它可以有效地管理设备资源，维护设备的正常运转，从而提高工作效率。该系统利用计算机软硬件、网络通信设备以及其他办公设备，对数据信息进行收集、传输、加工、存储、

更新和维护，是一个支持高层决策、中层控制、基层运作的集成化系统。设备管理系统一般都包括设备资产及技术管理、设备文档管理、设备缺陷分析及事故管理、预防性维修、工单的生成与跟踪、备件管理、维修成本核算、统计报表等部分，如图 3-3 所示。

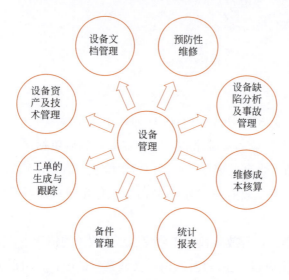

图 3-3　设备管理系统组成

设备管理系统从设备入库到设备报废，贯穿设备的整个生命周期，管理工作以信息化为载体，以设备分层为基础，以设备管理流程为主线，确定每个层级的设备管理突出问题，强调全员参与的重要性[7]。

② 设备管理系统的应用场景

a. 工业生产企业。设备管理系统使企业更加规范化地进行设备管理，提高企业效率，减少设备停机时间，最大限度地提高企业生产效率。设备管理人员根据各个企业设备的真实情况，将设备信息录入设备资产档案管理。当设备出现故障时，相关人员可通过系统向上级申请维修，使维修更高效、更及时，符合当下中小型制造企业对信息化系统的规划和需求。

b. 仪器仪表行业。设备管理系统的核心功能包括设备申购、设备入库、设备管理、设备维修检查、设备报废处理以及一些智能仪器设备的远程数据监控，实现对仪器设备的统一管理。

3.2.3 其他工业设备

（1）工业机器人

① 工业机器人简介　工业机器人的应用是衡量一个国家自动化程度的关键性能指标。工业机器人具有工作效率高、稳定可靠、重复精度高、能在高危环境下作业等优势，在传统制造业特别是劳动密集型产业的转型升级中将发挥重要作用。

工业机器人由机械部分、传感部分和控制部分三大部分和机械结构系统、驱动系统、感知系统、机器人-环境交互系统、人机交互系统和控制系统六个子系统组成，其结构如图 3-4 所示。

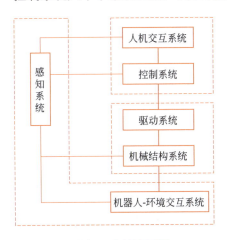

图 3-4　工业机器人结构框图

② 工业机器人的应用场景　我国经济和科技水平的提升，使工业机器人的发展方向更为广阔，目前我国的工业机器人主要被应用于工业制造业中，如船舶焊接、自动化装配线、搬运、缝纫等领域[8]。

a. 船舶焊接机器人。由于船舶体积较大，利用机器人开展相关焊接工作，可提升作业效率。船舶焊接机器人利用系统优化集成技术与控制技术，可精确焊接轨迹，加上激光传感器、视觉传感器的应用，可实现离线作业操作，帮助机器人更好地使用复杂的元件焊接，可保障焊接质量。

b. 自动化装配线机器人。自动化装配线机器人主要的类型有旋转关节型、直角坐标型以及平面关节型等。例如对发动机安装配线时，利用自动化装配线机器人开展相关操作，可实现活塞、连杆、缸体等零部件自动化装配，以提升装配效率。

c. 搬运机器人。搬运机器人利用计算器控制，可搬运、移动物品，具有网络交互、多传感器控制等功能。常用的搬运机器人多为串联机器人，可分为四轴、六轴两类。其中六轴机器人多搬运重物，但搬运速度较低；四轴机器人由于轴数少，不可搬运过重物品，但是其搬运速度较快，可用于快速包装。

d. 缝纫机器人。服装生产行业中，多应用缝纫机器人。研发缝纫机器人代替传统手工缝纫，旨在利用缝纫机器人将传统的劳动密集型产业转变为机械自动化生产的产业。缝纫机器人能够利用相机观察布料，利用机器臂裁剪布料，可降低误差至0.5mm内。

（2）AGV

① AGV 的概念和系统组成　AGV 是一种以蓄电池作为动力源，装有非接触控制导向装置的无人驾驶自动化搬运小车。AGV 利用了光学技术、机电技术以及计算机技术，具体包括车载控制、路径规划、计算机控制与原理、系统仿真、无线通信、导航定位、信息采集与处理、自动充电等，能够规划多台 AGV 的路径，避免 AGV 发生碰撞，保证多台 AGV 协调工作[9]。

AGV 的控制系统由电源及其管理模块、主控模块、运动控制模块、避障模块、导航及定位模块和无线通信模块六个部分组成。

a. 电源及其管理模块。电源给机器人提供动力的源泉，为避免长时间使用电池而导致过度放电损伤电池，需要加上电压监测电路，用以监测电池电压。

b. 主控模块。主控模块是控制系统的"大脑"，主要对各个模块起协调作用，可接收各个模块反馈的信息并进行有效的决策、处理后再用于对相关模块的控制。

c. 运动控制模块。MCU 发送控制指令，机器人能够在接收目的指令后运动到指定位置。

d. 避障模块。机器人行进过程中用于检测障碍物，防止碰撞损坏机器人。

e. 导航及定位模块。机器人在仓储搬运环境中用于导航与定位。其控制系统通过外部传感器获得自身在环境中的位置信息,为机器人搬运提供保障。

f. 无线通信模块。该模块是机器人与仓库管理中心连接的纽带,用于数据的传输,接收来自仓库管理中心的任务指令以及反馈机器人位置、状态等信息。

② AGV 的应用场景　AGV 可以在柔性生产制造系统和自动化搬运工厂中用来组成高效、稳定的物流系统,同时广泛用于普通工厂进行货物转运,尤其适用于冷库这类工作人员无法进入的工作场所,可以极大地降低人工成本,提高生产自动化程度和生产效率[10]。

a. 在制造业,AGV 主要应用在生产线上,能够节约人力成本,降低人工出错率。AGV 能灵活高效地完成上位机指派的物料搬运任务,由多台 AGV 构成柔性的物流搬运系统,确保生产线快速高效地运作,搬运路线由上位机随着生产工艺流程的调整及时改动,确保一条生产线上能够制造出多种产品,提高生产的柔性。

b. 在重型机械行业,AGV 主要的用途是运送模具和原材料,因而 AGV 小车要求承载量非常大。它的特点就是配备了功率较大的承载装置,在 AGV 上配备大型机器人用于对大型金属构件进行喷漆是 AGV 在重型机械行业中的应用之一。

c. 在物流领域中,AGV 承担了配送中心的货物搬运工作,极大地节约了人力成本,特别是物流仓储与分拣过程,需要对大批物料进行搬运,对 AGV 需求越来越多。

(3) 工业相机

① 工业相机简介　工业相机可用于机器视觉检测,由于工业生产效率较高,在生产流水线上的工件高速移动,为了获得高质量的工件图像,需要对工件位置进行精确的感知,同时还要对工件的振动等外界干扰有很好的鲁棒性,这就需要对工业相机抓拍工件图像过程进行精确控制。工业相机的选取是获得高质量图像的关键。

工业相机是机器视觉系统中的关键组件,不同的工业相机适用的场景也不同。工业相机按照传感器结构特性和应用模式可以分为线扫式相机和面阵相机。

线扫式相机传感器通常只有一行感光元素,以"线"扫描的方式连续拍照,在每次成像过程中只能获取宽度为单个像素的一行图像信息,再合成一张二维图像,又被称为1D视觉传感器。线扫式相机常用于条形、筒形等需要连续检测的视觉应用中,如印刷制品缺陷检测、曲面玻璃瑕疵检测等,通过逐行扫描获取完整的图像信息,具有高速、高分辨率的技术优势。

面阵相机即2D视觉传感器,以"面"为单位来进行图像采集,拥有更多的感光像素。面阵相机可以一次性获取完整的目标图像,比线扫式相机具有更快的检测速度。大多数常见的检测相机都基于面阵扫描,包括测量面积、形状、尺寸、位置,甚至温度。不过面阵相机每行的信息没有线扫式相机多,帧幅率有限。经过多年的技术发展,2D视觉传感器已经成为最成熟的图像传感技术,广泛应用于各个行业生产过程中的目标识别、定位以及高精度检测等视觉任务。

工业技术智能化升级使机器视觉应用领域不断拓展,1D和2D视觉应用已经不能完全满足工业生产过程对于机器视觉的应用需求,图像传感器也逐渐向3D视觉应用发展。3D视觉传感器能够获取空间每个点位的三维坐标信息,这些信息中涵盖了目标的形状、大小、空间坐标等更丰富的数据。3D视觉传感器一般由多个模块组合而成,能够获取比2D传感器更加丰富的三维空间信息,保证了无人车视觉导航、机器人空间抓取及VR/AR等应用的可行性。

图3-5中分别为工业视觉系统中常见的线扫式相机、面阵相机和3D相机[11]。

② 工业相机的应用场景　工业相机主要应用在工业领域上,可用于电子产品的在线检测、分析材料被破坏时物质的结构等,如开发金属材料及树脂材料时,用于观察材料受到冲击时内部裂纹产生的方向、状态。在开发产品和验证产品等方面,数字工业相机对被摄物的大小没有

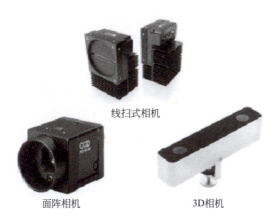

图 3-5 线扫式相机、面阵相机和 3D 相机

限制,可用来检测微小产品是否存在瑕疵,提高产品的优良率。在包装和标签行业的印刷过程中,可以实时检测到高速印刷中存在的细微缺陷,便于采取措施,减少损失。比较常见的缺陷,如划痕、灰尘、漏印、墨痕、褶皱等,都会被检测出来,能提升投资回报,减少废品支出。

(4) 高频数据采集设备

① 高频数据采集设备介绍　机械振动是工业机械设备运行中常见的一种现象,一般情况下机械振动都是有害的,因为振动会破坏机械的正常运作。利用振动信号判断设备的故障状态越来越受到重视,振动信号是高频的,需要使用高频数据采集设备获得,通常选用振动传感器。

这里以设备智能诊断与维护为例,介绍振动传感器的应用过程[12]。在生产现场,当设备出现异常时,振动传感器会通过无线信号将消息传输给智能平台主机,智能平台使用离线数据分析系统进行分析,分析结果通过网络反馈到运维中心和专家组。对于企业提出的能否完成生产的问题,智能平台分析系统可以结合设备历史数据及案例经验进行分析,并给出反馈。

② 高频数据采集设备的应用　在电力、管网、地震、环境等监测应用中,都有对大范围高密集的传感器进行长时间高频次采集监测的需求。系统可应用在需要对大量传感器进行长时间持续综合分析的场合,

根据不同的应用领域，进行定制开发形成特定的监测系统[13]。

a. 管道在线监测：当选用流量、压力等高频信号传感器时，可把系统用于管道（水、天然气、石油等）在线监测，监测管道中的压力、流量、流速，综合多采集点信号，可实时计算反映其泄漏情况。

b. 电力在线监测：电力监测需要监测电力线路的电压、电流变化，计算电力网络的功率、相位信息，用于漏电检测和电能分配调度等。当选用电流、电压等高频信号传感器时，可把系统用于电力在线监测。

工业互联网边缘层数据处理和各种现场设备及智能产品的标准化需求聚焦在工业数据接入、通信协议解析、数据处理等方面。虽然边缘层可以对海量设备进行连接和管理，但目前在工业数据采集领域，多种工业协议标准并存，存在协议标准不统一、互不兼容等问题，使得协议解析、数据格式转换和数据传输比较困难。

因此，要对边缘计算的通信协议进行解析，利用协议转换实现海量工业数据的互联互通及数据格式统一，并将采集到的数据传输到云端数据应用分析系统或数据汇聚平台。在边缘端，可以实现错误数据剔除、数据清洗等预处理以及实时分析，降低网络传输负载和云端计算压力，提升操作响应灵敏度，消除网络堵塞，并与云端数据分析形成协同。

3.3 边缘计算通信协议

边缘接入以网关硬件为基础，通过软件服务，连接各类物联网端设备，包括但不限于传感器、可编程逻辑控制器（PLC）、分散控制系统（DCS）、数控机床（CNC）、机械臂、自动导引车（AGV）、仪表和相机，以及使用各种自动控制器控制的电梯、空调、传送带、水泵、阀门、注塑机、空压机等。适配品牌包括：西门子、欧姆龙、施耐德、三菱、台达等。通过 OPC-UA、OPC-DA、Modbus、西门子 S7、三菱 MC、欧姆龙 FINS 等主流协议实现广泛的设备接入与管理。

3.3.1 OPC DA

在 OPC（OLE for Process Control）技术产生之前，自动化现场的设备互联没有统一的标准。不同的硬件和软件厂商都制定了一套自己的标准。由于标准不统一，软件与硬件之间、设备与设备之间的通信程序不能重复利用，必须为不同的设备开发不同的通信程序，软件/硬件供应商要花费巨大代价开发和维护基于各种不同通信协议的代码。因此迫切需要统一的通信标准，提供即插即用的软件接口，实现不同设备之间、软件和硬件之间的互通互联，OPC 技术在此背景下产生。OPC 技术的发展经历了经典 OPC 和 OPC UA 两个阶段。

经典 OPC 本质上是基于 COM/DCOM 的过程控制技术，提供了一整套过程控制中数据交换的软件标准和接口，包括：OPC 数据访问接口（OPC Data Access，OPC DA），定义了数据交换的规范，包括过程值、更新时间、数据品质等信息；OPC 报警与事件接口（OPC Alarms & Events，OPC AE），定义了报警、事件消息、变量的状态及如何管理；OPC 历史数据访问接口（OPC Historical Data Access，OPC HDA），定义了访问及分析历史数据的方法。

根据在过程控制中扮演角色的不同，经典 OPC 软件可以分为 OPC 服务器（Server）软件和 OPC 客户端（Client）软件两大部分。OPC 服务器软件是整个信息传输系统的核心，它一方面与现场设备如 DCS 和 PLC 进行通信，将不同的现场总线的通信协议转换成统一的 OPC 协议；另一方面它与 OPC 客户端软件通过标准 OPC 协议进行通信，为 OPC 客户端提供数据或者将 OPC 客户端的指令发送给 PLC 与现场设备。OPC 客户端软件只需要通过标准 OPC 协议与 OPC 服务器进行通信，就能将指令与数据发送给 PLC 或者现场设备。经典 OPC 软件工作示意图如图 3-6 所示。

在图 3-6 的架构中，设备厂商只需要提供一个自己设备的 OPC 服务器软件，其他任何设备或软件只需要编写一个 OPC 客户端软件就能通信；由于 OPC 的接口都是统一的，大大减少了编程开发的工作量，维护效率也成倍提高。

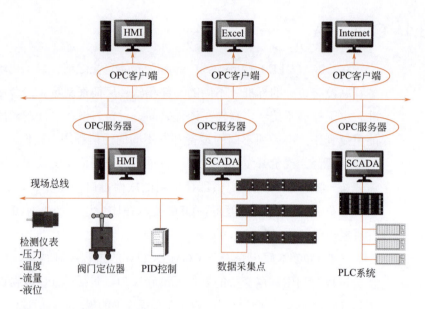

图 3-6　OPC 工作示意图

经典 OPC 依赖微软的 COM/DCOM 技术，但随着 IT 技术的发展，微软已经弱化此技术，而转向了跨平台的 SOA（Service-Oriented Architecture）技术；同时 OPC 供应商希望提供一种数据模型，将 OPC DA、OPC AE、OPC HDA 统一起来，并将 OPC 技术应用到非 Windows 平台，终端用户希望能在非 Windows 设备硬件的固件程序中直接访问 OPC 服务器软件；合作组织希望提供高效的、安全的、用于高水平数据传输的数据结构。因此，OPC UA（OPC 统一架构）技术诞生了。

3.3.2　OPC UA

OPC UA 通过 TCP/IP 和 Web 协议进行通信，完全独立于平台。OPC UA 服务器的数据在网络可以通过这些协议寻址访问。OPC UA 服务器实现简单，可在 Windows、Linux 和 Mac 等操作系统上运行，具有 TCP/IP 堆栈的嵌入式系统、PLC 设备和微控制器等平台也可以运行 OPC UA 服务器。

OPC UA 统一架构具有功能对等性、平台独立性、安全性、可扩展性及综合信息建模等特性。

（1）功能对等性

OPC UA 实现了经典 OPC 的所有功能，并增加如下功能。

① 发现：可以在本地 PC 和网络上查找可用的 OPC UA 服务器。

② 地址空间：所有数据都是分层表示的（例如文件和文件夹），允许 OPC UA 客户端发现、利用简单和复杂的数据结构。

③ 按需：基于访问权限读取和写入数据/信息。

④ 订阅：监视数据/信息，并且当值变化超出客户端的设定时报告异常。

⑤ 事件：基于客户端的设定通知重要信息。

⑥ 方法：客户端可以基于在服务器上定义的方法来执行程序等。

OPC UA 产品和 OPC Classic 产品之间的集成可以通过 COM/Proxy Wrappers 轻松实现。

（2）平台独立性

OPC UA 是跨平台的，不依赖于硬件或者软件操作系统；可以运行在 PC、PLC、云服务器、微控制器等不同的硬件下，支持 Windows、Linux、Android 等操作系统。

（3）安全性

OPC UA 支持会话加密、信息签名等安全技术，每个 UA 的客户端和服务器都可以通过 OpenSSL 证书标识，具有用户身份验证、审计跟踪等安全功能。

（4）可扩展性

OPC UA 的多层架构提供了一个"面向未来"的框架。诸如新的传输协议、安全算法、编码标准或应用服务等创新技术和方法可以并入 OPC UA，同时保持现有产品的兼容性。

（5）综合信息建模

OPC UA 信息建模框架可以将数据转换为信息。通过完全面向对象技术，即使非常复杂的多层次结构也可以被建模和扩展。

3.3.3 Modbus

Modbus 是一种串行通信协议，由 Modicon 在 1979 年为使用 PLC 而发表，已经成为工业领域通信协议标准，图3-7给出了其协议架构图。Modbus协议有以下特点：公开发表并且无版税要求；相对容易的工业网络部署；对供应商而言，修改移动原生的位或字节没有很多限制。

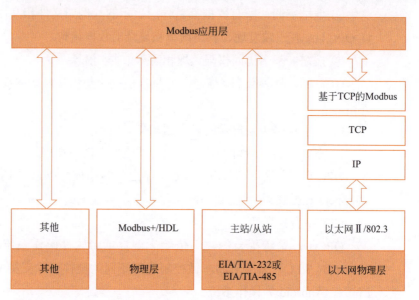

图3-7　Modbus协议架构图

Modbus允许多个设备连接在同一个网络上进行通信，在数据采集与监视控制系统中，Modbus通常用来连接监控计算机和远程终端单元（Remote Terminal Unit, RTU）。Modbus协议包括用于串口、以太网以及其他支持互联网协议的版本。大多数Modbus设备通信通过串口物理层进行。

串行连接有两个变种，它们在数值数据表示和协议细节上略有不同。Modbus RTU是一种紧凑的、采用二进制表示数据的方式，而Modbus ASCII是一种人类可读的、冗长的表示方式。RTU格式后续的命令/数据带有循环冗余校验的校验和，而ASCII格式采用纵向冗余校验的校验和。被配置为RTU变种的节点不会和设置为ASCII变种的节点通信。对于TCP/IP（例如以太网）连接，存在多个Modbus TCP变种，这种方式不需要校验和的计算。这三种通信协议在数据模型和功能调用上都是相同的，只有封装方式不同。

Modbus 协议是一个主/从（master/slave）架构的协议。有一个节点是 master 节点，其他参与通信的节点是 slave 节点。每一个 slave 设备都有一个唯一的地址。在串行网络中，只有被指定为主节点（master 节点）的节点可以启动一个命令（在以太网上，任何一个设备都能发送一个 Modbus 命令，但是通常也只有一个主节点设备启动指令）。一个 Modbus 命令包含了打算执行的设备的 Modbus 地址。所有设备都会收到命令，但只有指定位置的设备会执行及回应指令。所有的 Modbus 命令都包含校验码，以确定到达的命令没有被破坏。基本的 Modbus 命令能让一个 RTU 改变它的寄存器的某个值，控制或者读取一个 I/O 端口，以及指挥设备回送一个或者多个其寄存器中的数据。

3.3.4 工业互联网标识解析

（1）标识解析体系

工业互联网标识解析体系是工业互联网网络体系的重要组成部分，为跨领域、跨行业、跨企业提供基础资源和信息互联互通能力，是整个工业互联网网络实现互联互通的关键基础设施。工业互联网标识解析体系通过标识码（条形码、二维码、无线射频识别标签等）为实体和虚拟的对象赋唯一的身份码，这个身份码能够记录和追溯对应虚拟或实体对象的全生命周期信息。用标识码对机器和物品进行唯一性的定位和信息查询，是实现全球供应链系统和企业生产系统的精准对接、产品全生命周期管理和智能化服务的重要支撑。

构建标识解析和服务体系是实现全球供应链和企业生产精准对接的基础，是促进信息资源集成共享的首要任务。与互联网中的域名解析方法相似，在工业互联网中，用户可以通过标识码来访问记录产品/设备/零部件信息的服务器，查询/提取相关的信息资料，实现信息共享和全生命周期管理。

（2）标识解析节点框架

标识解析框架上包含多个节点，并且可以在这个框架上形成一些工业 APP。工业互联网标识解析框架如图 3-8 所示。

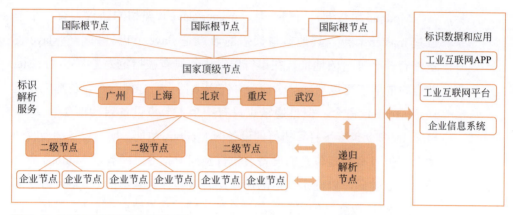

图 3-8　工业互联网标识解析框架

① 国际根节点　是指某一种标识体系管理的最高层级服务节点，不限于特定国家或者地区，而是面向全球范围提供公共的根区数据管理和根解析服务。

② 国家顶级节点　是指一个国家或者地区内部顶级的标识解析服务节点，能够面向全国范围提供顶级标识编码注册和标识解析服务，以及标识备案、标识认证等管理能力。国家顶级节点既要与各种标识体系的国际根节点保持连通，又要连通国内的各种二级及以下其他标识解析服务节点。

③ 二级节点　是指一个行业或者区域内部的标识解析公共服务节点，能够面向行业或区域提供标识编码注册和标识解析服务，以及完成相关的标识业务管理、标识应用对接等。

④ 企业节点　是指一个企业内部的标识解析服务节点，能够面向特定企业提供标识编码注册和标识解析服务，既可以独立部署，也可以作为企业信息系统的组成要素。

⑤ 递归解析节点　是指标识解析体系的关键性入口设施，能够通过缓存等技术手段提升整体服务性能。此外，标识解析服务的查询触发，可以是来自企业信息系统、工业互联网平台、工业互联网 APP 等多种不同形式[14]。

（3）标识解析流程

标识解析的流程如图 3-9 所示。在物理对象（如机器、产品）或者虚拟对象上都有相应的标识编码。使用扫码枪、RFID 设备或者其他手段获取物理对象和虚拟对象的产品标识，然后通过工业互联网标识解析系统通过标识查询存储具体数据的服务器地址，最终通过连接目标服务器获取具体的数据。

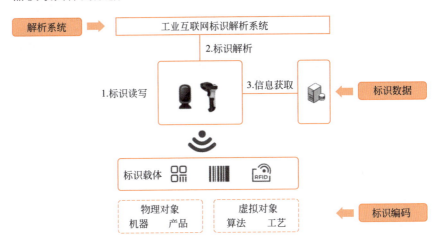

图 3-9 工业互联网标识解析流程

3.3.5 工业实时数据库

（1）PI 系统

PI 系统是由 OSIsoft 公司开发的基于 C/S 和 B/S 结构的工厂实时数据集成和应用平台。PI 系统可以长期在线存储工厂所有的生产数据，并快速、高效地进行数据采集、存储和显示。PI 系统实时地获取各个实际数据源的原始生产数据，用户通过一组用户可配置的报表，从分布在企业的桌面计算机上，查看当前和历史的生产运行状况。

常见的 PI 系统架构如图 3-10 所示[15]。PI Interface 或 PI Connector 用于采集数据源数据，部署在工业计算机上。PI Data Archive 服务器用于存储时序数据，数据点 PI Point 会被自动创建。数据点 PI Point 被创建之后，数据源的数据结构会被传递到 PI AF 上。PI Connector 第二代会收集数据并且将数据转发到 PI Data Archive 和 PI AF 上。在用户侧，会从 PI AF 服务器和 PI Data Archive 服务器读取数据，并且进行数据展示等操作。

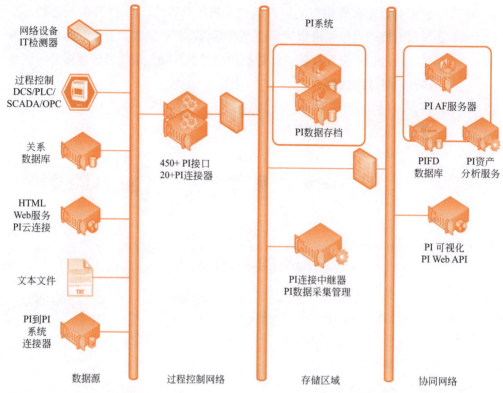

图 3-10 常见的 PI 系统架构

PI 提供 PI-API 和 PI-SDK 两种类型的软件开发接口。PI-API 是 PI 系统通用编程接口的例行程序库，该程序库可运行在各种硬件平台上，PI 系统的应用程序，如 PI-ProcessBook、PI-DataLink、PI-ProFile 等，都是利用 PI-API 和数据库 Server 进行通信的。用户也可以利用 PI-API 开发自己的应用程序，读写 PI 数据。PI-API 有 100 多个不同功能的函数。而 PI-SDK 是用于访问 PI Server 的软件工具包，该工具包运行在 Windows 平台，可以访问所有平台的 Server。PI-SDK 基于微软 COM 技术，能够被大多数 Win32 软件开发环境引用[16]。

（2）Infoplus

Infoplus 是 AspenTech 公司的实时信息管理系统（实时数据库），通过采集、分析及存储大量的过程数据，实时管理制造过程。同时，各种类型的用户、处理系统、生产方面的应用可以访问和利用这些数据。

InfoPlus.21 和关系数据库的交换提供了三种方法，可根据实际应用情况选用一种。

① Aspen LIMS Interface：这是 Aspen 提供的一个 InfoPlus.21 与 LIMS（实验室信息管理系统）的接口软件，应用这一模块也可实现数据交换。

② Desktop ODBC：这是一个桌面 ODBC 模块，使用户的桌面应用，如 Microsoft Excel、Microsoft Access、Microsoft Visual Basic 等，可以查询实时数据库中的数据。

③ API：这是一套为 InfoPlus.21 开发的编程接口，利用 API 可以实现更多的功能，使得数据交换的方式更自由。

（3）PHD

PHD（Process History Database），即过程历史数据库，为企业的现在及未来提供了完整的解决方案，可采集、存储、重现工厂实时数据及历史数据，使得生产车间、工厂乃至全公司均能及时了解相关数据信息。PHD 强大的实时数据处理能力确保了企业员工更方便高效地协作、制定并执行生产计划，从而提升业务绩效。

PHD 支持跨越多个工厂和现场的多控制系统及多应用程序的大规模集成，提供无缝的数据集成接口、自动故障恢复的数据采集、自动历史数据恢复功能，保证大型长周期历史数据库的数据安全与可靠性，确保用户能随时访问数据及与各类应用的有效集成。

除了采集和整合潜在的大量过程数据之外，PHD 还具备强大的历史数据处理功能，可以将繁杂的数据转换成有用的信息。如"虚拟位号"数学计算功能允许用户将工程和业务知识应用至当前和历史数据中，而内置的工程单位自动转换功能可以帮助用户以其熟悉的方式查看相关数据。过程数据与业务数据的紧密整合使用户可以全面了解整个企业的运营情况。

PHD 系统对服务器和客户端提供标准接口，支持 OPC 历史数据存取（HDA）和 OPC 数据存取（DA），允许 PHD 与所有现代控制系统和应用进行连接。PHD 是 OPC 标准化应用的先导者。PHD 是第一个提供 OPC 数据访问（DA）服务器的数据库，也是第一个提供 OPC 历史数据访问（HDA）客户端的数据库。除了可以提供 OPC 接口外，PHD 还支持微软 OLEDB 技术，各类桌面应用程序都可利用表格形式的 SQL 命令，调用 PHD 中的数据。

PHD 数据库架构如图 3-11 所示。它包括了核心的 Oracle 数据库，用于存储数据，底层用一个 RDI 服务器来通过工业协议收集数据源的协议，其中 RDI 支持多种协议，如 Modbus、OPC 等。PHD 对外提供了 API 服务器，可以用 PHDMAN 来进行命令行配置，另外用户可以拿到 PHD 的 SDK，对 PHD 的数据库进行二次开发。

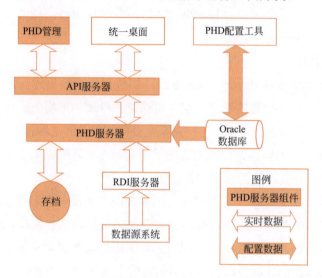

图 3-11　PHD 数据库架构

外部系统想要接入 PHD，可以使用 PHD 的二次开发接口 phdapinet.dll，用户可以使用 C# 来开发自己的应用程序。其中，PHD 的接口包含了 FetchData 接口，可以从里面获取时间序列的数据，PHD 里面也有 PutData 接口，可以往 PHD 数据库里面添加数据。

（4）力控 pSpace

力控 pSpace 是一个高性能、高吞吐能力、可靠性强、跨平台的实时/历史数据库系统，可以采集、压缩、存储、加工、分析任何带有时间特性的生产信息，产品提供全系列的工业通信接口及 ERP 业务接口，实现生产监控到调度管理的完美整合[17]，极大地提高企业智能化及决策的精度和速度。力控 pSpace 数据库架构如图 3-12 所示。

图 3-12 力控 pSpace 数据库架构

在 pSpace SDK 设计中采用了分层架构的思想，分别包含 psAPISDK.dll、pSpaceAPI.dll、psNetClient.dll 模块，其中，psAPISDK.dll 为外部接口模块，pSpaceAPI.dll 为内部实现接口模块，psNetClient.dll 为服务器客户端模块，各模块关系如图 3-13 所示。

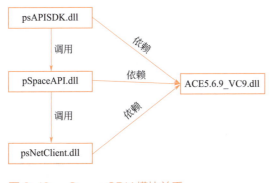

图 3-13 pSpace SDK 模块关系

第3章 工业互联网边缘层

3.4 边缘计算数据处理

在接入一些工业系统和工业设备之后,用户不能直接使用接入的数据,因为数据往往存在格式不同、丢失、噪声等问题,需要对数据做一些加工才能进行后续的入库、展示等流程。

3.4.1 工业数据处理

在工业生产过程中,不同的管理系统和信息设备会产生大量的二进制、文本、音频、视频等不同结构类型的数据,如一台半导体生产机器一天的数据量可以达到 TB 级别[18]。这些海量的数据中包含大量有价值的信息,这些信息的提取和深度分析利用推进工业生产智能化,提高生产质量和生产效率。

由于工业数据的时序性、混杂性以及强耦合性的特点,且从生产现场采集到的原始数据集往往质量不高,会出现数据缺失、数据噪声以及维度冗余等问题,难以直接对采集到的原始数据集进行建模分析,必须进行预处理,通过对数据缺失值、噪声以及冗余维度的处理,提高数据质量,为后续数据挖掘打好基础。

(1)多源异构数据

多源异构数据是指一个整体由多个不同来源的成分而构成,既有混合型数据(包括结构化、半结构化和非结构化),又有离散型数据(数据分布在不同的系统或平台)。其主要包含多源性和异构性两个特征。

多源性:多源异构数据有多个来源,采集的数据可能来自不同数据库系统或者不同的设备。不同的数据源因为其所在的系统不同,造就了不同的存储模式和不同的逻辑结构,不同的工业背景下,数据的产生时间、使用场景、网络协议也不尽相同[19]。

异构性:多源异构数据包括结构化数据、半结构化数据、非结构化数据。结构化数据指以关系数据库表形式管理的数据,即关系模型数据；半结构化数据指日志文件、XML 文档、JSON 文档、E-mail 等有固定结构模式的数据；非结构化数据指 Word、PDF、PPT、Excel 及各种形式的图片、视频等没有固定模式的数据。

在工业生产过程中采集到的大量多源异构数据，受到物理因素、环境因素、人为因素等影响，首先需要对其进行一系列预处理，包括缺失值填补、噪声去除、数据降维等操作。

（2）噪声处理

在工业现场中，传感器等易受到随机干扰，造成异常的检测结果，这类数据称为异常数据，即离群值。例如水泥行业装备大多为大型压力设备及动设备，存在大量压力、流量、温度检测传感器，特别是电机电流及压力检测受到气-固反应影响，具有较大的噪声，采集到的数据存在不同程度的误差、噪声、时序不匹配、信息不全等问题，在建模之前需要对数据进行异常识别和预处理，这对提高模型质量具有重要意义[20]。

工业数据预处理中常用离群点剔除、滤波和归一化等方法解决误差和噪声问题。针对工业现场过程中不同类型、不同采样频率的数据，基于数据本身的特性，如温度、压力、电流、流量等数据的不同特性及用途，采用不同的异常数据剔除、数据滤波方法以及预处理参数，进行工业数据预处理。对过程数据进行有效的预处理是后续建模、控制与优化的基础。

采用拉依达准则（3σ 准则，见图 3-14）对异常值判断并处理，其中 σ 为局部或全局样本的标准差，若数据偏差大于 3σ 的统计值，可认为该数据为异常数据，需将其去除。

sigma(σ) 原则：数值分布在（$\mu-\sigma$, $\mu+\sigma$）中的概率为 0.6827。2sigma 原则：数值分布在（$\mu-2\sigma$, $\mu+2\sigma$）中的概率为 0.9544。3sigma 原则：数值分布在（$\mu-3\sigma$, $\mu+3\sigma$）中的概率为 0.9974。

在对工业数据进行建模时，一般使用被测样本的真实信号，因此数据预处理时，需要尽可能地排除噪声的影响，进而保留真实信号，一般采用数字滤波策略处理噪声数据。常用的滤波方法有逻辑判断滤波、中值滤波、均值滤波、滑动平均滤波等。将时域数据通过一系列变换得到频域数据，将有效信息的频域设为临界点，高于临界点的高频信息识别

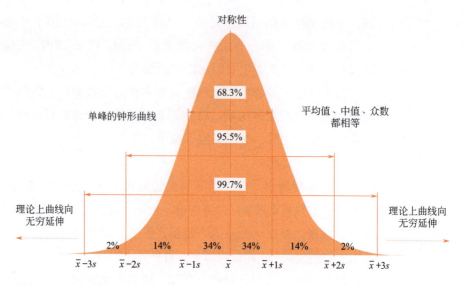

图 3-14　3σ 准则

为噪声。常用的频域滤波方法有小波滤波、卡尔曼滤波、维纳滤波等。

(3) 缺失值处理

准确可靠的数据是进行数据分析的前提。在实际的生产过程中，由于采集到的多源异构数据存在多源性特征，普遍存在缺失、错误、不一致等不符合规范的"脏数据"。同时，数据的异构性也会使采集到的数据格式不统一，这些都会影响到有效信息的提取，为数据分析带来困难。所以在进行数据分析前，需对数据进行清洗，并通过数据筛选修复等一系列手段提高数据的质量。然后进行数据转化，将不同结构的数据转换成统一的目标格式[21]。

① 缺失模式　数据缺失模式大致分为四种，如图 3-15 所示：单变量缺失模式，即只有一个属性维度存在缺失值，其余维度数据完整；多变量缺失模式，数据集中有一个以上的多属性维度存在缺失值；单调缺失模式，在多属性维度缺失值的基础上，缺失的数据矩阵排列变换后呈现单调层级模式；一般缺失模式，缺失的数据分布在不同的属性维度中，且毫无规律可循。

② 缺失数据　根据缺失数据与完整数据之间的缺失机制，又可以将缺失数据分为三种。

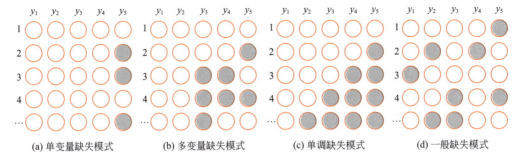

图 3-15　数据缺失模式

a. 完全随机缺失：完全随机缺失指数据缺失是随机发生的，与数据自身的属性和其他属性无关。这种完全随机缺失并不常见。

b. 随机缺失：随机缺失指缺失的数据只和数据的完整属性取值相关。

c. 非随机缺失：非随机缺失指缺失的数据不仅与数据的取值相关，还与数据的完整属性取值相关，是数据不可忽略的缺失。

③ 缺失值处理方法　目前对于缺失值的处理方法基本分为三类：删除、填补、不处理。

a. 删除法。删除法分为直接删除法和权重法。

直接删除法：直接删除法就是将原始数据中包含缺失值的数据对象、数据属性，以及与缺失值成对的变量进行删除。直接删除法是处理低维数据的常见手段，当缺失数据较少时，使用直接删除法快速有效。当原始数据集中的缺失率增大时，需要删除的数据就会增加，那么可用于预测的数据就大大减少，最终对预测的结果影响较大。

权重法：当数据的缺失类型为非完全随机缺失时，可以通过 logistic 或 probit 等方法将缺失数据所属单元的权重分配到其他完整单元上，通过增大完整单元的权重，减小缺失单元的权重，来弥补缺失单元带来的损失。权重法多用来处理单元无回答的缺失问题，但对于多属性的缺失问题，会因为计算难度加大而导致准确性降低。

b. 填补法。针对数据缺失问题的填补方法可以分为两大类，分别是统计学方法和机器学习方法。统计学方法是基于数据集本身，利用原始数据集对缺失的数据进行填补。这类方法往往只适用于单维缺失数据的情况，且受到数据集中其他维度属性的影响，填充结果的准确性较差。

均值填充（Mean Imputation）：当原始数据集服从或者近似服从正态分布时，将原始数据集中对应属性的均值填充给缺失值。若原始数据集不服从正态分布，就需要将与缺失值对应的属性下的众数或者中位数作为填充值。均值填充是使用最多的填充方法，但均值填充的缺点也非常明显——均值填充仅适用于数据规模小、缺失数据少的简单研究，无法应对复杂的分析研究。

插值法：利用原始数据中对应属性的完整点建立插值函数，求得缺失值对应的值。传统的插值方法有拉格朗日插值法、牛顿插值法、埃尔米特插值法、样条插值法。

拉格朗日插值法公式：

$$f(x) = \sum_{i=1}^{3} y_i f_i(x) \tag{3-1}$$

牛顿插值法公式：

$$f(x) = N_n(x) + R_n(x) \tag{3-2}$$

多重插补法：对原始数据集进行 n 次随机插补，生成 n 个完整的数据集，然后根据具体需求，选取最适合的一组进行缺失值填补。多重插补法可以很好地应对缺失值的随机性，但在大规模数据集中，出于对填补次数以及迭代次数的限制，填补效率很低。

时间序列法：通过建立时间序列的预测模型求解数据的缺失问题。常用的预测模型有自回归模型（AR）、移动平均模型（MA）、自回归移动平均模型（ARMA）、自回归差分移动平均模型（ARIMA）等。

多维估计法：通过算法建立数据集中各个维度之间的联系，预测缺失值的替代值。包括回归算法、随机森林算法、贝叶斯网络算法、K 最近邻算法等。

（4）数据降维

多源异构数据种类繁多，要从原始数据集中提取出更加可靠有效的数据信息，就需要去除数据集中的冗余、无关特征，生成新的特征数据，实现对高阶数据的降维。在工业生产过程中产生的海量的多源异构数据往往维数较高，且数据之间具有很强的相关性，出于生产监测的需要，通常会采集多个维度的数据，但在实际应用中，一些维度的数据并没有价值，过多的冗余维度会给建模工作增加难度。以高炉炼铁为例，其工艺过程十分复杂，按比例将原料投入炉内后，高温空气与焦炭反应生成高温还原气，高炉内的炉料被还原，最后排出高炉，同时生成多种副产物；炼铁过程中多种化学反应和物理反应同时进行，交叉影响生产过程；除了炼铁本身所需的高炉数据外，还有输进炼铁炉的原料及各种催化剂的实时数据，当然还包括一系列的环境数据以及机器自身和产物数据，使得数据具有极高的复杂性以及耦合性。在建模前，可以采用特征提取的方法对数据进行降维，即将原始数据集视为一个集合，通过选取其中特征集合的子集或对不同特征进行组合得到新的特征集合，实现对数据的降维。

① 特征选择法

a. 穷举法：通过穷举原始数据集中所有可能的子集，找到符合条件的最优子集。

b. 随机方法：随机产生多个特征子集，再从产生的子集中选出符合条件的最优子集。

c. 启发式方法：又被称为序贯优选法，通过计算原始数据集中各个维度的权重，通过向前或向后迭代删除不重要的子集，选出最优的子集。实现了最优子集与计算复杂度之间的平衡。

② 特征变换法

a. 传统特征变换法：主要包括主成分分析法、线性判别分析法、独立成分分析法等。主成分分析法通过将原始数据集中的相关特征生成新的不相关特征，实现从高维到低维的压缩。线性判别分析法作为有监督的特征提取方法，在降维后生成的新的特征子空间中，同类特征尽可能聚集，不同特征之间尽可能分散，适用于处理高斯分布数据。独立成分分析法将原始数据划分为若干个相互独立的线性组合，更适用于处理非高斯分布的数据。

b. 非线性特征变换法：主要包括等度量映射、局部线性嵌入等方法。

相比于特征选择法，特征变换法的降维效果更为显著。但由于工业数据的多源异构性，数据属性之间的关系有较强的耦合性，单独将数据的各个维度进行简单变换后形成的新维度会失去物理意义,并且得到的结果也难以在工业环境中证明。

在对工业生产数据进行维度选择时,应先根据具体的建模目标,应用已知的先验知识进行初筛,可以根据企业人员多年生产操作经验总结出的各个维度之间或者各个变量之间的相互关系,或者根据数据收集时的难易程度,将不稳定的数据维度先剔除。例如在某钢铁生产中,根据先验知识,磨粉电机线圈温度过高时会缩短电机寿命,甚至导致电机烧毁,那么为了工作安全应首先测量电机工作时线圈的额定温度,在后续生产中要确保线圈温度在额定工作温度以内,由此就可以得到电机线圈的适用衍生维度。之后通过计算维度的各个权重进行第二次筛选,筛选出重要维度,再根据这些筛选出的维度进行建模并计算模型的泛化能力。在进行维度筛选时,对于已经确定的关联性强的维度,应将其储存到数据库中,避免对其进行二次筛选。

3.4.2 云计算与边缘计算

(1) 云计算

云计算(Cloud Computing)是分布式计算的一种,指的是通过网络"云"将巨大的数据计算处理程序分解成无数个小程序,通过多个服务器组成的系统处理和分析这些小程序,得到结果并返回给用户。云计算提供便捷的、通过网络访问可定制的IT资源(包括网络、服务器、存储、应用、服务等),这些资源能够快速部署,只需要很少的管理工作或很少的与服务提供商的交互。云计算的"云"就是互联网服务器集群上的资源,包括硬件资源(服务器、存储器、CPU等)和软件资源(应用软件、集成开发环境等),所有的计算都由云计算提供商的服务器集群来完成。

① 云计算的特点

a. 按需即取:消费者可以随时自助地按需使用各类云服务,快速交付,不需要供应商人工参与。

b. 随时扩展或收缩:通过虚拟化技术,云服务供应商提供规模较大的资源池，服务资源可按需随时扩展或收缩。

c. 按使用付费：区别于传统软硬件购置的方式，云计算采用按使用付费的模式，让企业 IT 从资本投资转变为更灵活的运营费用。

② 云计算的基本类别

a. 公有云：云资源池为所有用户共享。一般通过互联网使用。

b. 私有云：客户独占云资源池。私有云部署在企业数据中心或第三方托管场所（如电信运营商 IDC 机房）。

c. 混合云：客户同时使用公有云资源和私有云资源。逻辑上是一个整体，可实现内部互联，既保证了用户的私有性，又能够灵活使用公有云。

③ 云计算的服务形式

a. 基础设施服务：IaaS 把厂商由多台服务器组成的"云端"基础设施，作为计量服务提供给客户。它将内存、I/O 设备、存储和计算能力整合成一个虚拟的资源池，对外提供存储资源和虚拟化服务器等服务。

b. 平台服务：这是一种分布式平台服务，厂商提供开发环境、服务器平台、硬件资源等服务给客户，用户在其平台基础上定制开发自己的应用程序，并通过其服务器和互联网传递给其他客户。

c. 软件服务：SaaS 服务提供商将应用软件统一部署在自己的服务器上，用户根据需求通过互联网向厂商订购应用软件服务，服务提供商根据客户所定软件的数量、时间的长短等因素收费，并且通过浏览器向客户提供软件。

（2）边缘计算

物联网技术的快速发展，使得越来越多具备独立功能的普通物体实现互联互通，进而实现万物互联。得益于物联网的特征，各行各业均在利用物联网技术快速实现数字化转型，越来越多的行业终端设备通过网络联结起来。然而，物联网作为庞大而复杂的系统，不同行业应用场景各异，据第三方分析机构统计，到 2025 年将有超过千亿的终端设备联网，终端数据量将达 300ZB，如此大规模的数据量，按照传统数据处理方式，获取的所有数据均需送到云计算平台分析，云计算平台将面临网络时延高、海量设备接入、海量数据处理难、带宽不够和功耗过高等高难度挑战。

为了解决传统数据处理方式下时延高、数据实时分析能力匮乏等弊端，边缘计算技术应运而生。边缘计算是在靠近物或数据源头的网络边缘侧，通过融合网络、计算、存储、应用核心能力的分布式开放平台，就近提供边缘智能服务，即将从终端采集到的数据，直接在靠近数据产生的本地设备或网络中进行分析，无需再将数据传输至云端数据处理中心。

① 边缘计算的工作机制　边缘计算架构如图 3-16 所示，尽可能地靠近终端节点处处理数据，使数据、应用程序和计算能力远离集中式云计算中心。

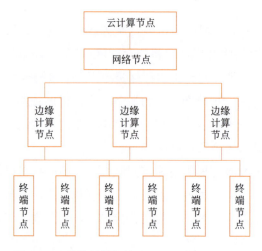

图 3-16　边缘计算架构

终端节点是由各种物联网设备（如传感器、RFID 标签、摄像头、智能手机等）组成，主要完成收集原始数据并上报的功能。在终端层中，只需提供各种物联网设备的感知能力，不需要计算能力；边缘计算节点通过合理部署和调配网络边缘侧节点的计算和存储能力，实现基础服务响应；网络节点负责将边缘计算节点处理后的有用数据上传至云计算节点进行分析处理；边缘计算层的上报数据将在云计算节点进行永久性存储，同时边缘计算节点无法处理的分析任务和综合全局信息的处理任务仍旧需要在云计算节点完成。除此之外，云计算节点还可以根据网络资源分布动态调整边缘计算层的部署策略和算法。

② 边缘计算和云计算　云计算是将所有数据上传至计算资源集中的云端数据中心或服务器处理，任何需要访问该信息的请求都必须上送云端处理。因此，云计算面对物联网数据量爆发的情况，弊端逐渐凸显。云计算无法满足爆发式的海量数据处理诉求：随着互联网与各个行业的融合，特别是在物联网技术普及后，计算需求出现爆发式增长，传统云计算架构将不能满足如此庞大的计算需求。云计算不能满足数据实时处理的诉求：传统云计算模式下，物联网数据被终端采集后要先传输至云计算中心，再通过集群计算后返回结果，这必然出现较长的响应时间，但一些新兴的应用场景，如无人驾驶、智慧矿山等，对响应时间有极高要求，依赖云计算并不现实。

边缘计算采用分布式运算的逻辑架构，不同于云计算，它将之前由中心服务器负责的任务分解，再把分解后的任务片段分发至网络的边缘端，由边缘端负责运算。边缘计算能降低延时，缩短数据的传输时间。云计算虽然可以将大型的计算任务放到云端执行，但对于需要低延时的应用来说，则会遇到网络带宽瓶颈等问题。边缘计算可以将任务放到边缘端来进行，因此边缘计算受到了本地边缘终端计算能力的限制。

（3）云边协同计算

云边协同将云计算与边缘计算紧密地结合起来，通过合理地分配云计算与边缘计算的任务，实现了云计算的下沉，将云计算、云分析扩展到边缘端。在云边协同的环境下，主要考虑两种数据安全场景：训练与查询。下面以两个实例介绍云边协同计算的工作过程。

① 云边协同人脸识别模型训练　对于一个机器学习模型来说，训练样本的数量会影响到最终模型的效果。而在大数据时代下，各种各样的智能设备都可以进行数据样本的采集，然而如果将采集的样本传输到云端进行模型训练则会面临一些问题：一是带宽与延时的消耗；二是数据保存在云端会有严重的隐私泄露隐患。

在这种场景下，云边协同进行模型的训练则是一个很好的选择。得益于边缘端的数据收集能力，最终训练出来的模型的泛化性能会更好。其中边缘端负责数据的收集以及部分的模型训练，云端负责将边缘端的模型更新聚合并且发送回边缘端。而传统的人脸识别模型训练通常是先收集人脸数据，然后对人脸数据进行标注，同时在中心服务器进行人脸识别模型训练，最后将训练得到的模型部署到边缘端。

在上述训练过程中，需要由数据收集边缘端收集数据，同时与中心服务器进行直接的数据交互，而直接的数据交互势必导致隐私的泄露问题。相比于传统的人脸识别模型训练，云边协同人脸识别模型训练（见图3-17）不需要将人脸数据上传至中心服务器，某种程度上防止了隐私泄露。

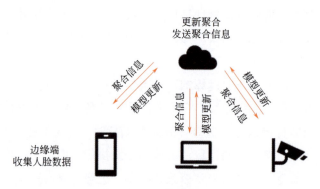

图 3-17　云边协同人脸识别模型训练

② 云边协同石油开采数据处理　对于传统的能源行业来说，它涉及的各种设备相对复杂，边缘端传感器较多，若是将收集的数据全部发送至云端，则会面临较大的带宽压力，因此数字化转型难度较大。以石油行业为例，介绍石油行业云边协同的相关场景以及数据安全问题。不同于传统的人工录入等方法，在云边协同的环境下，针对石油开采，可以将传感器、各种开采设备等收集到的信息进行整合，并且发送到具有简单数据处理能力的边缘端，进行数据的自动化录入、预处理、实时分析等操作，然后将处理之后的数据发送到云端，进行更完全的数据分析以及决策，最后将决策结果发送回边缘端，指导石油的开采等操作，如图3-18所示。

相比于传统的石油开采方法，云边协同下的数据处理大幅度提高了数据处理的效率，并且缩短了决策时间。尽管如此，云边协同下的数据处理仍有一定的隐私泄露风险，在上述场景中，尽管边缘端承担了一定的数据分析操作，减轻了带宽以及云端的压力，但是数据的更进一步分

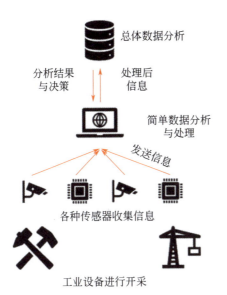

图 3-18　云边协同石油开采

析仍需要云端的参与，因此在数据传输或者云端分析的过程中，仍然有隐私泄露的风险。

3.5 边缘计算应用

在接入了工业系统和设备之后，将采集到的数据经过最终处理和展示，可以形成一些工业应用。本节介绍边缘计算的典型案例。

3.5.1 视觉数据分析

以深度学习为代表的第三次人工智能浪潮发展，基于 AI 的机器视觉技术被广泛应用于工业自动化生产领域，而边缘计算使每一台设备都有可能成为信息存储的载体，在传统制造业数字化转型实践中，AI 视觉技术与边缘计算结合是非常适合的途径之一。这里以机器视觉推动焊接工艺智能化为例，介绍视觉边缘计算的应用效果。

焊接是生产制造不可或缺的重要工序，大到舰船、飞机的组装，小到电路板的制造，都需要焊接工序的深度参与。传统的焊接行业，严重依赖人工，而如今已出现了明显的"用工荒"，原因有两点：一是精密焊接对于技术有着严苛的要求，温度、电流、距离、角度等都要精确，能胜任这项技术的技工严重不足；二是长期焊接可能会对工人的身体健康带来不小的危害，也会带来人员的不稳定性。

以先进的机器视觉技术助力焊接企业在关键产线中构建全新的 3D 机器视觉焊接方案，如图 3-19 所示。新方案融合了视觉相机、边缘服务器以及焊接机器人等部件，通过对焊接部件的 3D 识别与定位，实现了工业级焊接视觉识别与引导自动化。

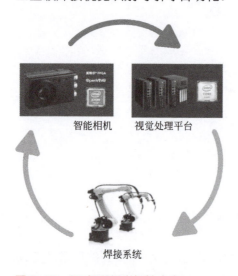

图 3-19　3D 机器视觉焊接方案

通过工业相机与视觉处理平台相互配合，构建起焊接系统与曲面器件之间的 3D 空间模型，进而打造焊接机器人持续、稳定和高速的焊接能力（机器视觉焊接机器人如图 3-20 所示）。但 3D 模型的应用也带来了更大的数据量和计算需求，不仅需要智能相机具有更强的视频采集能力、更多的 I/O 模块以及更强的预处理性能，也要为视觉处理平台配备强有力的软硬件基础设施，为了高效采集和预处理 3D 扫描过程中生成的点云数据，该智能相机搭载了强大并行计算性能的 FPGA。

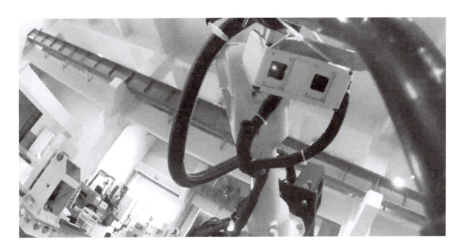

图 3-20 机器视觉焊接机器人

3.5.2 高频振动信号分析

在传统工厂中，工业设备的运转不平衡、物理缺陷、紧固件松动和其他异常现象往往会转化为振动，使得设备的检测精度下降，甚至引发安全问题，带来损失。为达到工业设备的检测需求，目前大部分工厂只是简单依靠技术人员的人工检查，但这样人力消耗巨大且检测的可靠性难以保证。

基于智能边缘计算平台的振动检测解决方案，如图 3-21 所示，主要通过振动信息实时监测工业设备的运行状况，发现并汇报异常。该解决方案针对传统工厂设备故障检测及健康管理、故障诊断等智能需求，对工业设备安装振动检测装置以实现智能自动化。振动检测装置无源无线，便于部署。利用深度学习神经网络与自学习算法，以及全流程算法部署，使用过程中无需人为干预，使用门槛低。同时，功耗低、成本低、应用场景广。

利用基于智能边缘计算平台的振动检测装置，可有效降低或消除设备停工造成的严重损失。同时，帮助企业数字化升级，促进资源配置优化和生产效率提升，降低企业生产成本。振动检测装置可实现多个应用场景，应用效果如图 3-22 所示。

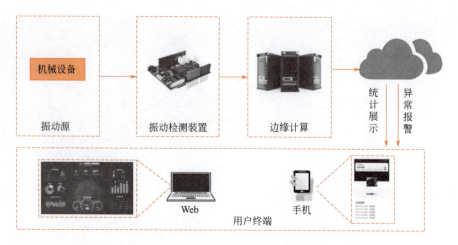

图 3-21　基于智能边缘计算平台的振动检测解决方案

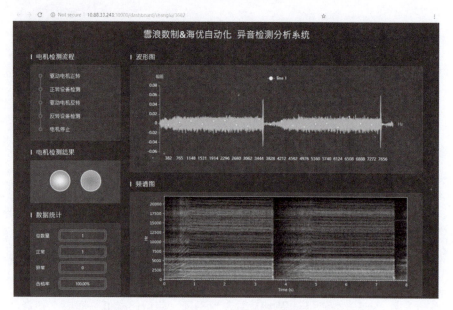

图 3-22　基于智能边缘计算平台的振动检测解决方案应用效果

① 工业设备异常检测及故障诊断　通过采集振动信息发现异常，在手机端及大数据平台可有效监测分析设备健康状态与故障原因。

② 工业设备预测性维护　通过在线训练得到设备的运行趋势，进而预测其运行情况。

③ 工厂生产状况监测　通过训练设备生产不同类型产品的振动信息，实现生产状况的监测。

④ 设备状态检测　训练得到设备各种状态下的运行规律，如空载、负载、运行和故障等。

3.5.3　风机信号处理

5G 工业终端与风机主控 PLC 控制器集成的系统架构如图 3-23 所示。5G 工业终端通过 Modbus TCP 协议从风机主控 PLC 读取风机温度、状态量、故障码等实时数据。5G 工业终端通过 MQTT 协议将边缘计算结果传送到云服务器，由云服务器中的用户订阅消息，并将获取的消息数据进行处理，如进行智慧风电系统的可视化展示等。其中，云服务器还具备工业终端的监控、设备配置、服务部署等功能。

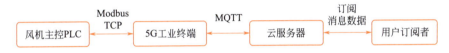

图 3-23　5G 工业终端与风机主控 PLC 控制器集成的系统架构

该系统架构打通了风电机组到边缘工业终端、云平台的通信链路，可将风机实时数据以及边缘计算的分析结果在云平台上展示。基于此系统架构设计了两套针对智慧风电应用场景的边缘计算算法——温度异常监测及预警边缘计算算法和故障字自动解析及辅助故障诊断边缘计算算法，并用 Golang 语言进行编写实现、编译通过，下载到 5G 工业终端中成功运行，实现边缘计算功能[22]。

参考文献

[1] 工业互联网产业联盟. 工业互联网体系架构（版本 2.0）[EB/OL]. (2020-04-23)[2022-08-24]. http://www.aii-alliance.org/static/up-load/202004/0430_162140_875.pdf.

[2] 黄海燕，余昭旭，何衍庆. 集散控制系统原理及应用 [M]. 4 版. 北京：化学工业出版社，2021.

[3] 毕海玲. A 企业 ERP 系统规划及应用 [D]. 上海：上海交通大学，2017.
[4] 张静. ERP(企业资源计划) 在制造业中的发展与应用探析 [J]. 商讯, 2021 (23): 120-122.
[5] 苗润泽. 离散制造业生产车间 MES 系统的研究与应用 [D]. 芜湖：安徽工程大学，2018.
[6] 陈爽. 实验室信息管理系统的设计与实现 [D]. 天津：天津大学，2016.
[7] 王坤. 智能制造背景下 Z 企业设备管理系统研究与实现 [D]. 长春：吉林大学，2021.
[8] 代浩岑, 孙丹宁, 赵文博. 工业机器人技术的发展与应用综述 [J]. 新型工业化, 2021, 11(4): 5-6.
[9] 徐航宇. 仓储搬运机器人控制系统设计与实现 [D]. 南京：南京理工大学，2017.
[10] 张汉斌. 用于电商配送中心的物流仓储搬运机器人（AGV）的研究 [D]. 北京：北京物资学院，2014.
[11] 王诗宇. 智能化工业机器人视觉系统关键技术研究 [D]. 沈阳：中国科学院大学（中国科学院沈阳计算技术研究所），2021.
[12] 董言敏. 振动传感器在智能设备诊断中的应用 [J]. 内燃机与配件, 2021 (2): 123-124.
[13] 蓝海盛, 张文娟. 基于边缘计算的大规模传感器高频采集系统研究 [J]. 广东通信技术, 2020, 40(9): 21-25.
[14] 工业互联网产业联盟. 工业互联网技术白皮书 [EB/OL].(2019-07-07)[2022-08-24]. https://max.book118.com/html/2019/0707/8020056135002033.shtm.
[15] 杨源源, 王希宁, 王建华, 等. 实时数据库 PI 在企业 MES 系统中的应用 [J]. 自动化与仪表, 2009, 24(12): 38-40, 55.
[16] AVEVA. PI System Architecture, Planning and Implementation Course, Version 2022 (2018 SP3 Patch4)[M]. Cambridge, UK: AVEVA Group plc, 2022.
[17] 力控科技. 企业级实时历史数据库 pSpace [EB/OL].(2019-09-16)[2022-08-24]. http://sunwayland.com/Home/article/index/category/95/id/172.html.
[18] 李少波, 陈永前. 大数据环境下制造业关键技术分析 [J]. 电子技术应用, 2017, 43(2): 18-21, 25.
[19] 张春红. 基于 XML 的异构数据库集成技术研究 [J]. 廊坊师范学院学报 (自然科学版), 2014, 14(4): 29-30, 43.
[20] García S, Luengo J, Herrera F. Data preprocessing in data mining[M]. Cham: Springer International Publishing, 2015.
[21] 熊中敏, 郭怀宇, 吴月欣. 缺失数据处理方法研究综述 [J]. 计算机工程与应用, 2021, 57(14): 27-38.
[22] 边晓光, 蒲晓珉, 周宏林, 等. 智慧风电 5G 工业终端边缘计算算法设计和调试 [J]. 东方电气评论, 2021, 35(2): 6-10.

Digital Wave
Advanced Technology of
Industrial Internet

Key Technologies
of Industrial Internet

工业互联网关键技术

第 4 章
工业互联网 PaaS 层

随着虚拟机、容器、分布式存储、数据库及消息队列中间件等服务端开发技术的发展，云计算依赖的基础平台服务逐渐从具体应用业务中独立出来，这些基础设施服务的集合通常称为 PaaS 层服务。采用 PaaS 层服务作为互联网应用开发的技术栈底层基础，是大多数互联网应用开发和部署的优先选择。在传统互联网技术沉淀和成功经验的基础上，PaaS 层在工业互联网的技术架构体系中占有非常重要的地位。本章介绍工业互联网 PaaS 层的通用开发技术与核心支撑技术、工业数据集成与资源管理、工业 APP 开发平台、工业低代码 APP 开发等技术。

4.1
PaaS 层概述

平台即服务（Platform as a Service, PaaS）是由第三方提供硬件和基础软件平台的云计算形式，通常包括关系数据库、缓存、对象存储、负载均衡、运行时监控、Kubernetes 容器编排环境等服务，大大减少了开发应用所需基础设施的搭建和运维开销。

4.1.1　PaaS 层定义

PaaS 是相对于应用层面的服务，将大部分标准化的应用堆栈层的功能抽象出来，以服务的形式对外提供。它是云计算服务供应商提供的一组特定类别服务的集合，这些服务允许客户实例化、运行和管理一个或多个应用程序的运行环境，开发人员通过提供的编程语言、库、服务和工具，可以轻松地创建、开发、打包和部署运行应用到 PaaS 服务环境，而无需构建、维护、开发和运行该类应用程序所需的基础架构，应用开发人员不会对网络、服务器、操作系统或存储等底层基础设施进行管理或控制，只需关注所部署应用的控制和配置。

PaaS 层提供应用软件开发和运行相关的基础服务使用和管理能力，以软件即服务（SaaS）的模式交付给用户。以 Java Web 应用程序为例，为了应用程序的正常运行，通常需要 Java 运行时环境、符合 J2EE Servlet/JSP 规范的应用服务器环境、可通过 JDBC 接口连接的关系数据库服务，更复杂的应用可能还需要缓存服务、负载均衡服务等。云计算服务供应商将这些与业务逻辑无关的基础服务的使用和管理能力通过 SaaS 的形式提供给应用开发部署人员。使用时登录对应服务的管理系统，通过定义所需要的服务规格，便可以立即获得该服务的访问信息，在应用开发过程中使用。

传统 PaaS 层由云服务供应商通过网络提供各种服务的购买和使用，开发者在使用 PaaS 层服务时，可以应用云服务供应商提供的 SDK 接入大量成熟的解决方案，获取故障转移、高级服务协议等服务，从而实现应用快速市场化，并且无需关注 PaaS 层服务背后所带来的技术成本，使公司可以专注于自身业务的核心竞争力。

4.1.2 PaaS 层定位

工业互联网 PaaS 层主要用于支撑特定工业场景需求的工业 APP 的快速开发和运行。因此，工业互联网 PaaS 平台除了提供通用公共服务外，还提供具有针对性的公共服务。PaaS 层服务提供商应该从业务出发，全面抽象实际业务所需的各种服务，并借助先进的互联网技术为所抽象的服务提供部署环境。通常情况下，PaaS 层要为业务工具提供中间件、数据库（包括通用数据库）、操作系统和开发环境等服务，支持工业 APP 的开发、配置和部署。同时，向下实现面向业务的 IaaS 资源管理，向上通过完善的接口规范满足各种业务应用系统的接入要求[1]。

平台层（PaaS）是整个工业互联网平台的核心，是以服务于工业 APP 开发为目标，以云计算技术为基础，提供服务的通用性实现、容器的编排、算力的调度、可视化的流程编排、开放的平台扩展性、低代码开发平台等核心技术能力，结合数据库、算法分析、容器化、微服务等技术，构建工业数据的存储、计算、分析、仿真，工业 APP 的开发、部署、运维，工业领域知识的沉淀、复用、组件化，虚拟化硬件资源的调度、分配的基础环境。它的根本目的是在 IaaS 平台上构建一个扩展性强、完整度高、定制性好、移植复用程度高的工业操作系统，为工业 APP 或工业软件的开发提供基础的操作系统平台，便于不同类型的工业企业针对自身特定领域的工业问题进行相关应用的快速开发。

4.1.3　PaaS 层的技术架构

PaaS 层作为工业互联网的核心层，具备支撑工业 APP 的敏捷开发、便利运维、快速部署的能力，包含了平台使能技术、数据管理技术、工业数据建模和分析技术、应用开发和微服务技术[1]。

（1）平台使能技术

平台使能技术是 PaaS 层的基础技术集合，如图 4-1 所示，PaaS 层提供了对于工业现场的设备、系统、终端的数据接入服务，例如 OPC-UA、MQTT、S7、Kafka 等数据接入协议，通过 PaaS 使能层的数据接入服务，实现 PaaS 层和工业现场的设备、系统进行数据通信，打通工业互联网平台与工业现场的数据链路，完成对工业现场的数据采集、命令下发，并且为后续的数据分析、机理建模、数字孪生等提供数据来源，将基于工业数据分析的决策命令下发到工业系统中，完成对生产过程的运

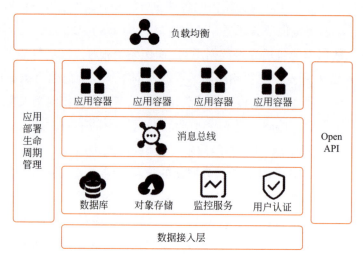

图 4-1　工业互联网 PaaS 层使能技术组成

行监控和优化控制等；PaaS 层集成了 REST 服务、分布式消息中间件、关系型数据库、内存数据库、NoSQL、监控服务、用户认证、开放 API 网关、对象存储等中间件或服务，为工业 APP 提供基础的数据存储、消息队列、对象存储、用户管理、开放 API 网关等能力，同时通过多租户技术对资源、业务、数据、账号等进行逻辑隔离实例化，以满足不同工业 APP 的客户归属、数据归属及安全需求。

（2）数据管理技术

数据接入层主要负责各种性质的工业数据的提取，工业数据包括企业信息化数据、工业物联网数据，以及外部跨界数据。其中人和机器是产生工业数据的主体，人产生的数据比重逐渐降低，机器数据的比重逐渐升高；企业内部数据，主要是 MES、ERP、PLM 等自动化与信息化系统中产生的数据；产业链数据是 SCM 和 CRM 上的数据；跨产业链数据，指市场、地理、环境、法律和政府等外部跨界信息和数据。工业数据具有多源异构、模态多样、结构关系复杂、数据通量大等特点[2]。工业数据的管理技术包括存储、计算、分析、挖掘等，需要利用大数据技术作为支撑，比如生产过程控制分析、生产工艺参数分析、产品全生命周期质量分析、质量缺陷快速定位与追溯、设备故障分析及预测、设备维修计划优化、生产过程优化、生产计划优化、设备运维降本增效等。

在工业大数据的存储侧，需要能支持 TB 到 PB 级多种类型数据的存储，包括关系表、网页、文本、JSON、XML、图像等数据，表 4-1 给出了主流的工业大数据存储技术。

工业大数据的计算侧，通常需要能够支持多种任务，包括处理结构化表的 SQL 引擎、计算关系的图处理引擎和进行数据挖掘的机器学习引擎，其中面向 SQL 的分析包括交互式查询、报表、复杂查询、多维分析等。使用多种计算引擎来适应不同的任务，如表 4-2 所示。

（3）工业数据建模和分析技术

数据建模是根据工业实际元素与业务流程，在设备物联数据、生产经营过程数据、外部互联网等相关数据的基础上，构建供应商、用户、设备、产品、产线、工厂、工艺等数字模型，并结合数据分析提供诸如

表4-1 主流的工业大数据存储技术

类别	存储技术	应用场景
海量低成本存储	对象存储、云盘	海量历史数据的归档和备份
分布式文件系统	HDFS、Hive	海量数据的离线分析
数据仓库	MPP、Cassandra	报表综合分析、多维随机分析
NoSQL 数据库	HBase、MongoDB	各类报表文档,适用于简单对点查询及交互式查询场景
关系型数据库	MySQL、SQL Server、Oracle、PostgreSQL	适用于交互式查询分析
时序数据库	InfluxDB、Kdb+、RRDtool	依据时间顺序分析历史趋势、周期规律、异常性等场景
内存数据库	Redis、Memcached、Ignite	数据量不大且要求快速实时查询的场景
图数据库	Neo4j	分析关联关系及具有明显点/边分析的场景
文本数据索引	Solr、Elasticsearch	文本/全文检索

表4-2 工业大数据计算分析技术

类别	存储技术	应用场景
实时计算引擎	Storm、Spark Streaming、Flink	设备监控、实时诊断等对时效性要求较高的场景
离线计算引擎	MapReduce、Spark、Hive	适用于海量、周期性的数据分析,例如阶段性的营销分析,或生产能耗分析等
图计算引擎	Graphlab、GraphX	适用于事件及人之间的关联分析,比如建立用户画像,进行个性化定制或营销
数据综合分析 OLAP	MPP	产线或销售环节的综合报表分析
业务交互查询 OLTP	MySQL、SQL Server、Oracle	交互式查询分析
分布式数据库中间件	Cobar、TTDL、MyCAT	海量数据高并发时的弹性扩容解决方案
数据挖掘能力	Spark、TensorFlow	需要迭代优化的数据挖掘场景,如故障预测、用户需求挖掘等

数据报表、可视化、知识库、数据分析工具及数据开放功能，为各类决策提供支持。工业大数据分析建模技术，已经形成了大量成熟稳定的模型算法，分为基于知识驱动的方法和基于数据驱动的方法。数据可视化技术本身也是一种数据分析方法。工业大数据建模分析技术体系如图4-2所示。

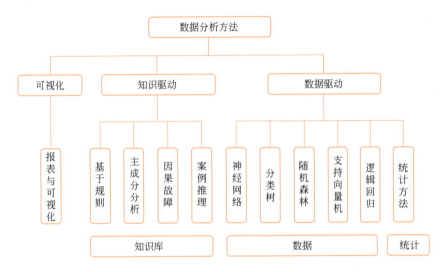

图4-2　工业大数据建模分析技术体系

（4）应用开发和微服务技术

微服务是一种软件架构风格，它以专注于单一责任与功能的小型功能区块为基础，利用模块化、组件化的方式组合出复杂的大型应用程序，各功能区块使用与语言无关的 API 集相互通信[3]。图4-3展示了典型的微服务架构应用关键组成部分。微服务架构实现了系统解耦和持续集成，有清晰的服务边界，粒度相对 ESB 架构和传统 SOA 架构来说更小，使用轻量级的通信机制交互，具备更强的扩展性和弹性，能够更灵活、更快地响应业务变化。微服务架构与 SOA 架构类似，是 SOA 的升华，微服务架构将传统 SOA 架构下的业务应用，拆分成粒度更细、可独立运行的组件化小应用，通过组件编排、服务注册发现、配置中心、负载均衡、消息中间件、RPC、容器化等构建出大型的业务应用，即工业 APP。

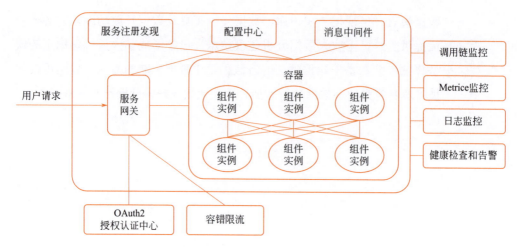

图 4-3　典型微服务架构应用关键组成部分

4.2
PaaS 层核心支撑技术

近年来，容器技术的发展普及了微服务架构的设计，因为容器天然的隔离性、轻量性以及高移植性更好地承接了微服务架构中的细粒度服务，相比传统虚拟机更加轻量，占用资源较少，通过容器镜像也可以方便地实现跨环境无缝迁移。基于容器技术的微服务架构，支持敏捷、连续和可靠地交付大型、复杂的应用工程，正逐渐成为行业内应用程序的基本构建手段。

因此，从应用程序开发架构发展的历程出发，本节介绍分布式开发技术、微服务架构、微服务治理、微服务开发框架、容器与容器云等 PaaS 层核心支撑技术。

4.2.1　分布式开发技术

随着互联网的发展，分布式开发技术的诞生是必然的。因为传统的单机应用处理能力有限，当业务增加到一定程度时，单机的硬件资源已无法满足海量用户的需求[4]。由于单机应用存在的性能瓶颈缺陷，出现了基于集群架构的应用，即把单机应用复制多份，这样通过多台服务器协作，可以提高系统处理能力，每台服务器就是集群中的一个节点。但是当业务发展到一定地步，即使再增加服务器也无法明显提升性能。

分布式架构将一个大的应用系统划分为多个子系统，子系统可以部署在不用的物理服务器或虚拟机上，子系统间通过基于网络通信的API接口（如REST或RPC）实现功能交互。分布式架构克服了单体架构代码臃肿、不易调试维护等缺点，通过将业务拆分，使每个子系统可以单独开发、测试以及维护等。分布式架构根据业务需求可以实现不同的子系统按需伸缩，弥补了单体架构应对高并发场景的系统性能缺陷。分布式系统架构如图4-4所示。

分布式架构把系统整体拆分为服务层和表现层，表现层负责上层的页面交互操作等，服务层则封装了具体的业务处理，供上层表现层调用，这种架构的优点在于：

① 将重复公用的业务代码抽象出来，形成统一的服务模块，提高

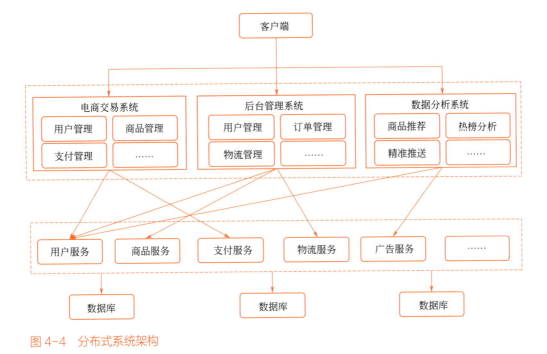

图4-4 分布式系统架构

了代码的复用性。

② 服务层以及上层子系统的划分，可以实现分布式多副本部署，不同服务或子系统可以按需伸缩，有效提升了分布式系统整体的吞吐量和并发性。

（1）分布式架构的设计原则

分布式架构涉及拆分与合并两个重要的步骤，如何根据需求合理地拆分各个子系统，是分布式架构设计重要的考虑项，也是合并的基础，因为拆分的逻辑确定了，合并的逻辑也就确定了，它是一个持续闭环的设计。拆分的好坏直接影响到后续系统的扩展性、可维护性、可伸缩性等。系统拆分是单体架构迈向分布式架构的关键，需要遵循的原则如下所述。

① 明确拆分需求和原则：根据系统实现的功能，合理划分模块，遵循最佳实践准则。

a. 单一职责：一个模块应该只关心完成该模块的功能，每个模块的职责都是不相关的。

b. 开闭原则：划分出的模块应当对扩展开放，对修改关闭，即可以在不被修改的前提下扩展新功能。

c. 高内聚、低耦合：尽可能地保证各模块间没有功能上的重复，要做到高内聚、低耦合的最佳状态。

② 梳理各业务模块间的依赖关系：根据初步划分的模块，确定它们之间的依赖关系是否合理，如果不合理需要返回再次尝试划分，通过演进式拆分慢慢达到合理的地步。

③ 服务粒度适中：以业务为单位拆分应用服务和实体，避免环形依赖和双向依赖等。

④ 抽离公共服务到底层：通过抽离出公用的接口、实体以及服务，将它们部署为公用底层服务，有效降低服务间复杂的依赖关系。

（2）分布式架构的数据交互

分布式系统必定涉及不同模块或组件间的数据交互，通常采用 RPC 协议进行通信。RPC（Remote Procedure Call）即远程过程调用，是分布式系统中常见的进程间通信方式。它允许程序调用另一个地址空间的过程或函数,通常是网络中的另一台机器,然后拿到返回结果。除了 RPC 之外,分布式系统也经常采用其他的数据交互方案,比如分布式消息队列、HTTP 请求调用、数据库以及分布式缓存等。其中,RPC 和 HTTP 调用是端到端的数据直达,没有经过消息队列等的中间件。所以,在分布式系统中,RPC 的应用非常广泛,常见的框架如下。

① gRPC:谷歌公司开源的跨语言 RPC 框架,支持多语言,应用广泛。

② Dubbo:国内较早开源的 RPC 框架,基于 Java 语言开发。

RPC 的通信流程如图 4-5 所示。

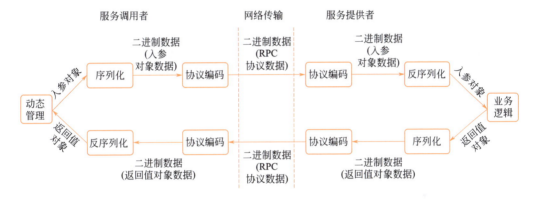

图 4-5　RPC 的通信流程

所有的 RPC 框架本质上都要解决以下三个问题:
① 方法参数是如何编码的(序列化和反序列化);
② 方法参数是如何传输的(TCP/HTTP/HTTP2);
③ 方法是如何表示的(IDL 接口定义语言)。

RPC 调用过程包括以下步骤。

① 建立通信:两个机器如果实现数据互通,那就要首先建立好通信连接。通常主要是在客户端和服务端建立 TCP 连接,后续的数据交互都在这个连接上传输。其中,连接可以是长连接,多个过程调用共享该连接,也可以是短连接,按需提供。

② 服务寻址:客户端机器通常需要知道服务端机器的地址以及特定端口,然后向其传输调用方法或参数等信息。可靠的寻址方式是 RPC

实现的基石，通常采用服务注册中心作为服务调用者和服务提供者之间的桥梁。

③ 序列化：网络上传输的都是二进制数据，所以客户端需要将传输的参数数据等先进行序列化，转换成二进制的形式才能在网络上传输。

④ 反序列化：服务端收到请求数据后，同样需要反序列化后才能得到有效的参数数据等，然后找到对应的本地方法进行调用。

RPC 的本质就是在网络上传输数据包，即序列化和反序列化是 RPC 需要解决的核心问题之一。常见的序列化手段如下。

① JDK 原生序列化：对于 Java 语言开发者来说，JDK 自带的序列化机制是非常简单有效的。

② JSON：JSON 是一种文本型序列化手段，具有很好的扩展性、可读性和通用性，但是缺点是占用空间较大，所以不太适合传输数据量较大的场景。

③ Hessian：Hessian 是动态类型、紧凑的、跨语言的一种序列化框架，比上述二者更加紧凑，性能上相对要高效很多。

④ Protobuf：Protobuf 是谷歌公司推出的一种轻便、高效的结构化数据存储格式，支持 Java、Go、C++、Python 等语言，序列化占用空间更小，不同版本间的格式兼容性强。

在数据完成序列化后，需要考虑使用何种传输协议进行传输，很多 RPC 框架在传输效率和简单之间进行了不同的取舍，在计算机科学中，专门有一个名词"Wire Protocol"来表示这种两个端点之间的数据交换行为[5]。常见的"Wire Protocol"有：

① 最为常见和最常被使用的 HTTP 协议；

② Java RMI 远程消息交换协议（Java Remote Message Protocol，JRMP）；

③ CORBA 的 ORB 互联协议（Internet Inter ORB Protocol，IIOP）；

④ Web Service 的简单对象访问协议（Simple Object Access Protocol，SOAP）；

⑤ gRPC 使用的 HTTP2 协议。

RPC 技术是分布式架构的核心，它解决了分布式系统中服务之间的调用问题。分布式系统是建立在网络上的软件系统，具有高度的内聚性和透明性。一台服务器的崩溃并不会影响到系统其他的服务模块,具有很强的容错性。可以根据业务需求快速扩充服务模块,提高系统的并发性,具有很强的扩展性和灵活性。随着自动化测试技术、容器技术的发展,分布式应用的开发越来越向微服务架构的模式靠近。

4.2.2 微服务架构

在面向服务的架构 SOA 模式中,服务使用"松散耦合"系统进行通信。这是一种将系统或网络中的组件进行互联的方式,其目的是在传递信息或协调业务流程的同时减少它们之间的依赖程度。这种方式改善了封装、复用和解耦等方面的问题,适用于复杂的大规模系统。

SOA 的第一批实现基本都是企业级别的,例如 Java 的 ESB(企业服务总线),实现笨重,部署复杂。为了加快 SOA 的开发节奏,充分利用云部署的架构进行水平扩展,一种轻量级的 SOA 方法正在慢慢流行起来,这就是微服务。

微服务最早由 Martin Fowler 和 James Lewis 于 2014 年提出,作为一种架构,微服务的理念是将单体应用程序分割为更小的、与项目相关联的独立服务;不同于单体应用,所有服务运行在同一个进程中,微服务概念中每个服务运行在自己的进程中,并通过轻量级机制进行通信,如图 4-6 所示。微服务不再强调传统 SOA 架构里面比较重的中心化 ESB 企业服务总线,而是将 SOA 的思想渗透到每个业务服务开发过程

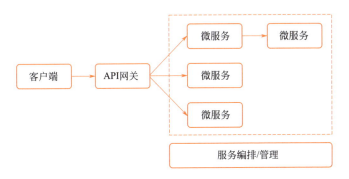

图 4-6 微服务架构

中，实现真正的服务组件化。容器技术的出现，使服务部署单元更小，每个服务可以运行在自身的进程中，为微服务架构的发展提供了更便利的条件。

微服务架构将大型应用分解成多个独立的组件，每个组件都有各自的责任领域，实现一组独立的特性或功能，包含自己的业务逻辑和适配器。在处理一个用户请求时，基于微服务的应用可能会调用多个内部微服务来共同生成其响应。微服务架构将应用程序构建为独立的组件，并将每个应用程序进程作为一项服务运行。这些服务使用轻量且明确定义的 API 进行通信[6]。这些服务围绕业务功能构建，即每项服务执行一项独立的功能，因此可以针对各项服务进行更新、部署和扩展，以满足应用程序特定功能的需求[7]。这些独立的服务可以部署在不同的虚拟机、系统和应用服务器上。

微服务架构具有以下重要特征：

① 整个应用程序被拆分成相互独立但包含多个内部模块的子进程；

② 与模块化的单体应用或 SOA 相反，微服务应用程序根据业务范围或领域垂直拆分；

③ 微服务边界是外部的，微服务之间通过网络调用（RPC 或消息）相互通信；

④ 微服务是独立的进程，它们可以独立部署；

⑤ 它们以轻量级的方式进行通信，不需要任何智能通信通道。

微服务架构有以下优点。

① 将单体应用分解为一组服务，解决了复杂性问题。虽然功能总量不变，但应用程序已被分解为易于管理的模块或服务。这些服务定义了明确的 RPC 或消息驱动的 API 边界。微服务架构提高了应用的模块化水平，而这通过单体代码库是很难实现的。因此，微服务开发的速度提升了很多，更容易理解和维护。

② 每个服务都可以由专注于此服务的团队独立开发。只要符合服务 API 契约，开发人员可以自由选择开发技术。这就意味着开发人员可以采用新技术编写或重构服务，由于服务相对较小，并不会对整体应用造成太大影响。

③ 可以独立部署各个微服务。开发人员无需协调对服务升级或更改的部署。这些更改可以在测试通过后立即部署。微服务架构使得持续集成和持续交付（CI/CD）成为可能。

④ 可以独立扩展每个服务，只需定义满足服务部署要求的配置、容量、实例数量等约束条件即可。

微服务架构面临以下问题和挑战。

① 服务发现：微服务的服务大小没有统一标准，业务逻辑的划分规则本身就由经验决定。有些开发者主张 10～100 行代码就应该建立一个微服务。虽然建立小型服务是微服务架构的目标之一，但是微服务的真正目标是充分分解应用程序，以促进敏捷开发和持续集成部署，而非一味追求小型化。

② 服务间调用：开发人员需要基于 RPC 或者消息实现微服务之间的调用和通信，而这就使得服务之间的发现、服务调用链的跟踪相对困难，也存在一定的质量问题。

③ 服务容错：更新多个业务实体的业务交易相当普遍，这类事务在单体应用中较容易实现，因为单体应用往往只存在一个数据库。但在微服务架构下，不同服务可能使用不同的数据库。根据 CAP 原理，一个系统无法同时满足一致性、可用性和分区容忍性，因此开发人员不得不放弃传统的强一致性，转而追求最终一致性。

传统的单体 Web 应用只需测试单一的 REST API 即可，而对微服务进行测试，需要启动它依赖的所有其他服务，这种复杂性不可低估。

④ 服务部署：单体应用可以简单地部署在一组相同的服务器上，前端使用负载均衡即可。每个应用的基础服务（如数据库和消息队列）具有相同的地址。而微服务由大量的服务构成，每种服务具有自己的配置、应用实例数量以及基础服务地址，因此需要不同的配置、部署、扩展和监控组件。此外，为了让服务可以发现与其通信的其他服务的地址，需要定义服务发现机制。因此，成功部署微服务应用需要开发人员有更好的部署策略和高度的自动化水平。

针对以上问题，产生了新的概念"微服务治理"。

4.2.3 微服务治理

(1) 微服务治理基本概念

微服务治理是一种方法论,用于建立采用微服务以实现敏捷 IT 环境的策略、标准和最佳实践。

单体式治理是集中的,自上而下做出决策,保持严格的控制,以确保标准在整个组织和应用程序堆栈中到位。随着时间的推移,这种模式会退化,形成一个停滞不前的技术和建筑系统,从而大幅减少创新。

微服务促进了应用开发采用的开发语言、工具和数据存储的技术栈的多样性。各个开发团队可以自由地使用不同的开发语言和技术栈开发自身负责的服务,通过基于网络的 API 接口与其他团队服务进行交互。

(2) 微服务治理目标

随着业务的发展,服务逐渐增多,如何协调线上运行的各个服务,保障服务的品质和性能,对服务架构和运维人员是一个很大的挑战。随着业务规模的不断扩大,小服务资源浪费等问题逐渐显现,因此有必要基于服务调用的性能 KPI 数据进行容量管理,合理分配各服务占用的资源,提高机器利用率。业务发生故障时,需要对故障业务做服务降级、流量控制、流量迁移等,快速恢复业务。

随着开发团队的不断扩大,可能出现功能相同、服务名不同的服务同时上线。上线容易下线难,有必要规范服务的上线,在每项服务发布之前,需要走服务预发布流程,由架构师或者项目经理审核通过之后才能够上线。为了满足服务线下管控的需求,并保障线上高效运行,需要统一的服务治理框架对服务进行有效管控,保障服务高效、健康地运行。

(3) 微服务治理要素

微服务治理在微服务计划的成功中起着至关重要的作用。未能实施适当的治理机制可能导致无法管理和不稳定的架构,而正确的治理可以使用户在获得业务支持的同时避免服务的分布式混乱。

强大的微服务治理基础包含三个要素:人员、流程和技术。对于成功运行的微服务治理,这三个要素必须保持一致。

（4）微服务治理指导原则

对于每个团队来说，定义微服务治理的指导原则至关重要。微服务治理的一般指导原则如下。

① 独立服务：微服务独立于所有其他服务。服务的独立性可以实现快速的服务开发和部署。需要服务的设计和运行保证独立性。

② 单一职责：专注于一个。需要将业务功能分解成细粒度的不同服务。

③ 自包含：微服务是自包含的、可独立部署的单元。为了使微服务独立，需要包含其操作和运行需要的功能块和环境。

④ 策略和最佳实践指南：遵守微服务领域参考架构、治理流程和路线图等。

（5）微服务治理人员

微服务架构团队主要专注于管理和监控团队活动，包括设计基于微服务技术的团队应用程序。该团队为最终用户提供正确的功能，并为新架构提供适当的运营支持。

① 微服务组织模型　在企业级微服务采用中，团队结构和技能（而不是底层技术）发挥着重要作用。扁平的组织结构、灵活的团队和跨职能的能力对于微服务采用的成功至关重要。组建一个有能力的、技术娴熟的团队需要围绕功能而不是架构重新调整员工。在过渡到微服务之前建立 DevOps 实践是帮助提前确定沟通策略的最佳方法。

② 技能与能力　微服务团队由具有不同技能的成员组成，包括系统分析师、UX/UI 设计师、后端和前端开发人员等，他们负责端到端的微服务项目——开发、部署、运营、监控和管理。团队的规模取决于企业的规模以及正在开发的项目。在微服务架构中，业务的增长将扩大微服务团队。每个团队都将拥有一个协作平台来完成项目的目标。这样可以确保按时完成，从而提高产品发布的效率和效果。

（6）微服务战略

① DevOps 策略：缩短从开发到部署的周期时间至关重要。团队将部署多项服务，而不是部署一个应用程序。

② 敏捷环境：服务由团队增量开发；短阶段允许团队频繁发布。这

从战略上定位了业务进展。应遵循 CI/CD 以提高弹性水平。

③ 数据策略：需要强大的主数据管理策略来支持数据的分布。企业核心数据的消费，由存储在本地数据库中的多个微服务完成。

（7）微服务治理技术

微服务不是产品、框架或平台。它是一种构建大型企业分布式系统的策略——微服务架构以多种方式使企业受益。微服务的优势之一为不同应用程序组件的独立可扩展性，以实现更快、更轻松的软件开发和维护。

微服务的规模对于优质服务的设计至关重要。微服务减少了供应商锁定并消除了长期的技术承诺。

① 微服务参考架构

a. 为构建基于微服务的系统，加速和改进开发提供现成的蓝图。
b. 创建一个用于测试新功能的平台，无论是内部开发还是外部开发。
c. 帮助企业了解合作伙伴系统和组件，以全面了解微服务生态系统。

② 注册中心　　随着企业的发展，跟踪微服务的数量可能是一个挑战，因为它们是持续部署的。为了解决这一挑战，注册中心的使用将有助于跟踪已部署的服务。这些注册中心为消费者提供查找地址以减轻监控服务压力。

③ 治理工具　　在使用微服务构建高度可扩展的架构时，需要工具来管理其他服务和应用程序组件，其中包括：

a. 服务发现工具，例如 ETCD、Consul、Nacos。
b. 用于容器化应用程序的打包标准，例如 Docker，以及用于大规模复制容器的编排工具，例如 Kubernetes。Red Hat 的 OpenShift 包含这两种经过验证的开源技术。
c. CI 环境创建工具，如用于 Docker 和 Kubernetes 的 Jenkins 或 Shippable。
d. 依赖解析工具，例如 Nexus。
e. 故障转移和弹性工具，包括 Hystrix 和 Ribbon 等库。
f. 服务监控、警报和事件工具，例如 ELK（ElasticSearch、LogStash 和 Kibana）栈。
g. 云和 API，API 用于建立微服务之间的交互，这有助于应用程序正常工作。此外，版本控制机制建立了新旧服务之间的服务接口。

h. 基础设施管理，基础架构管理监控已部署服务的存储、CPU 消耗、内存消耗和硬件网络特征。基础设施资源由 Nagois 监控，只要服务水平被破坏，它就会发出警报。如果服务部署在 IaaS 或 PaaS 平台上，则使用相应的云或平台管理工具。

i. 服务监控，当应用程序服务部署正常运行并监控运行状况时，就会发生服务监控。服务可以通过拉取机制报告它们的健康状况，或者使用推送机制收集统计信息。

④ 微服务治理流程　在微服务环境中，开发人员会持续添加和删除功能。这些更改包括对代码的更改或是替换应用程序的核心元素。在发生这些变化的同时，微服务也在不断演变。一个应用程序会被分解为多个相互依赖的服务。大型的、孤立的团队被分解为多个小型的功能性团队。

⑤ 数据管理　与 SOA 不同，微服务原则上不共享数据。每个微服务都有一个单独的物理数据存储和多语言持久性，允许各种数据库引擎在每个微服务下运行。

但是，维护企业数据库的多个副本会增加许可成本和复杂性。

通用提取、转换和加载（ETL）或数据虚拟化工具可以帮助实现数据规范化，事件溯源是一种众所周知的设计模式，有助于调整数据存储以适应追溯变化。

总之，微服务采用去中心化治理，这些标准使团队能够有效地构建和部署根据个人治理计划创建的代码。去中心化治理的目标是解放开发团队，让他们能够及时有效地解决开发问题。

4.2.4　微服务开发框架

微服务框架具有可移植性，它支持多种编程语言和开发框架，任何开发人员都可以轻松构建弹性的、无状态和有状态的应用程序，并运行在云平台或边缘计算中。在设计微服务应用时，需要考虑很多因素。微服务框架提供常用功能的最佳实践，开发人员可以使用标准模式进行微服务应用的构建,并部署到任意环境中,微服务框架通过提供分布式构建块来实现此目的。

(1)主流微服务框架标准

以下是选择适当框架时可以考虑的一些关键方面。

① 受欢迎程度:根据使框架成为企业标准的客户数量,通过行业对框架的接受度来衡量。其他可能有帮助的指标是文档的可用性和市场上可用的熟练资源的数量。

② 社区的成熟度:支持框架(例如 Apache、Google 或 Spring)的声誉,框架在社区/商业支持方面的成熟度以及修复问题和添加新功能的发布频率。

③ 易于开发:框架选择的应用程序开发简单,并提高了开发人员的工作效率。支持框架的 IDE 和工具在快速应用程序开发中也发挥着重要作用。

④ 学习曲线:以教程、最佳实践和典型问题解决方案形式提供的文档在减少学习曲线和提高整体开发人员生产力方面发挥着重要作用。

⑤ 架构支持:框架提供代码模块和接口,内置设计模式,消除应用程序开发人员的编码复杂性。

⑥ 自动化支持:框架支持自动化构建和部署微服务相关的任务。

⑦ 独立部署:框架必须支持独立部署的四个方面——向上兼容、向下兼容、可重用性和可移植性。

⑧ 持续集成:开发人员经常将代码集成到共享存储库中,最好是一天几次,并且可以通过自动化构建和自动化测试框架来支持每个集成。

根据项目需求,可以使用不同的框架来开发微服务。Java、Python、C++、Node.js 和 .Net 是一些用于开发微服务的语言。接下来简单介绍支持微服务开发的语言及其相关框架。

(2)主流微服务框架

① 以下框架可用于使用 Java 编程语言开发的微服务架构。

a. Spring Boot:Spring Boot 是 Java 框架中流行的微服务框架。构建小型和大型应用程序。通过使用控制反转,Spring Boot 也很容易与另一个流行的框架集成。

b. Dropwizard：Dropwizard 框架用于开发操作友好、高性能和 Restful 的 Web 服务。对配置、应用程序指标、日志记录和操作工具的开箱即用支持。

c. Restlet：Restlet 框架遵循 REST 架构风格，帮助 Java 开发人员构建微服务。由 Apache 软件许可证采用和支持。

d. Helidon：用于编写微服务的 Java 库的集合。易于使用工具功能、微配置文件支持、反应式 Web 服务器以及可观察和弹性。

e. AxonIQ：事件驱动的开源微服务框架专注于命令查询职责分离（CQRS）、领域驱动设计（DDD）和事件评分。

f. Micronaut：基于 JVM 的全栈框架，用于构建模块化、易于测试的微服务和无服务器应用程序。构建全功能微服务，包括依赖注入、自动配置、服务发现、HTTP 路由和 HTTP 客户端。Micronaut 旨在通过提供更快的启动时间、减少内存占用、最少使用反射和平静的单元测试来避免 Spring、Spring Boot 框架的缺点。

g. Lagom：适用于 Java 或 Scala 的开源反应式微服务框架。Lagom 建立在 Akka 和 Play 之上。

② 以下框架可用于使用 Go 编程语言开发的微服务架构。

GoMicro：RPC 可插拔库提供了用 Go 语言编写微服务的基本构建块。功能支持 API 网关、交互式 CLI、服务代理、模板和 Web 仪表板。

③ 以下框架可用于使用 Python 编程语言开发的微服务架构。

a. Flask：Python 中的 Web 服务器网关接口（WSGI）基于 Web 的轻量级微服务框架。Flask-RESTPlus 是 Flask 的扩展，增加了对快速构建 REST API 的支持。

b. Falcon：基于 Web 的 API 框架，用于构建健壮的 Python 应用程序后端和微服务。该框架适用于异步服务器网关接口（ASGI）和 WSGI。

c. Bottle：快速、轻量级和直接的 WSGI 微服务基于 Python 的 Web 框架。分布式单文件模块，除 Python 标准库外没有依赖项。

d. Nameko：用于在 Python 中构建微服务，内置支持 RPC over AMQP、异步事件、HTTP GET 和 POST 以及 WebSocket RPC。

e. CherryPy：CherryPy 允许开发人员使用面向对象的 Python 编程来

构建 Web 应用程序。

④ 以下框架可用于使用 Node.js 编程语言开发的微服务架构。

a. Molecular：使用 Node.js 构建的事件驱动微服务架构。内置服务注册和动态服务发现、负载平衡请求和事件、容错功能和内置缓存。

b. ASP.NET：用于 Web 开发的框架并使其成为 API。微服务支持内置功能，例如使用 Docker 容器构建和部署微服务。

（3）框架治理微服务实践

① 网关路由　对于微服务架构来说，一般都是由多个微服务共同对外提供服务，每个服务对外提供部分接口，这些接口提供的功能共同组成完整的可用的系统功能。

当用户发送一个请求后，对于传统的单体架构来说，因为只有一个服务来对外提供服务，所以根据请求的地址即可定位到对应的服务。但是对于微服务来说，因为有多个服务对外提供服务，所以系统需要有能力分辨出对应的请求应该委托给哪个具体的服务来处理，这就是路由的功能。

网关作为系统的入口，需要提供路由功能。同时考虑到，网关是整个系统的入口，一旦网关停止服务，则整个系统都无法对外提供服务。所以网关不能够频繁地启停，故路由模块需要动态地配置规则。

② 负载均衡　一般情况下，为了可用性，每个服务都需要做集群部署，即每个服务至少需要部署两个实例对外提供服务，避免单个实例时，因服务本身的问题导致该实例无法对外提供服务。当一个服务进行了集群部署后，请求来访问时，需要确定由哪个服务来处理该请求，即负载均衡。

③ 过载保护　系统在设计之初就会有一个预估容量，超过系统所能承受的容量阈值称为过载。长时间超过系统能承受的容量阈值，系统可能会被压垮，最终导致整个服务不可用。为了避免这类情况的发生，需要对系统进行过载保护。一般方式有流量控制、熔断和服务升降级。

a. 流量控制。流量控制的目的是通过对并发访问请求数量进行控制或者对一个时间窗口内的请求数量进行控制来保护系统，达到控制速率后则可以拒绝服务、排队或等待。流量控制可以针对整个系统，也可以针对单个接口进行控制。网关需要控制单位时间内接口允许被调用的次数，以保护后端服务，实现用户分级。可以根据接口的重要程度来配置不同流控，从而保障重要业务的稳定运行；支持用户、应用和例外流控，可以根据用户的重要性来配置不同流控，从而可以保证大用户的权益；流控粒度可以为分钟、小时、天等[8]。

b. 熔断。当一个服务对外无响应或者响应时间很长时，可能会导致请求的大量积压，继而影响整个系统对外提供服务。熔断可以避免此类问题的发生。当一个服务对外无响应或者响应时间过长时，对该服务进行熔断操作，即对该服务的请求立即返回特定的结果，避免请求积压。等一段时间后，恢复服务对外提供服务。如果服务还是无法对外提供服务，则再次触发熔断。

c. 服务升降级。上面的流量控制和熔断都是相对比较"公平"的方法，主要是为了保证系统的可用性。在系统过载的情况下，无差别地对待所有的服务/接口。不过对于一个系统来说，有些服务是核心服务，而有些服务是非核心服务，对于核心服务来说，即使在系统过载的情况下也不能拒绝对外服务，否则这个系统实际就失去了它原有的价值。这个时候就需要非核心服务为核心服务让路，即在系统过载的时候，非核心服务让出系统资源，即服务降级，保障核心服务能稳定地对外提供服务。待系统负载正常后，再恢复非核心服务。

总的来说，为应用程序开发选择正确的微服务框架，以快速且经济高效地构建健壮的应用程序，对于企业和开发人员社区来说是一项挑战。框架选择应基于行业接受度、技能可用性、社区支持、学习曲线、易于开发以及对架构最佳实践的支持。IT组织必须了解其框架选择的优缺点，并确保其选择不会影响未来的业务和运营需求。

4.2.5 容器与容器云

容器化是目前最流行的软件分发部署方式，是因为容器相比传统虚拟机更加轻量，启动速度更快；同时，容器镜像技术使得应用软件可以随处分发和部署，开发、测试和生产环境高度一致，解决了传统软件分发时因环境差异导致的各种问题，极大地减少了开发、运维人员的心智负担。

（1）传统虚拟机与容器

从狭义上讲，企业级的云计算就是将业务服务放在云主机上运行，而云主机实际上是互联网机房中的虚拟机。虚拟机是通过硬件虚拟化技术将一台物理服务器分割成了多个逻辑隔离的单元，每个单元都是一个虚拟的完整计算机，和真实的计算机一样，由CPU、主板、内存、硬盘等设备组成，可以为这台虚拟的计算机安装操作系统。因此，一台物理服务器通过虚拟化技术可以同时运行多台虚拟机，即多个操作系统，以及上层的业务系统，从规模上说不仅提高了计算资源的利用率，也降低了采购成本与电能消耗等。虚拟机技术是云计算平台最基础的元素，虚拟化是云计算的基础技术支撑。

虽然虚拟化为日益多样化的上层操作系统屏蔽掉了底层基础设施，带来了一定的规模经济效益和资源利用率的提升，但虚拟机仍需要依赖软件来模拟硬件功能。从表面上来看，这些虚拟机都是独立的服务器，但实际上，它们共享物理服务器的CPU、内存、硬件、网卡等资源。这给一些应用场景带来了问题：不同的用户需要运行各自的一些简单程序，只需要一个进程很少的资源即可，为了不相互影响，就要去建立一个虚拟机，那就会浪费很多资源，操作也比较复杂，时间、维护成本等也很高。为解决上述问题，更灵活的容器技术应运而生。

容器也是一种虚拟化技术，但属于轻量级的虚拟化。它和虚拟机一样，都是为了创造"隔离环境"。但是，它又和虚拟机有很大的不同——虚拟机是操作系统级别的资源隔离，而容器本质上是进程级别的资源隔离。虚拟机和容器的区别如图4-7所示。

容器是一种更轻量、更灵活的虚拟化处理方式，它将应用程序所需的一切打包在一起。容器包括所有代码、各种依赖和操作系统，这让应用程序几乎可以在任何地方运行。虚拟机和容器的特性对比如下。

① 启动速度：虚拟机是一个重量级的由"硬件"和内核组成的完整操作系统；容器是轻量级的，只打包了应用程序及所有的依赖，它只启动一个进程，所以启动速度更快。

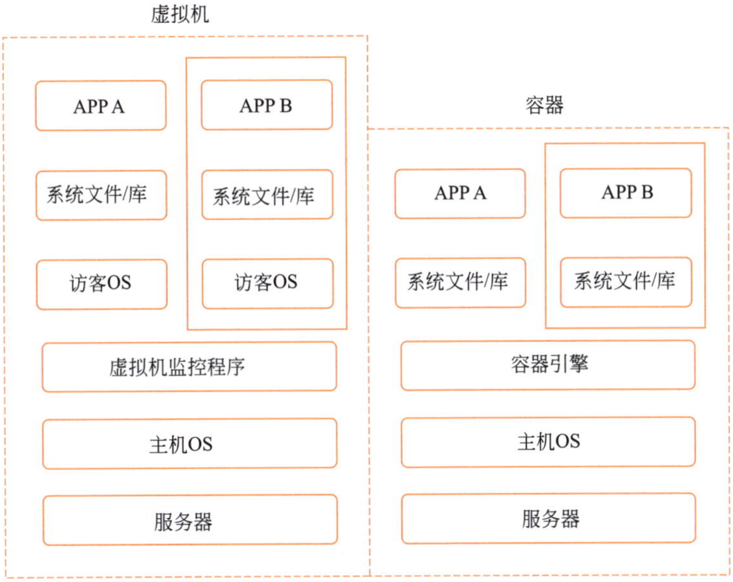

图 4-7　虚拟机和容器的区别

② 运行性能：虚拟机增加了 Hypervisor 层（运行在基础物理服务器和操作系统之间的中间软件层，也叫作虚拟机监视器），用于虚拟化硬件，额外增加了一定的开销，运行性能有所损失；容器是直接运行在物理操作系统上的，与系统上其他进程并没有太大区别，所以运行性能是接近原生的。

③ 运行数量：虚拟机需要一个完整的操作系统，所以相对容器而言，同一台服务器上虚拟机的可运行数量相比容器的可运行数量至少差一个数量级。

④ 磁盘占用：虚拟机包括一个完整的操作系统，通常为 GB 级别的；而容器只包含了应用及其依赖，通常是 MB 级别的。

⑤ 隔离性：虚拟机是操作系统级别的隔离，隔离性要比容器好很多；容器是进程级别的隔离，隔离得不彻底，因为多个容器之间使用的是同一个宿主机的操作系统内核。

⑥ 可移植性：都是虚拟化技术，均具备一定的可移植性，不过虚拟机更加重量级，没有容器迁移方便。

（2）容器简介

Linux 容器（Linux Container, LXC）是第一个完整的 Linux 容器管理器的实现方案。2008 年，通过组合 Cgroups（control groups，控制组群）的资源管理能力和 Linux Namespace（命名空间）的视图隔离能力，LXC 完整的容器技术出现在 Linux 内核中，可以在单个 Linux 内核上运行而无需任何补丁。由于 Linux 容器主要在系统级，当时对它的关注度以及使用率并不高，直到 2013 年，随着 Docker 的推出，容器开始迅速普及。

Docker 引入了完整的管理容器的生态系统，包括高效、分层的容器镜像模型，全局和本地的容器注册库，清晰的 REST API、命令行等，它的重点是应用程序容器化。容器是系统内核提供的进程虚拟化能力，而 Docker 是基于系统容器的上层工具，是更友好的容器管理工具。

Docker 对容器技术普及的贡献功不可没，然而市场上也出现了很多类似的容器管理工具。既然不是一家，就很容易出现分歧。为此，Google、Docker、CoreOS、IBM、微软、红帽等厂商在 2015 年联合发起了 OCI（Open Container Initiative，开放容器计划）组织，并于 2016 年推出了第一个开放容器标准。OCI 标准主要包含三部分内容，介绍如下。

① 容器运行时规范：该规范定义了如何根据相应的配置构建容器运行时。它规定了容器的各种运行状态以及状态的转换，如图 4-8 所示。

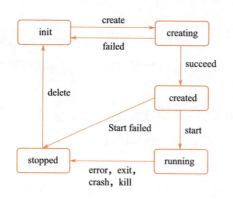
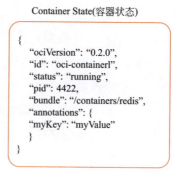

图 4-8　容器状态转换

a. init：这个状态并不在标准中，仅表示没有容器存在的初始状态。

b. creating：容器创建中，一般是容器管理工具通过 create 命令创建容器时处于的起始状态。

c. created：容器创建出来，但是还没运行，表示镜像和配置都没有错误，容器可以运行在当前平台。

d. running：容器的运行状态，容器进程已执行用户指定的程序但尚未退出。

e. stopped：容器进程已退出，一般是容器运行完成，或者运行错误，或者执行 stop 命令之后，容器处于暂停状态，这个状态下平台中还保存容器的很多信息。

② 容器镜像规范：该规范定义了容器运行时使用的镜像的打包规范。该格式规范是容器 ship anywhere 的基础，最终落地时体现为 Runtime 中的 bundle，以此为基础为用户提供一致的运行时依赖环境。规范包含 manifest、image index 和 filesystem layers 三部分内容。

a. manifest：对于指定架构和 OS 的容器镜像，manifest 定义了它所依赖的相关配置信息和对应的 layer 镜像层信息。

b. image index：比 manifest 更高层的抽象，包含了额外的配置信息。

c. filesystem layers：给出了如何将容器的文件系统进行序列化，如何创建和使用这些 layer。

③ 镜像分发规范：该规范定义了内容分发的一组标准 API，用于标准化镜像的分发，使 OCI 的生态覆盖镜像的全生态链路。分发标准主要定义了如下几个方面的规则：

a. 需要实现的接口；

b. 接口的具体实现，如 HTTP method 和返回 code 等；

c. URI 规范；

d. 错误代码。

（3）容器的应用场景

OCI 推动了容器化技术的工业标准化，建立了容器格式和运行时的工业开放通用标准，让容器可以在各种兼容性的操作系统和平台上移植。容器化成为现代软件架构的开发与分发基础。目前，主流的容器技术应用场景包括作为轻量的虚拟机使用和作为服务使用。

① 作为轻量的虚拟机使用：Docker 容器让开发人员仅仅通过几千字

节的 Dockerfile 文件就能构建自定义的系统镜像,比如直接使用 Docker 的 Ubuntu 镜像,启动一个完整的系统容器,用作轻量的虚拟机,其启动、部署和升级非常迅速和方便,能实现虚拟机的功能。所以很多业务人员或开发人员直接基于 Docker 的系统镜像创建容器,当作轻量的虚拟机来使用,进行软件的开发、测试和调试等。

② 作为服务使用:Docker 容器最大的价值在于提供一整套与平台无关的标准化技术,简化服务的部署、升级、维护,只要把需要运维的各种服务打包成标准的镜像,就可以在任何运行 Docker 的环境下跑起来,达到开箱即用的效果[9],这是 Docker 容器广泛应用的根本原因。

a. 开源应用的快速部署。现在随着容器技术的广泛应用,越来越多的开源项目都推出了 Docker 部署方式,用户可一键构建、启动以及调试应用程序,方便快捷,隔离性好,还不会造成本地环境的污染。

b. 开发运维持续交付。在当前 DevOps 的趋势下,持续集成(Continuous Integration, CI)和持续交付(Continuous Delivery, CD)具有支柱性地位,CI/CD 可以提高效率,减少人工操作,能够快速确定新代码和原有代码能否正确集成,降低部署风险,加快软件的迭代步伐。传统的 CI/CD 工具或流程面临的难点在于如何屏蔽不同语言、不同框架、不同系统之间集成与交付流程的差异性,而 Docker 容器的出现天然地解决了环境差异带来的问题,CI/CD 流程中的每一步骤均可通过容器来实现,支持多样化的编译、运行环境,具有轻量级、依赖隔离以及快速水平扩缩等特性,提升了软件交付和迭代的效率,并且可以减少人为错误。

c. 微服务架构使用。容器天然适合微服务的架构基础,各服务模块独立部署升级的特点与容器的轻量、高效部署十分切合。它使开发人员可以选择最适合于每种服务的工具或技术栈,同时将各服务隔离开来以消除潜在的冲突,并避免庞杂不可维护的各种库依赖问题。容器可以独立于应用的其他服务组件,可以方便快捷地部署、更新和扩展。更重要的是,微服务集群环境易于迁移和复制,只需选择好各服务对应的 Docker 镜像、配置等,就能很快搭建出完全一样的新服务环境。

(4)容器编排

容器的概念由来已久,但直到 Docker 的出现才将容器技术推向全球。

随着容器变得越来越流行，对编排工具的需求迅速变得更加迫切。因为 Docker 只是提供了打包、部署的功能，并没有提供分布式、大规模集群管理的功能，而这正是 PaaS 项目的主要领域。主流的容器编排工具包括 Docker Swarm、Kubernetes、Rancher、Red Hat OpenShift 和公共云服务等。

目前，Kubernetes（简称 K8s）本质上已经取代了容器编排的其他替代方案，成为了容器编排领域事实上的标准，已在国内外大量公司的生产中使用，成为广受认可的基础设施领域工业标准和云计算平台上的主角。它的诞生得益于沉淀了 Google 数十年经验的 Borg 平台，优秀的架构设计使得 K8s 架构整体涉及的组件都是可插拔的。以容器为例，在 K8s 中，只要满足对应的接口设计标准，容器都是可以替换的，Docker 以及其他容器技术都是可选的方案。

K8s 整体是基于 API 设计的，设计以资源管理为核心，架构是松散的、可插拔的。在容器的基础上，K8s 又添加了一层名为 Pod 的封装。所谓 Pod，是一组功能紧密相关的容器所组成的容器组，类似于 Linux 系统进程组的概念。Pod 是一种逻辑上的概念，同时也是 K8s 中最小的调度单位。有了 Pod 层的封装抽象，就能够更加方便地对不同的服务进行管理。图 4-9 展示了 K8s 的典型架构。

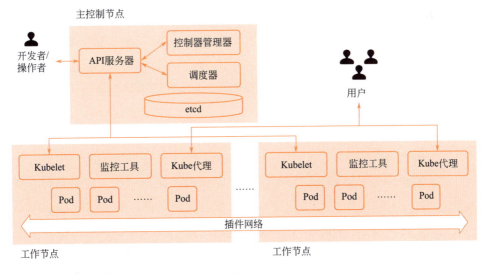

图 4-9　K8s 的典型架构

K8s 系统的关键组件介绍如下。

① 主控制节点（master node）需要安装以下组件。

a. API 服务器（API Server）：用于接收客户端操作 K8s 的指令。

b. 调度器（Scheduler）：从多个工作节点组件中选取一个来启动服务。

c. 控制器管理器（Controller Manager）：向工作节点的 Kubelet 组件发送指令。

d. etcd：分布式的存储网络，API 服务器中所需要的原信息都被放置在 etcd 中，etcd 本身是一个高可用系统，通过 etcd 保证整个 K8s 的 Master 组件的高可用性。

② 工作节点（worker node）需要安装以下组件。

a. Kubelet：向 Docker 发送指令管理 Docker 容器，最新的 K8s 已经抛弃了 Docker 容器运行时，改为 CRI 运行时。

b. Kube 代理（Kube Proxy）：管理容器间通信的网络。

K8s 具有完备的分布式容器管理能力，包括多层次的安全防护和准入机制、多租户应用支撑能力、透明的服务注册和服务发现机制、内建智能负载均衡器、强大的故障发现和自我修复能力、服务滚动升级和在线扩容能力、可扩展的资源自动调度机制、多粒度的资源配额管理能力等。

（5）容器云平台

以容器引擎（Docker）与容器编排（K8s）为主体的容器化技术，满足了敏捷开发与简易运维的需求，促进了容器云平台的诞生，由传统的基于虚拟机的部署方案，彻底转变为更加灵活和轻量级的"容器＋编排调度"的应用落地方案。

容器技术架构可参考图 4-10。如图 4-10 所示，容器是一种轻量化的虚拟化技术，Docker 是一种容器引擎，担任的是 IaaS 层能力。上层容器编排 K8s 担任的是容器调度和管理的能力，加上其他平台必要的功能元素（如租户管理等）组成了容器云平台，即 CaaS（Container as a Service，容器即服务）。而最上层的应用开发、托管和运维等基于容器构建的应用开发平台则可以理解为容器化的 PaaS，即所谓的轻量化 PaaS 平台。从广义上来说，容器云或容器云平台泛指以容器技术为核心，以容器编排为基础，封装各类应用运行环境，为系统管理者和开发者提供用于构建、发布和运行分布式应用的平台[10]。根据提供的层次能力不同，它可能提供的仅是 IaaS 层的能力，也有可能提供的是 PaaS 甚至 SaaS 层的能力。

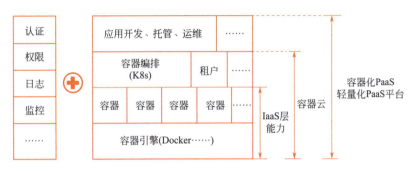

图 4-10　容器技术架构

随着新基建浪潮的推进，市场对容器云的技术认知、生态建设等也基本成熟，我国的企业数字化转型步伐也正在继续加快，开始尝试或已经采用容器化技术，逐步推进建设自己的企业级容器云平台。因为容器云平台正在将传统的 IaaS 层和 PaaS 层融合，为应用提供了开发、编排、发布和运维等全生命周期的能力，以及从开发到运维的一系列开发套件和服务，包括负载均衡、服务限流、RPC 框架、配置中心、监控能力等。容器云的主要优势有以下四点。

① 兼容适配：大多数主流的云平台都提供了容器云功能，基于容器技术架构的应用具有广泛的运行平台。

② 高效易用：轻量化的容器技术可以减少服务器的资源占用，与微服务架构及 DevOps 结合更能显著地提升应用开发和程序运行的效率。

③ 敏捷分发：容器镜像技术可以使得容器迁移效率明显优于传统虚拟机等非容器架构，能实现应用的快速开发、调试和部署上线等。

④ 弹性扩容：容器的轻量化更易于弹性扩容，可以在保障高并发性能的前提下最大限度地降低成本。

容器云平台可以更好地利用容器天然的轻量性、隔离性以及高可移植性的特点来支撑微服务架构的应用开发，实现敏捷的业务功能开发和迭代，快速构建高一致性的业务开发、测试及生产环境，支持弹性扩缩来应对流量突发，通过服务治理增强安全管控，提供统一的日志、监控、度量等基础功能，从而使开发者更专注于业务逻辑的开发，最大程度利用云服务提升软件交付能力，进一步加速企业的数字化转型。实践中，企业部署容器云平台的通用模式如图4-11所示。

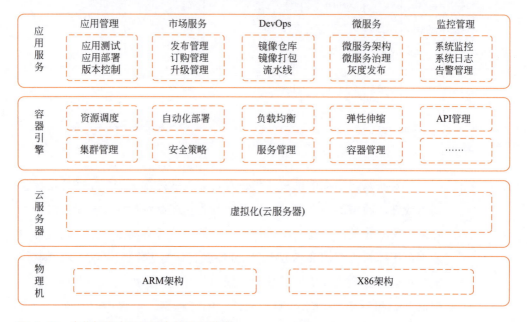

图4-11　企业部署容器云平台的通用模式

基于容器技术，将大数据、人工智能、元宇宙等与云计算融合，是新时代的需求与技术趋势。统一的容器云平台支撑企业不同的工作负载，可以高效地连接数据和应用，让开发者、用户更专注于业务创新，为企业数字化转型和服务升级保驾护航。

4.3
工业数据集成与资源管理

我国工业企业在信息化方面的建设，整体处于偏低的水平，存在烟囱系统、数据孤岛与业务孤岛等问题,亟须连通这些孤岛,促进企业信息化水平进一步提高。工业数据集成与资源管理平台为工业企业提供数据支撑,为业务提供统一高效的数据服务,可以打破数据孤岛,建立全域数据资产,为数据挖掘、智能排产、数字孪生等基于数据的智能应用提供数据支撑,帮助企业掌握数据资产状态,为各业务提供统一、高效的数据服务。

4.3.1 工业数据集成与资源管理概述

(1) 工业企业信息化建设痛点

信息孤岛是工业企业当前面临的棘手问题。很多企业的 OA 系统、人力资源系统、物资系统、计划系统、财务系统、研发平台、生产管理系统、产品数据系统、合同管理系统等如同烟囱,彼此之间的数据难以共享,决策层难以通过应用系统快速、准确地收集到相关经营数据,业务人员为提供数据经常重复性工作,管理层到研发层和制造层的指令与数据难以及时送达,数据的及时性和有效性难以保证[11]。

工业企业信息化组织建设和数字化转型难。传统工业企业中的组织大多呈现多层结构与部门分工的特点,在信息化建设过程中会形成层级间信息流动的堵点,导致企业难以快速响应外部变化。工业企业数字化转型应当跳出传统框架,向柔性化、去中心化、扁平化、敏捷化转变,以支撑和赋能为重点,推动数据共享、信息通畅。

(2) 工业企业数据中台建设必要性

数据中台以大数据平台为基础,汇集企业内部,包括业务系统、财务系统、人力系统等结构化、半结构化、非结构化数据,消除应用系统操作壁垒,连接业务系统的业务流和数据流,实现企业的数据共享,极大提升数据的应用能力。汇聚全渠道的数据,将海量数据转化为高质量数据资产,为企业提供更深层的数据洞察,从而提供更具个性化和智能化的产品和服务[12]。

数据中台利用算法将由海量数据提炼的洞察转化为行动,推动企业创新。数据无法被业务用起来的一个原因是数据没办法变得可阅读、易理解。信息技术人员不够懂业务，而业务人员不够懂数据，导致数据应用到业务变得困难，数据中台将信息技术人员与业务人员之间的障碍打破，信息技术人员将数据变成业务人员可阅读、易理解的内容，业务人员看到内容后能够很快结合到业务中去，更好地支撑企业的创新。此外，数据中台提供标准的数据访问能力，简化集成复杂性、促进互操作性等特性。同时，在快速构建服务能力、加快商业创新、提升业务适配等方面，数据中台发挥重要的作用[13]。

面对纷繁复杂而又分散割裂的海量数据，数据中台能充分利用内外部数据，打破数据孤岛现状，从而解决数字化转型过程中，新产品、新服务、新模式、新数据、新组织所导致的更多的烟囱系统、数据孤岛与业务孤岛问题，打造持续增值的数据资产，在此基础上，能够降低使用数据服务的门槛，繁荣数据服务的生态，实现数据越用越多的价值闭环，牢牢抓住客户，确保竞争优势[13]。

4.3.2 工业数据集成与资源管理流程和方法

（1）整体开发流程

工业数据集成与资源管理整体开发流程主要由需求分析、数据重组、数据集成、数据开发、任务调度、数据资源管理以及数据服务模块组成，如图 4-12 所示。

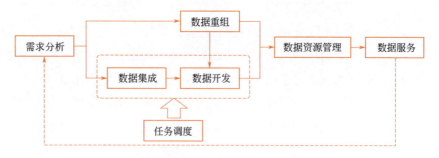

图 4-12 工业数据集成与资源管理整体开发流程

① 需求分析　需求分析包括数据调研及需求调研两部分，即理清"有什么"与"要什么"。数据调研是对现有的数据资源进行摸排盘点，

系统级别的盘点需要梳理数据源类型、访问地址、数据库名、表数量、每日增量等核心信息，数据表级别的盘点需要梳理出所属系统、数据库名、表名、记录数、对接优先级、对接方式等核心信息；需求调研是对数据需求分析，需求的形式多种多样，如大屏、BI、报表等，开发者需要把这些需求拆解出具体包含哪些指标、指标含义、计算方法、数据来源等。

② 数据重组　数据重组是指对数据原有结构的重新组装与设计，即建模。比较常用的建模方法有范式建模法和维度建模法。两种方法各有优劣，需要根据实际情况选择。

③ 数据集成　根据需求分析阶段的结果，获知数据集成的数据范围，借助中台工具从不同的业务系统拉取数据，存储至数据中台。

④ 数据开发　将业务逻辑解析为数据逻辑，然后依据数据逻辑进行数据处理任务开发。可以根据实际情况开发 SQL 脚本/Shell 脚本/MapReduce 脚本等。

⑤ 任务调度　针对数据集成和数据开发任务，可以按天、周、月等周期进行调度，使其在指定的时间执行。

⑥ 数据资源管理　数据资源管理大体可分为元数据管理、数据质量管理、数据安全管理三部分。元数据管理是指对描述数据的数据进行管理，如表名、表注释、字段注释等。数据质量管理专注于数据质量，可以从完整性、准确性、及时性等方面进行管理。数据安全管理是对数据安全性进行管理，如数据访问权限、数据脱敏等。

⑦ 数据服务　数据处理完后得到的结果集，可以通过 API 接口的方式向外提供服务。

（2）数据分层方法

大多数情况下，工业企业的数据体系是依赖复杂、层级混乱的，会出现表依赖结构混乱，甚至循环依赖的情况。为了数据能够有秩序地流转，数据的整个生命周期能够清晰明确地被设计者和使用者感知到，数据表层次清晰、依赖关系直观，需要有效的数据组织和管理方法来保障数据体系的有序性。

数据分层管理方法可以将数据清洗操作简单化，把原先的一项工作分解成多个环节去实现，每一层的处理方法都相对清晰和简单，达到解耦的目的，从而保证每一个环节的准确性，当数据出现问题的时候，方便问题排查和追溯定位。

① 数据分层的优点

a. 明确的数据结构：每一层数据分层都有其相应范围，在使用时能准确定位和处理。

b. 将复杂的问题简单化：将一个复杂的任务分解成多个环节来完成，每一层只处理单一的小任务，比较简单和容易理解，也便于维护数据的准确性。

c. 减轻重复开发压力：利用数据分层方法，实现中间层数据的通用开发，能够极大地减轻重复开发压力。

d. 屏蔽原始数据错误：屏蔽原始数据对业务的影响，避免每次改动时的重新接入。

e. 数据血缘的追踪：业务最后结果使用业务表表示，其来源广泛，假如其中有一张来源表出现错误，凭借血缘关系能准确迅速地定位到异常，并评估其危害。

f. 统一数据口径：通过数据分层，提供统一的数据出口，统一对外输出的数据口径。

② 数据分层方法　分层的核心思想是解耦、再解耦，把复杂的问题简单化，通常将数据模型分为四层：基础数据层（ODS）、明细数据层（DWD）、公共汇总层（DWS）和数据应用层（ADS），如图4-13所示。

基础数据层（ODS）：存放未经过处理的原始数据至数据仓库系统，结构与源系统保持一致，是数据仓库的数据准备区，数据原则上全量保留，依据业务需要增加分区，为下一步的数据处理做准备[14]。

明细数据层（DWD）：存储明细数据，以业务过程作为建模驱动，基于每个具体的业务过程特点，构建最细粒度的明细层事实表[14]。数据粒度一般保持和ODS层一样，对ODS层数据进行清洗，依据业务对ODS层数据进行数据补全，并且提供一定的数据质量保证。同时为了提高数据明细层的易用性，该层会采用一些维度退化手法，将维度退化至事实表中，减少事实表和维度表的关联。同时在此层会采用明细宽表，复用关联计算，减少数据扫描。

图 4-13 数据分层设计

公共汇总层（DWS）：以分析的主题对象为建模驱动，基于上层的应用和产品的指标需求，构建公共粒度的汇总指标事实表[14]。基于主题域的轻量级别汇总，以 DWD 层数据为基础，进行轻度汇总，在这层通常会以某一维度为线索，组成跨主题的宽表，这一层就是一张行为宽表，例如以时间（每天、每周、每月）为维度统计用户（商品、商家）所做的所有事。应用层的数据通常来源于此层，为了满足应用层的需要，在这一层将业务所需数据进行汇总和存储。

数据应用层（ADS）：面向实际的数据需求，可以直接给业务人员使用，以 DWD 或者 DWS 层的数据为基础，根据报表、专题分析的需求而计算生成的数据，是前端应用直接读取的数据源。

公共维度层（DIM）：基于维度建模理念思想，建立整个企业的一致性维度，降低数据计算口径和算法不统一风险[14]。

（3）数据重组方法

数据仓库模型设计方法常用的有两种：范式建模法、维度建模法。范式建模法主要是应用于传统的企业级数据仓库，这类数据仓库通常使用关系型数据库实现，是由 Inmon 提出的，应用于自顶向下的数据仓库架构；维度建模法就是基于维度分析来创建模型，是由 Kimball 提出的，应用于自下而上的数据仓库架构。本书只介绍维度建模。

维度建模，简称 DM（Dimensional Modeling），是一种趋向于支持最终用户对数据仓库进行查询、按照用户看待或分析数据的角度来重组数据的设计技术。

① 维度建模设计过程

a. 选择业务过程。业务过程是集体实现的具体化实操过程，通过实现业务过程并转化为事实表中的事实，事实表则关注其中一个业务过程的结果，过程定义了特定的涉及目标以及对粒度、维度、事实的定义。每个业务过程对应企业数据仓库总线矩阵的一行。

b. 声明粒度。声明粒度是维度设计过程的重要组成部分。粒度用于确定某一事实表中的行表示什么。在选择维度或事实前必须声明粒度，因为每个维度和事实必须与定义的粒度保持一致[15]。在从给定的业务过程获取数据时，原子粒度是最低级别的粒度。针对不同的事实表粒度，要建立不同的物理表，在同一事实表中不要混用多种不同的粒度。

c. 确定维度。维度是构建围绕某一业务进程中过程事件所涉及的"谁""什么""何处""何时""为什么""如何"等背景。维度表是用于过滤及分离类事实的描述性属性。

d. 确定事实。事实源于对来自业务过程事件的评估度量，基本上都是以数量值表示。一个事实表行与按照事实表粒度描述的度量事件之间存在一对一关系，因此事实表对应一个物理可观察的事件。在事实表的涵盖范围内，所有事实必须与声明的粒度保持一致。

② 事实表　事实表记录了特定事件的数字化信息，一般由数值型数字和指向维度表的外键组成。事实表的设计依赖于业务系统。数据分析的实质就是基于事实表开展的计算操作。

一般要给事实表设计一个代理键作为每行记录的唯一标识，相当于主键。代理键一般由系统生成，和业务无关。

事实表中的数值信息类型有以下几种。

a. 可加数值类型：可加数值类型指的是该度量可以按照和事实表关联的任一维度进行汇总。比如商品的单价，可以按照品类维度、店铺维度汇总平均值和总价格等。

b. 半可加数值类型：半可加数值类型指的就是该度量在某些维度下

不可进行汇总,或者汇总起来没有意义,比如余额,在时间维度下的汇总就没有意义。

c. 不可加数值类型:不可加数值类型指的是该度量在所有与该事实表关联的维度下都不可进行汇总,比如比率型数据,在所有与该事实表关联的维度下汇总都没有意义。

③ 维度表　维度是指观察数据的角度,一般是一个名词,比如对于销售金额这个事实,我们可以从销售时间、销售产品、销售店铺、购买顾客等多个维度来观察分析,维度表的记录数比事实表少,但是每条记录可能会包含很多字段。

维度表一般也需要设计一个代理键,映射业务数据中的唯一主键。业务系统的主键可以是自然键(指已经存在的属性组成的键,比如身份证),也可以是代理键。

④ 一致性维度和总线矩阵

a. 一致性维度。维度表具有一致性的标准是当不同的维度表的属性具有相同列名和领域属性内容时,称维度表具有一致性。利用一致性维度属性和与每个事实表关联的特点,可将不同事实表的信息汇总合并到同一报表中。

b. 企业数据仓库总线矩阵。企业数据仓库总线矩阵是用于设计并与企业数据仓库总线架构交互的基本工具。矩阵的行表示业务过程,列表示维度。矩阵中的点表示维度与给定的业务过程是否存在关联关系。

(4) 提取 - 转换 - 加载(ETL)与提取 - 加载 - 转换(ELT)

① ETL 与 ELT 的概念　ETL(Extract-Transform-Load)是一类数据仓库技术,用来描述将数据从来源端经过抽取、转换、加载至目的端的过程。ELT(Extract-Load-Transform)和 ETL 的功能类似,只是顺序不同,先执行加载、后执行转换。ETL 是企业数据应用过程中的一个数据流的控制技术,把原始的数据经过一系列的处理,放入数据仓库里。目的是将企业中的分散、零乱、标准不统一的数据整合到一起,为企业的决策提供分析依据[16]。

② ETL 的优点与缺点

a. ETL 的优点:具有以自动化方式收集、转换和组装数据的能力,从而为用户节省了手动进行操作的时间和精力,且 ETL 技术价格合理,灵活性好。

b. ETL 的缺点:没有太多内置函数,导致 Web 服务在 AWS 计算资源和各种数据源之间的处理和移动速度缓慢,效率低。

③ ETL 的应用场景　ETL 工具常见的场景有:汇总业务交易数据,将应用程序数据从旧系统迁移到新系统,整合近期公司收购或合并的数据,整合来自外部供应商和合作伙伴的数据,等等。

④ ELT 的优点与缺点

a. ELT 的优点:可以通过数据库引擎来实现系统的可扩展性,尤其是当数据加工过程在晚上时,可以充分利用数据库引擎的资源;可以保持所有的数据始终在数据库当中,避免数据的加载和导出,从而保证效率,提高系统的可监控性;可以根据数据的分布情况进行并行处理优化,并可以利用数据库的固有功能优化磁盘 I/O 和通过相关数据库进行性能调优。

b. ELT 的缺点:流程太长,太笨重,时间太长,改动成本高。

⑤ ELT 的应用场景　ELT 除了适用于 ETL 的相关领域外,其最适合的是 AI 应用场景。ELT 转换数据更加灵活,且通用性更强。

⑥ ETL 与 ELT 的区别　ETL 和 ELT 主要是先清洗数据还是先入库的区别。ETL 一般使用主流框架用程序在提取的时候就将数据进行清洗,ELT 则是将数据存到数据仓库,再用 SQL 进行数据清洗。其具体应用区别如表 4-3 所示。

4.3.3　工业数据集成与资源管理工具

(1) 数据集成工具

① DataX　DataX 是阿里开源的异构数据源离线同步工具,致力于实现包括关系型数据库(MySQL、Oracle 等)、HDFS、Hive、ODPS、HBase、FTP 等各种异构数据源之间稳定高效的数据同步功能。

DataX 本身作为数据同步框架,将不同数据源的同步抽象为从源头数据源读取数据的 Reader 插件,以及向目标端写入数据的 Writer 插件,

表4-3 ETL与ELT的区别

项目	ETL	ELT
处理流程	数据从源端同步然后进行数据转换标准化处理，最后入仓	从源系统同步数据直接入仓
数据体量	适用于密集型小数据量转换	适用于大数据量体量
转换环节	转换操作在入仓前完成	转换操作在目标系统内进行
耗时	数据先在缓冲区存留，然后加载到目标系统，相对缓慢	数据直接从源系统加载到目标系统，速度更快
复杂性/实施	比较成熟，在早期更容易实施，后期维护成本高	需要一定技能要求，后期维护成本低
数仓支持度	用于企业内部关系型和企业型数据	用于支持结构化、非结构化数据源的可扩展云基础设施
数据湖	不支持	支持
成熟度	成熟，容易实施	相对不成熟，实施起来较复杂
非结构化数据支持度	大多数支持结构化数据	支持非结构化数据
成本	转换需单独维护，硬件成本很高	有通用平台，维护成本较低
合规性	遵守GDPR、HIPAA和CCPA标准	风险更大，不遵守GDPR、HIPAA和CCPA标准

理论上DataX框架可以支持任意数据源类型的数据同步工作。同时DataX插件体系作为一套生态系统，每接入一套新数据源，该新加入的数据源即可实现和现有的数据源互通。其具有较快的速度，且速度可以随意配置，对于脏数据的处理效果好，并且具有强健的容错机制和丰富的数据转换功能。

② Sqoop　Sqoop是一款开源的工具，主要用于在Hadoop（Hive）与传统的数据库（MySQL、PostgreSQL）间进行数据的传递。Sqoop可以将一个关系型数据库（例如MySQL、Oracle、PostgreSQL等）中的数据导入到Hadoop的HDFS中，也可以将HDFS的数据导入到关系型数据库中。Sqoop项目开始于2009年，最早是作为Hadoop的一个第三方模块存在，后来为了让使用者能够快速部署，也为了让开发人员能够更快速地迭代开发，Sqoop独立成为一个Apache项目[17]。

Sqoop 的架构主要由三部分组成：Sqoop 客户端、数据存储与挖掘（HDFS/HBase/Hive）、数据存储空间。Sqoop 协调 Hadoop 中的 Map 任务将数据从数据存储空间（数据仓库、系统文档、关系型数据库）导入 HDFS/HBase 供数据分析使用，同时数据分析人员也可以使用 Hive 对这些数据进行挖掘。当分析、挖掘出有价值的结果数据之后，Sqoop 又可以协调 Hadoop 中的 Map 任务将结果数据导出到数据存储空间。

Sqoop 主要具有以下特点。

a. 性能高：Sqoop 采用 MapReduce 完成数据的导入导出，具备了 MapReduce 所具有的优点，包括并发度可控、容错性高、扩展性高。

b. 自动类型转换：Sqoop 可读取数据源元信息，自动完成数据类型映射，用户也可根据需要自定义类型映射关系。

c. 自动传播元信息：Sqoop 在数据发送端和接收端之间传递数据的同时，也会将元信息传递过去，保证接收端和发送端有一致的元信息。

③ Kettle　Kettle 作为一个端对端的数据集成平台，可以对多种数据源进行抽取（Extraction）、加载（Loading）、数据落湖（Data Lake Injection），对数据进行各种清洗（Cleaning）、转换（Transformation）、混合（Blending），并支持多维联机分析处理（OLAP）和数据挖掘（Data Mining）。我们通过熟练地应用它，减少了非常多的研发工作量，提高了工作效率。Kettle 是一款国外开源的 ETL 工具，纯 Java 编写，可以在 Windows、Linux、Unix 上运行，绿色无需安装，数据抽取高效稳定。

Kettle 以 Java 开发，支持跨平台运行，其特性包括：支持 100% 无编码、拖拽方式开发 ETL 数据管道；可对接包括传统数据库、文件、大数据平台、接口、流数据等数据源；支持 ETL 数据管道加入机器学习算法[18]。

Kettle 优点：可视化界面支持图形化 GUI 设计界面，组件多样性，支持 HTTP 请求，上手简单，支持拖拽，支持 SQL，可以编写 JS，可以编写一些 Java 代码，然后以工作流的形式流转。如果没有冲突可以并行执行，并行开发。

（2）模型重组设计工具

① erwin Data Modeler　erwin Data Modeler 是 erwin 公司的数据建

模工具，支持各主流数据库系统，数据建模市场占有率第一，达 33%。erwin Data Modeler 的 2020 R2 提供了先进的可视化功能状态，一个充满活力的新的用户界面和增强的工作流程功能集以及全面的数据库支持。

erwin Data Modeler 可以创建和维护代表数据库、数据仓库和企业数据模型的图形模型。CA erwin DM 提供了一个建模平台，企业数据需求和相关的数据库设计可以在这里被定义、管理，并在各种数据库平台上实施。

erwin Data Modeler 的特性和优点如下。

a. 结构复杂数据的可视化：erwin 提供数据库结构可视化，通过简单易操作的管理界面，对复杂的数据结构进行视觉上的图形显示。

b. 设计层架构：erwin 具有独特的灵活性，可以创建逻辑、物理，甚至更高级别模型的多个模型层。用户可以创建完全分开的逻辑和物理模型，或者创建有关联的逻辑和物理模型。

c. 标准的定义：可重复使用的标准，在信息成本和资产方面提高了组织的开发能力和有效管理时间的能力。erwin 通过可重复使用的模型模板、域编辑器、命名标准编辑器和数据类型标准编辑器，支持命名标准的定义和维护。

d. 大型模型管理：erwin 通过主题域的大型企业级模型，帮助管理数据模型和使数据模型图表化。这些图形的概览和模型可视化，促进了不同利益相关者和组织间的信息交流合作。

e. 完全比较：这种功能强大的模型可以自动完成脚本及数据库的双向同步，与其他项之一比较，显示所有差异，并允许双向的更新。如果模型的变化是一个数据库对象，erwin 可以自动生成一个数据库的 ALTER 脚本。

f. 与其他工具的集成和元数据交换：erwin 很容易融入其他项目和从多种来源导入数据，包括商业智能工具，主要数据管理中心，其他数据建模工具，提取、转换、装载（ETL）工具，以及统一建模语言（UML）工具导出工具。

② PowerDesigner PowerDesigner 最初由 SDP Technologies 公司开发完成。PowerDesigner 是 Sybase 的企业建模和设计解决方案，采用模

型驱动方法，将业务与 IT 结合起来，可帮助部署有效的企业体系架构，并为研发生命周期管理提供强大的分析与设计技术。

  PowerDesigner 将多种标准数据建模技术（UML、业务流程建模以及市场领先的数据建模）集成一体，并与 .NET、WorkSpace、PowerBuilder、Java^{TM}、Eclipse 等主流开发平台集成起来，为传统的软件开发周期管理提供业务分析和规范的数据库设计解决方案。它支持 60 多种关系数据库管理系统（RDBMS）/ 版本。PowerDesigner 运行在 Microsoft Windows 平台上，并提供了 Eclipse 插件[19]。PowerDesigner 就是一个数据库建模工具，把表与表之间的关系、数据之间的索引，以及数据的走向可视化，适合团队之间互相了解整体数据结构，减少沟通成本。

  PowerDesigner 的特性和优点如下。

  a. 需求管理：PowerDesigner 可以把需求定义转化成任意数量的分析及设计模型，并记录需求和所有分析及设计模型的改动历史，保持对它们的跟踪。

  b. 文档生成：PowerDesigner 提供了 Wizard 向导协助建立多模型的 RTF 和 HTML 格式的文档报表。项目团队中非建模成员同样可以了解模型信息，增强整个团队的沟通。

  c. 影响度分析：PowerDesigner 模型之间采用了独特的链接与同步技术进行全面集成，支持企业级或项目级的全面影响度分析。从业务过程模型、UML 面向对象模型到数据模型都支持该技术，大大提高了整个组织的应变能力。

  d. 数据映射：PowerDesigner 提供了拖放方式的可视化映射工具，方便、快速及准确地记录数据依赖关系。在任何数据和数据模型、数据与 UML 面向对象模型，以及数据与 XML 模型之间建立支持影响度分析的完整的映射定义、生成持久化代码以及数据仓库 ETL 文件。

  e. 开放性支持：PowerDesigner 支持所有主流开发平台，支持超过 60 种（版本）关系数据库管理系统，包括最新的 Oracle®、IBM®、Microsoft、Sybase、NCR Teradata、MySQL 等，支持各种主流应用程序开发平台，如 Java J2EE、Microsoft .NET^{TM}（C# 和 VB.NET）、Web Services 和 PowerBuilder®，支持所有主流应用服务器和流程执行语言，如 ebXML

和 BPEL4WS 等 [20]。

（3）任务调度工具

① DolphinScheduler　Apache DolphinScheduler 是一个分布式、去中心化、易扩展的可视化 DAG 工作流任务调度系统，其致力于解决数据处理流程中错综复杂的依赖关系，使调度系统在数据处理流程中开箱即用。

DolphinScheduler 可视化的流程设计减轻了开发者配置工作流的复杂度，从繁琐的基础配置中解放出来，不用再靠编程来配置流程，提升开发效率；DolphinScheduler 提供了许多易于使用的功能，可加快数据 ETL 工作开发流程的效率。其主要特点如下。

a. 通过拖拽以 DAG 图的方式将 Task 按照任务的依赖关系关联起来，可实时可视化监控任务的运行状态。

b. 支持丰富的任务类型，支持工作流定时调度、依赖调度、手动调度、手动暂停/停止/恢复，同时支持失败重试/告警、从指定节点恢复失败、Kill 任务等操作。

c. 支持工作流全局参数及节点自定义参数设置。

d. 支持集群 HA，通过 Zookeeper 实现 Master 集群和 Worker 集群去中心化。

e. 支持工作流运行历史树形/甘特图展示、支持任务状态统计、流程状态统计。

f. 支持补数，并行或串行回填数据。

g. 高可靠性，去中心化的多 Master 和多 Worker 服务对等架构，避免单 Master 压力过大，另外采用任务缓冲队列来避免过载。

h. 简单易用，DAG 监控界面，所有流程定义都是可视化的，通过拖拽任务完成定制 DAG，通过 API 方式与第三方系统集成，一键部署。

i. 丰富的使用场景，支持多租户，支持暂停恢复操作，紧密贴合大数据生态，提供 Spark、Hive、M/R、Python、Sub_process、Shell 等近 20 种任务类型。

j. 支持自定义任务类型，调度器使用分布式调度，调度能力随集群线性增长，Master 和 Worker 支持动态上下线。

② Azkaban　Azkaban 是 LinkedIn（领英）公司推出的批量工作流任务调度器，用于在工作流内以特定的顺序运行一组工作和流程。Azkaban 使用 job 配置文件建立任务之间的依赖关系，并提供易用的 Web 用户界面维护和跟踪工作流 [21]。AzkabanWebServer 是 Azkaban 工作流系统的主要管理者，它用于用户登录认证、负责项目管理、定时执行工作流、跟踪工作流执行进度等一系列任务。AzkabanExecutorServer 负责具体的工作流的提交、执行，它们通过 MySQL 数据库来协调任务的执行。

Azkaban 的特性与优点包括：Web 用户界面、方便上传工作流、方便设置任务之间的关系、调度工作流、认证 / 授权 (权限的工作)、能够杀死并重新启动工作流、模块化和可插拔的插件机制、工作流和任务的日志记录和审计等。

③ Airflow　Apache Airflow 是用于数据工程管道的开源工作流管理平台，是 Airbnb 管理公司日益复杂的工作流程的一种解决方案。创建 Airflow 允许 Airbnb 以编程方式创建和调度它们的工作流，并通过内置的 Airflow 用户界面监视它们。

正常运行的 Airflow 系统由以下几个服务构成。

a. WebServer：Airflow 提供了可视化的 Web 界面。启动 WebServer 后，就可以在 Web 界面上查看定义好的 DAG 并监控及改变运行状况，也可以在 Web 界面中对一些变量进行配置。

b. Worker：用 Celery Worker 来执行具体的作业。Worker 可以部署在多台机器上，并可以分别设置接收的队列。当接收的队列中有作业任务时，Worker 就会接收这个作业任务，并开始执行。Airflow 会自动在每个部署 Worker 的机器上同时部署一个 Serve Logs 服务，这样就可以在 Web 界面上方便地浏览分散在不同机器上的作业日志了。

c. Scheduler：整个 Airflow 的调度由 Scheduler 负责发起，每隔一段时间 Scheduler 就会检查所有定义完成的 DAG 和定义在其中的作业，如果有符合运行条件的作业，Scheduler 就会发起相应的作业任务以供 Worker 接收。

d. Flower：提供可视化界面以监控所有 Celery Worker 的运行状况。

Airflow 的特性与优点如下。

a. 当工作流被定义为代码时，它们变得更具可维护性、可版本控制、可测试性和协作性。

b. 使用 Airflow 作为任务的有向无环图（DAGs）创建工作流。

c. Airflow 调度程序在执行指定依赖项的同时，在一个工作线程数组上执行任务。

d. 丰富的命令行实用程序使得在 DAGs 上执行复杂的步骤变得轻而易举，DAG 可以按照定义的时间表（例如每小时或每天）运行，也可以基于外部事件触发器运行。

e. 丰富的用户界面使得可视化生产中运行的管道、监视进度以及在需要时进行故障排除变得非常容易。

f. 任务和依赖关系在 Python 中定义，然后 Airflow 管理调度和执行。

（4）一体化工具

雪浪云的"虎符"产品是一站式工业"人机料法环测"多态数据开发与资产化管理系统，通过构建工业数据资源体系，实现企业的全域数据资产在线，为数据挖掘、智能排产和数字孪生等基于数据的智能应用提供数据支撑。产品提供规范设计、数据集成、数据开发、指标管理、数据质量、主数据管理、数据资产、数据服务和数据分析等功能，贯穿整个工业生产过程中数据采集、存储、计算、应用等全链路，将企业数据汇集、打通、重组成真正可用的数据资源系统，助力企业掌握数据资产状态，为各业务提供统一和高效的数据服务，奠定工厂"智慧大脑"的基础。

"虎符"功能概述如下。

① 管理中心。提供系统统一的配置与管理能力，包括工作空间管理、用户角色管理、安全与权限管理、通知管理、存储计算管理和企业门户设置功能。

② 规范设计。规范设计用于定义企业数据架构，形成有效的工业数据管理体系，让数据治理的行为动作流程化、标准化和可视化，从而提高企业数据质量、消除数据二义性等；功能包括数据调研、标准设计、模型设计和指标设计。

③ 数据集成。数据集成通过配置的方式完成数据采集，功能包括

离线同步、实时同步、文件采集、接口采集、对象存储和自定义表单。

④ 离线计算。支持对海量数据进行批量计算；通过画布方式构建离线计算工作流；画布提供丰富的任务类型，全流程可视化操作界面，组件包括数据采集、数据开发、数据质量；数据开发组件提供多种开发方式，包括 SQL、MapReduce、Shell、Python2、Python3、Impala。

⑤ 实时计算。实时计算是基于 Apache Flink 的流式计算技术，提供毫秒级实时数据分析能力，通过标准 SQL 降低数据开发门槛，可满足关系数据、时序数据和空间数据的超融合数据实时计算。

⑥ 数据质量。数据质量能够监控数据在加工过程中存在的异常情况，以及产生的脏数据，系统支持自动拦截任务，并发生告警，有效阻断脏数据向下游延伸，避免因数据问题影响业务决策。

⑦ 指标管理。零代码方式构建工业企业指标体系，消除数据二义性，降低业务与技术的沟通成本，实现指标数据的可视化与可管理化。基于指标需求用户可以进行关联数据表或进入指标开发。

⑧ 数据资产。提供高效的元数据查询服务，支持查询并定位数据资产；数据地图与全域数据实现全文数据搜索与数据全景可视。

⑨ 数据服务。数据服务提供高效便捷的主题式查询功能，提供有效的全链路企业内 API 生命周期托管，实现低门槛 API 开发，为企业搭建统一的数据服务总线，帮助企业统一管理对内对外的 API 服务，帮助企业更好地进行数据资产应用以实现价值化。

⑩ 数据分析。提供以业务为主导的自助式分析 BI，具备丰富的可视化图表、优秀的交互体验设计、敏捷的开发速度；产品功能包括 Web 端、移动端、大屏端设计等。

4.4 工业 APP 开发编排计算平台

互联网 APP 指代更宽广的软件开发、平台开发（如 OA、CRM、CMS、电商平台），由于用户群体的特点，互联网一般使用 BS 架构，并且一般是部署在公网，只要鉴权通过，无论是谁，无论在哪里，都能够访问APP，大部分数据由用户产生，APP的数据保密性要求不是太高，而且这种方式的部署和测试都相对统一，只要在云端进行相应的编排部署即可。

工业APP与互联网APP有所不同，其开发和部署围绕工业互联网平台体系架构，依托底层平台架构的支持，以众多工业组件为基础，组合形成工业APP，进而构建一个庞大的场景，而无需开发者具备掌控庞大架构的能力。就好比蜜蜂通过统一的指挥能打败庞然大物一样，工业APP能够颠覆性地化解传统工业软件因为架构庞大而给企业带来的实施门槛和部署难度。

4.4.1 基于平台的开发与部署

工业环境通常是一个独立的内部网络，工业APP的数据一般由设备产生，通过采集设备或者采集软件传输到业务系统，利用这些数据做进一步的分析，而这需要有相应的行业知识和工业机理作为基础。在实际应用中，随着业务的变化和需求的微调，需要及时对工业APP中的逻辑做出相应的调整，以应对多变的市场需求，及时监控生产及整个工厂的运行状态。所以，工业APP的开发需要统一且灵活性高的平台，能够将工厂的历史经验、行业机理沉淀在平台中，以组件的方式解耦各个环节，尽可能地复用组件。

工业APP的开发侧重于易用性（低代码）、组件化、鲁棒性。

（1）易用性

大部分情况下，不需要由软件开发人员来定制化开发，可以由更懂得工业机理的专业人员来自行搭建适合业务的工业APP，通过图形化、拖拉拽的方式，像搭积木一样"拼装"成一个工业APP。

下面以数据采集APP为例，介绍工业APP的开发流程。数据采集是工业领域必不可少的一环，没有数据，就没有工业APP。采集到的数据可以让操作人员实时了解当前的生产状态，控制生产过程按工艺规程进行；可以让管理人员确认生产任务安排得是否合理，能否按时完成任务；可以让商务人员了解实时负荷情况，能否继续接单，接到的订单能否按时交付，等等。

下面以华东理工大学和雪浪云合作开发的流程行业实时优化平台软件 RTO-PLUS 为例进行讲解，其中的数据读取组件就是可以接入多种工业协议数据源的组件。

① 打开软件后，新建一个项目，在【我的组件】→【数据接口】中把【数据读取】组件拖入编排界面中，在编排界面中的组件称之为【节点】，如图 4-14 所示。

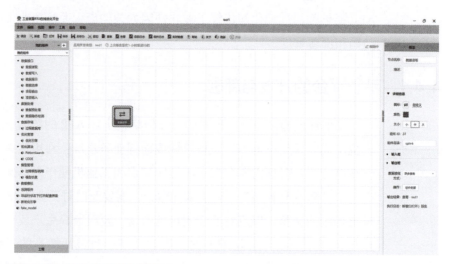

图 4-14　拖入数据读取组件

② 点击【开启】按钮，运行项目，在节点右下角会显示运行状态图标，成功则是绿色的 √，有异常或者失败则是红色的 ×，如图 4-15 所示。

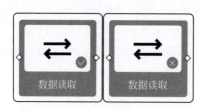

图 4-15　组件运行状态

③ 点击右侧面板中的【组件配置】按钮，可以在弹出的界面中对数据读取组件根据要求进行配置，从而获取所需的数据。组件配置界面，如图 4-16 所示。

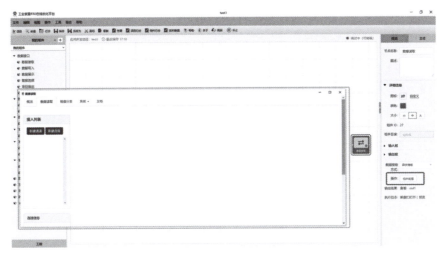

图 4-16 组件配置

④ 每个通道可以有多个连接，连接隶属于通道，新建通道时可以选择相对应的驱动。图 4-17 是当前支持的驱动列表，包括了最常用的数据协议。

图 4-17 数据读取组件驱动列表

⑤ 新建完通道后，可以在该通道下新建多个连接，该连接会去数据源采集数据，如图 4-18 所示。

⑥ 新增和编辑位号，如图 4-19 所示，可以通过导入方式批量新增，也可以通过手动方式单个新增，数据项地址需要和数据源的位号保持一致，不然会找不到对应的数据。通常项目中会需要采集很多的数据，位号也会较多。

⑦ 至此，就完成了数据的采集，采集到的数据会从输出桩输出，

图 4-18　新建通道和新建连接

图 4-19　新增和编辑位号

发往下一个组件。

　　数据采集组件可以连接其他组件，构成工业实时优化 APP，如图 4-20 所示。

　　a. 过程数据库组件：将数据存储到时序数据库 IoTDB 中。

　　b. 数据问题检测：判断当前工况是否处于稳态。

　　c. 优化引擎：配置目标函数、调研优化算法（后面需要接入其他组件才能完成整个优化过程）。

d. 模型仿真：需要配合过程模型调用组件。

e. 过程模型调用：调用模型对应的仿真软件，进行仿真。

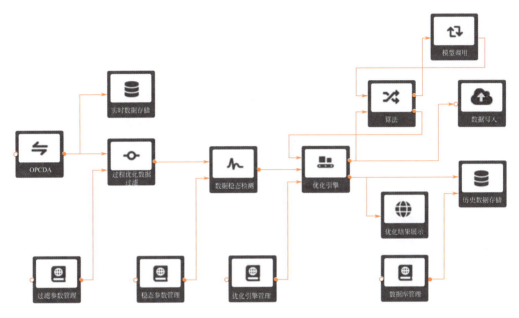

图 4-20　工业实时优化 APP

（2）组件化

不仅工业 APP 能够复用，组成 APP 的各个组件之间也能够互相组合，形成一个新的 APP，应对不同的业务场景。例如 RTO-PLUS 软件，已经沉淀了 40 余种不同的组件，可以满足不同的场景需求，制作出功能丰富的工业 APP。其中，优化相关的组件当前有 17 种，可以满足较为复杂的优化场景。这些组件是在工程项目实施过程中沉淀和积累起来的，经过了大量的项目检验，可以在各种不同项目中复用，大大节约了开发成本，提高了开发效率。

（3）鲁棒性

工业 APP 对鲁棒性的要求极高，在上架组件时，需要对组件进行严格的测试，对每个上架的组件保证其鲁棒性，才能保证整个 APP 的鲁棒性。使用人员不需了解具体如何实现，只要明白组件的功能，以及组件的输入输出即可。每个组件都会在各种不同的项目中应用，这也相当于对组件的鲁棒性的检验，复用越多的组件说明其本身的设计就是合理的，也说明组件是可靠的。

4.4.2 基于组件的可复用技术

微服务架构正在从应用服务化到组件服务化演进，组件是将应用中通用的、标准的功能拆分为独立的功能单元，进行独立部署、运行，是微服务组件服务化的基本开发部署单元，组件以容器化沙箱技术在容器中运行实例，通过服务注册与发现、配置中心在组件之间提供服务，通过微服务框架中的消息中间件、RPC 等方式完成组件间的通信。微服务从应用服务化到组件服务化，实现了组件库积累、组件可复用、敏捷的开发迭代速度，提高了工业 APP 开发的效率，减少了开发量。

（1）软件复用技术

复用是一种计算机软件工程方法和理论。其主要思想是，将软件看作由不同功能的组件所组成的有机体，每一个组件根据工作类型设计成通用的工具[22]。因此，当实现各类工作的组件开发完成后，软件开发就变成了将各种不同组件组织连接起来的简单问题，这使得软件产品的最终质量和维护工作都有了本质性的改变。

从表现上看，复用是指对编写过的代码加以利用，从而支撑新的功能或业务。提高复用度，可以极大地节省研发资源，也可以提高系统的稳定性和可维护性。更重要的是，它能提升项目质量，带来技术进步，是驱动技术团队实现技术和效能良性循环的最佳途径。

从实践上看，复用不仅指通过拷贝或引用原有代码来复用，更广泛的是，通过复用原有设计、逻辑、框架、服务等，让原有代码的能力可以有效扩展，从而支持新功能或新业务，这一扩展也包含在微服务的体系下，即某一服务支持更广泛的业务范畴。软件设计的经验、面向对象的原则，都可以作为方法论来指导复用的实践。

复用可以借助成熟的经验和方法，如依赖设计原则、开闭原则、设计模式、分层等架构思想的指导，比如开闭原则的实践指导应当在不修改原有代码的前提下给程序扩展功能，原有的代码都属于被复用代码的范畴；依赖倒置原则可以有效指导复用顶层设计及逻辑；设计模式更是提供了一整套可操作的方法和套路，更加方便简单地复用成功的设计模式和结构；分层架构思想指导在服务开发内部，通过对业务的分层与模块的正交分解后，底层的代码应当具有一定的可复用性。

（2）组件的服务化复用

在微服务体系中复用的粒度被刻画到服务级别，即服务复用，通过把标准化的功能拆分为独立的服务组件，实现组件的服务化复用。在微服务体系架构中，服务复用可以分为两种。

① 将底层的标准功能直接抽离成微服务组件，单独提供功能，如计数服务、音频资源服务（包含加密等）、图片服务（包含物体识别等）。

② 被多种场景用到的业务能力，抽离为微服务组件，如支付、订单、会员、进度、留言、优惠券等这类服务的复用，此类业务能力属于通用的业务能力。

可复用的组件是沉淀的标准及底层的通用能力功能单元，在复用这些组件的过程中，可以直接将组件作为工业 APP 的功能模块进行组装，将组件功能模块组装的技术就是低代码平台技术。低代码开发平台（Low-Code Development Platform, LCDP）是一种方便产生应用程序的平台软件，软件开发环境会让用户以图形化接口以及组态配置编写程序，而不是用传统的程序设计方法[7]。低代码开发平台是针对某些种类的应用而设计开发的，例如数据库、业务过程，以及用户界面（例如网页应用程序）。这类平台可能可以产生完整且可运作的应用程序，也可能在一些特殊的情形下仍需要编写程序。

在雪浪云工业互联网平台上，将标准功能、底层通用能力封装成基础组件，并沉淀组件库，为用户提供低代码开发平台。在实际的工业 APP 开发过程中通过低代码平台对组件进行编排，当遇到组件库中的组件可以解决的需求时，就可以直接复用该组件。同样，用户开发过程中提炼出来的通用功能，都可以作为自定义组件沉淀到组件库中为后续的同类需求提供可复用组件解决方案。表 4-4 列出了雪浪云 OS 的内置组件，通过复用组件在低代码平台上进行组件编排开发工厂仿真优化系统 APP，通过低代码平台加可复用组件库，使得开发工业 APP 变得更高效、稳定、简单。

表4-4　雪浪云OS内置组件

组件类型	组件名称
数据读写	数据模拟器、硬件设备、数据库读写、本地文件读写、网络通信、模拟数据读写
数据处理	数据格式转换、表处理、字符串处理、信号处理、数据转换、信号生成、频域分析、时域分析
图像处理	基础操作、阈值二值化、形态转换、边缘检测、霍夫检测、图像过滤
异构多源数据源	文本文件读取、数据库读取
数据操作	数据合并、数据连接、数据聚合、数据清洗、数据过滤
数据导出	文本数据导出
逻辑控制	公式编辑器、定时任务
开发工具	Python-sdk 工具、Python GPU-SDK 工具、Java-SDK 工具，node-SDK 工具、GoLang-SDK 工具、数据集线器
智能算法	车牌识别、OCR 识别、七段数字识别、身份证识别、火车票识别
仿真组件	Axisuite 仿真接口、Star-CCM+ 仿真接口、Abaqus 仿真接口、SimuWorks 仿真接口、Flomaster 仿真接口、联合仿真 FMU、Aspen Plus 仿真接口
其他分类组件	数值过滤、条件选择、流计算监控、模型预测、JSON 数据转换、Pytorch 模型预测

4.4.3　图形化编程开发技术

（1）图形化编程技术的起源

从软件开发的历史来看，尽管各种编程语言层出不穷，各大软件企业仍在不断发明新的编程语言，努力尝试降低开发语言本身的复杂性，从而降低软件开发的门槛，吸引更多的从业人员，降低软件开发的成本，同时提供更好的软件质量。从 C/C++ 到 Java，再到 Python，开发语言本身的语言复杂度在不断降低。尽管如此，软件开发仍然是一个比较专业的领域，需要从业人员经过较长时间的专业训练，积累多年的实际编程经验，才能进行专业的复杂软件开发工作。即使对于专业的程序员来讲，在进行软件用户界面设计时，如果离开了图形化用户界面设计环境，完全通过代码来进行用户界面的开发，也是非常困难的。早期的专业软件开发公司微软、Borland 公司推出面向开发人员的专业开发工具时，例如 Visual Basic（如图 4-21 所示）、C++ Builder 等，都以图形化编程为主要卖点，吸引广大的开发者群体。发展至今，Windows 平台的应用软件数量在整个软件市场具有压倒性的优势，无论哪一种商业软件都将 Windows 平台作为第一支持平台，这种图形化编程方式无疑取得了巨大的成功。

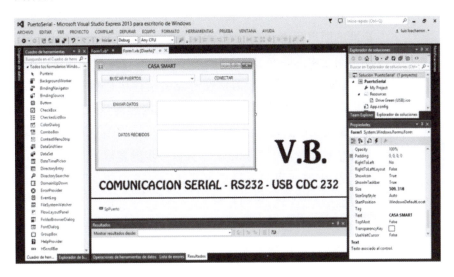

图 4-21　Visual Basic IDE

　　这个阶段的图形化编程方式仍然处在专业开发人员可理解的范畴之内，包含了大量的软件开发概念，其面向的仍然是专业软件开发人员，以简化部分重复性强、模式固定的用户界面开发工作。对于业务功能逻辑的开发，仍然需要开发人员进行手工开发，并完成与用户界面的交互，这种方式对于非专业软件开发人员，仍然是难以理解和使用的。

　　图形化编程在专业开发领域取得巨大成功之后，软件公司面对大量的行业软件开发需求，仍然面临着巨大的开发成本，主要支出发生在需求理解阶段，开发过程中存在着一个难以克服的矛盾——软件开发人员缺乏行业知识和经验，行业专家缺乏专业的编程技能。为了开发出可以供行业专家使用的软件系统，双方需要进行大量的前期交流，理解需求，以便达到交付的软件系统体现行业属性，实现专业性强的功能需求，操作满足行业专家使用习惯。在这个过程中，开发人员需要将大量专业行业概念、工艺机理转化为软件领域对应的函数、类、模块,将行业需求转化为代码实现。

(2) 图形化编程技术的发展

面对长期耗时耗力的沟通需求,图形化编程此时出现了两个发展方向,一个是以软件开发人员群体为主导的 UML(统一建模语言)方向,开发人员不再以自然语言描述为主的方式进行功能实现的沟通,而是以标准的图形化方式进行需求沟通和功能定义,大大提升了沟通效率并减少了沟通中的歧义。

UML 图形化建模方法在开发者群体中取得了较大的成功,并且有很多的软件开发公司希望能够在满足沟通的基础上更进一步,通过这些标准的 UML 图直接生成相关代码。但是目前这个方向不够乐观,有以下几个难以跨越的问题限制了其进一步的发展。

① 生成代码的质量从可读性、可维护性、可扩展性上远远低于一个专业开发人员的手动开发。

② 对于复杂的软件系统,无法生成可工作的代码,其可读性差,导致手工修改的成本难以估计。

③ 对于业务功能逻辑的代码,仍然需要开发人员的开发。

在 UML 图形化建模及代码生成方向之外,有一些非专业软件开发的行业性公司,在长期发展过程中,积累了大量的行业经验,同时也建立了自己的软件开发团队,这些公司根据自身业务的需要,也在图形化编程领域进行了广泛的探索。不同于专业软件开发公司,这些行业性公司考虑的关键问题是如何让公司内的大量行业专家能够直接通过简单的操作,完成特定功能从手工操作到软件自动化的过程,完成个人经验到知识沉淀的过程。围绕着这个目标,有些公司通过发明领域相关的编程语言,进一步降低编程的门槛,同时再将各种编程语言元素(变量复制、分支、循环)进行图形化的封装,使用者通过编排这些语言元素来实现自己的业务逻辑,简单来讲是编程语言语法要素本身的可视化。这种方式抽象粒度过低,仍然带有大量的代码编程概念,对行业专家来讲仍然具有较高的使用门槛,但相比于纯文本的代码开发方式,它仍然在一些领域,例如单片机程序开发、PLC 程序开发领域,获得了相当的成功,提高了生产力。

在图形化编程语言元素的方向上，一些软件公司通过进一步扩大封装粒度，不再局限于编程语言语句级封装，将封装粒度变为具有固定输入输出的函数，对函数赋予带有行业属性的描述，同时将与输入无关，但影响函数行为的相关变量作为该函数的配置属性，这种方式很大程度上解决了软件开发人员和行业专家之间的矛盾，行业专家在这种图形化编程模式上，只需要将多个相关联的图形化函数进行拖拉拽式的编排，辅以配置项的设置，即可完成具体业务功能开发；开发者只需要理解某个具体的机理的输入输出、属性配置，即可完成实现具体功能的函数封装，并不需要理解整个复杂业务的上下文。

基于函数封装的图形化编程在很多专业领域都获得了巨大的成功，例如 LabVIEW 软件、Simulink 软件、Aspen Plus 仿真软件，尤其在工业制造业领域，通过图元、线框图的拖拉拽编排，辅以丰富的属性配置，即可完成各种功能。这种方式在帮助行业专家实现快速开发的同时，产生新的需求不断给到软件开发人员，软件开发人员持续封装新功能的函数，整个软件系统的生态持续生长，最终达到了对于绝大多数的行业应用，行业专家只需要选择合适的函数，通过编排，即可完成该领域内的软件开发。在特定领域，例如航天器控制，这种方法甚至可以完成非常复杂的逻辑编排，具有非常好的运行质量，并且满足苛刻的实时性保证。在这个发展方向上，观察到一个有趣的事实，这些图形化编程软件，都不作为通用的软件开发平台，只集中在特定行业领域的图形化编程开发上，这很大程度上与这些软件公司背后所属的行业公司有着巨大的关系。行业专家的丰富工艺经验和软件开发人员的编程技术结合，产生了巨大的合作效应，并且软件的发展获得了良性的迭代，在特定行业获得了大量忠实的用户，产生了无可替代的用户黏性。

（3）工业 APP 的图形化编程技术

从桌面软件到云端服务，用户通过浏览器使用软件方式的转变，是互联网对工业软件开发方式的最直观影响，传统的桌面软件开发，无论安装、升级都局限在单台机器，导致升级过程复杂，环境依赖管理复杂，尤其是在软件安装了多个环境的情况下。单机软件同时受限于所在机器的计算资源配置，无法进行并行过多的计算任务和运行超出机器本身资源限制的计算任务。采用服务化云端部署的方式，解决了以下几个重要的问题。

① 软件升级的问题：软件不再部署在每一个用户的计算机上，用户通过浏览器使用软件，只要有网络环境，可以从任何一台机器上进行软件的使用。

② 计算资源利用问题：平台化极大地提高了软件的运行效率，通过服务端分布式技术可以综合利用多台机器解决一些单机不可能完成或者顺序执行需要很久才能完成的计算难题。

③ 开发效率的问题：浏览器页面基于 HTML/CSS/JavaScript 的开发技术，极大地提高了图形化编程平台软件的开发效率、开发质量和用户体验。早期基于各种 Windows 图形界面的开发框架，多通过 C++ 语言开发，面临着开发效率低、开发质量无法保证的问题。

④ 用户体验的问题：传统图形界面的开发框架，在用户界面的美观和使用体验上远远低于 Web 技术开发的浏览器页面。

工业 APP 的开发是基于平台的技术引擎，而非针对单个具体工业问题进行全流程的定制化开发。工业 APP 开发的平台化包含两个层次的需求。

① 平台本身包含丰富的开箱即用功能，掌握工业机理的行业专家可以在无需了解编程知识的背景下，针对具体工业问题快速进行工业 APP 的原型开发。平台需要提供丰富的可复用的工业机理组件库以及友好的拖拉拽式图形化编程界面。以雪浪云的混合建模和联合计算平台"算盘"为例进行介绍，其开发界面如图 4-22 所示，平台自身内置超过 1000 个组件的强大组件库，覆盖了工业 APP 开发过程中从数据采集、数据处理到建模仿真、时序存储、优化算法等全部开发相关领域；同时，提供了友好的组件编排界面，行业专家只需从组件库中选择合适的组件，在画布区域进行拖拉拽式的连线编排，即可完成一个工业 APP 的开发。

② 平台具有良好的开放扩展性，对于新的工业问题，平台自身功能不满足时，可以在平台上进行灵活的扩展开发，完成新功能的支持；平台具备高度的自成长性，提供各种开发语言的 SDK，方便用户使用最熟悉、相关问题领域最丰富的开发资源，封装更多可复用的机理功能组

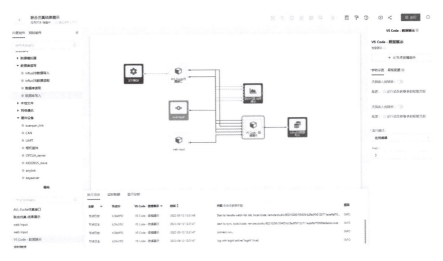

图 4-22 雪浪云算盘

件,封装好的组件可以发布到组件库,随着组件库的不断丰富,平台的能力进一步增强。

总体而言,图形化编程开发平台作为工业 APP 开发过程平台化的核心支撑引擎,需要填补工业机理专家缺乏软件开发知识和软件工程师缺乏行业机理知识间的空白,这个过程是一个长期但必须经历的过程,正如 LabVIEW、Simulink、Aspen 等在一些专业领域取得成功的图形化开发工具软件一样,软件开发人员需要不断地向工业机理专家请教,开发更多的具备工业机理属性的可复用组件;工业机理专家需要适应基于组件的平台式工业 APP 开发方式,不断给软件开发人员反馈,通过两个行业间人员的持续打磨,最终开发出满足工业机理专家快速开发工业 APP 需求的图形化编程开发平台。

4.4.4 运行时求解计算过程

图形化流程编排完成之后,图形化编排产生的模板会保存成一个包含所有信息的结构文件,包括节点的定义、节点的配置、节点之间的连线等描述信息,算盘后端服务根据文件内各项定义,生成算盘集群内启动节点服务需要的各项信息。不同的模板组件会对应生成不同的集群节点服务。普通应用组件对应一个节点，相同的多个服务组件会生成一个服务节点，一个组合组件会生成多个节点。节点与节点之间通过消息队列收发消息，如图 4-23 所示。

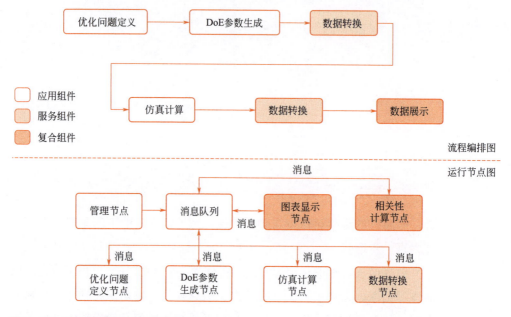

图 4-23　流程编排与运行节点映射

节点以容器的形式在算盘环境中启动。容器是轻量级应用代码包，它还包含依赖项，例如编程语言运行时的特定版本和运行软件服务所需的库。容器技术能够让开发者对应用及其整个运行时环境（包括全部所需文件）一起进行打包或隔离，从而让组件可以在不同环境（如开发、测试和生产等环境）之间轻松迁移应用，同时还可保留应用的全部功能。以容器方式运行的节点与节点之间相互独立，互不影响。

通过对流程编排图的分解，节点的运行逻辑变得很简单：节点从消息队列接收消息，根据消息中的参数和数据进行计算求解，最后向消息队列返回计算结果。以雪浪云算盘产品为例，产品基于数据流的逻辑为开发者提供了 Python、Java、Node.js、Golang、C、C++ 等各种语言的开发 SDK，消息的接收和发送等基本功能由 SDK 提供，让组件开发者可以聚焦于计算求解过程，简化组件的开发过程。

节点与节点之间通过消息队列传递消息。如图 4-24 所示，组件间的消息传递采用中心路由的方式进行转发，所有组件的流量均会经过 manager 管理节点，并由管理节点来决定把消息转发给下游哪一个节点。RequestData 是上游节点发送给当前节点的消息，ResponseData 是当前节点发送给下游节点的消息。ResponseData 消息由管理节点接收，然后管理节点根据流程编排图中的组件连接，将 ResponseData 转发到需要此消息的所有下游组件节点中，成为下游组件节点的 RequestData。

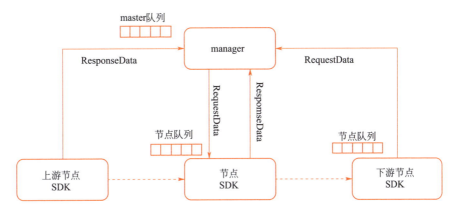

图 4-24　节点消息流图

管理节点还支持一个重要的功能，即流计算可视化。流计算可视化可以将组件之间的消息流动地展示在流程编排图上，消息沿着组件之间的连线流动能够帮助计算图使用者了解计算图运行状况。在打开流计算可视化开关的情况下，管理节点在处理 RequestData，向各个组件节点队列转发 ResponseData 的同时向算盘前端推送这条消息的相关信息，包括源节点、目的节点，算盘前端根据这些信息将消息绘制在节点之间的连线上，从源节点流向目的节点。

整个计算过程中，不同组件计算求解需要的时间是不相同的，有的组件计算快，有的慢，耗时多的组件成为整个模板的瓶颈。为了加快整个模板的运行，可以修改算盘配置"启动容器数"，让节点运行多副本，同时接收处理上游消息，并发完成计算求解。

这种分布式的运行方式，需要很好的调试工具，可以快速发现节点的运行问题。以雪浪云算盘产品为例，其提供了一系列调试工具方便开发者调试模板。算盘的调试模式可以让开发者在模板运行中动态地调整参数。调试模式修改一个组件参数之后，组件会自动以新的参数配置重启，调试模式可以使开发者不需要为了一个组件的修改而重启整个计算图。同时，提供了执行日志面板，如图 4-25 所示，用于显示计算图的整体状态和各个组件的运行日志；实时数据面板，如图 4-26 所示，显示组件节点输入和输出的消息；运行分析面板，用于显示节点运行状况。

图 4-25　执行日志面板

图 4-26　实时数据面板

4.4.5　异构算力环境调度

工业互联网的应用需要大量的计算，从实时控制到仿真预测，从研发设计到生产过程优化等都存在大量计算。这些计算需求对算力系统的要求各不相同：实时控制要求系统具有高速、实时的反馈性能；研发设计对复杂数据运算量较大，需要数分钟到数小时不等，需要较为精确和合理的结果。因此，需要根据不同的业务需求，适配不同的系统架构，提供异构算力环境的调度。

异构算力调度架构如图 4-27 所示，分为基于任务的系统间算力调度，基于 CPU、GPU 等细粒度运算资源的调度，等等。如何将这些系统调度起来是异构算力环境调度需要解决的首要问题。

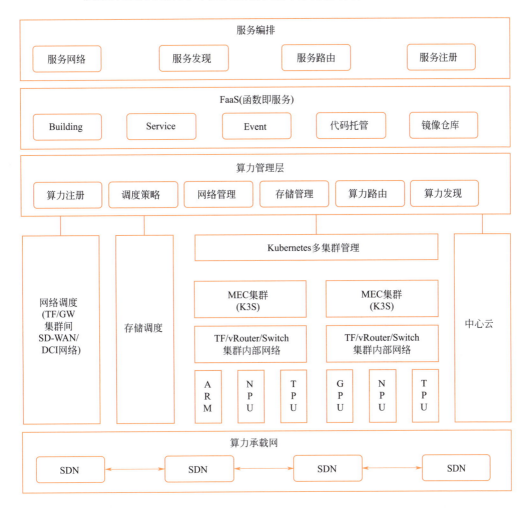

图 4-27　异构算力调度架构

以下介绍常见的异构算力环境。

（1）HPC

HPC 是高性能计算（High Performance Computing）集群的简称，能够执行个人电脑无法处理的大计算量与高速运算，其基本组成部分与个人电脑无太大差异，但规格与性能则强大许多。现有的超级计算机运算速度可以达到每秒一兆（万亿）次以上。

HPC 计算集群常被用于：

① 发现新药和检测疗效，对抗各种癌症等疾病；

② 在新材料领域，模拟分子动力学，比如高分子的织物纤维等；

③ 预测天气变化，对全球的各种强对流天气提前预警。

（2）边缘系统

在工业场景中由于高精度实时控制的要求，往往会在边缘侧或者现场侧加入独立的控制回路，边缘侧典型的应用场景是流程应用中成熟的 PLC 环网、DCS 环网等设备网络，边缘侧网络需要确保其自治性、独立性、不受外部系统的干扰和保证生产过程控制的最优。对实时性要求非常高，常见于微秒、毫秒级别的控制精度和控制粒度。

在这些高实时场景下，对算力的需求也非常高，数据必须快速精准地计算出来，但是边缘系统为了保证实时性，一般都位于工厂处、车间处，而计算中心往往都会选择在中心机房等核心区域，数据传递相对较远，所以在边缘端如何利用计算中心处的硬件算力往往成为一项挑战。

（3）实时操作系统（RTOS）

RTOS（Real-Time Operating System），又称实时作业系统，它会按照排序执行和管理系统资源，并为开发应用程序提供一致的基础。RTOS 与一般的作业系统相比，最大的特点在于实时，如果有一个任务需要执行，RTOS 会马上（在较短时间内）执行该任务，而不会有较长的延时。该特性能够保证各任务及时执行。

RTOS 系统的首要目标并非高吞吐量，而是确保任务在特定时间内完成，因此衡量一个实时作业系统坚固性的重要指标是系统从接收一个任务到完成该任务所需的时间，其时间的变化称为抖动。可以依据抖动将即时作业系统分为两种：硬即时作业系统和软即时作业系统。硬即时作业系统比软即时作业系统有更少的抖动。

RTOS 系统与一般的作业系统有着不同的排程演算法。普通的作业系统的排程器对于线程优先级等方面的处理更加灵活，而即时作业系统追求最小的中断延时和线程切换延时。

4.4.6 分布式计算与并行计算

分布式计算,又称为分散运算。分布式系统是指一组电脑,通过网络互相连接,通过传递消息通信的方式协调它们的行为的系统。各个组件之间互相交换数据,以实现同一个目标。除了计算过程需要通信外,要实现分布式计算还需要把一个大量的工程数据切分成很多数据块,分别由多台计算机计算得到结果后,统一合并出数据结论。

分布式系统(Distributed System)由多台计算机和通信的软件组件通过计算机网络连接(本地网络或广域网)组成,是建立在网络之上的软件系统。由于软件的特性,分布式系统具有高度的内聚性和透明性。因此,网络和分布式系统之间的区别在于高层软件(特别是操作系统),而不是硬件。分布式系统可以应用在 PC、工作站、局域网和广域网等不同的平台上,如图 4-28 所示。

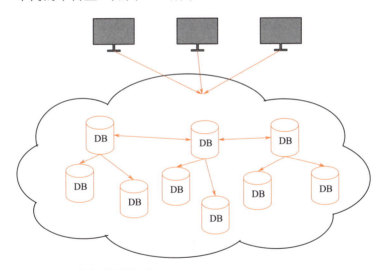

图 4-28　分布式系统架构

分布式计算在大数据和密集计算领域具备一系列优势。

① 可靠性(容错性):当一个节点系统崩溃时,其余的服务器仍可以正常对外提供服务。在分布式系统架构设计中通常会加入冗余性,一个或多个节点掉线或者出现故障,整个集群系统会自动切换并保持正常运行。

② 可扩展性:可以通过线性增加机器资源,来应对不断增长的外部

需求，而且通过弹性计算可以快速增加或者剔除节点，快速简单地为集群扩容。

③ 灵活性：由于该系统是非常灵活的，可以通过自动化系统自动安装、实施和部署。

④ 更快的速度：多地部署，将用户请求按地理路由到最近机房处理。拥有多台计算机的计算能力，使得它比其他系统有更快的处理速度。

⑤ 更高的性能：与集中式计算机网络集群相比，可以提供更高的性能（即更好的性价比）。

虽然分布式系统具有很多优势，但因为跨网络的通信机制，也带来以下问题。

① 数据的一致性。考虑到大量的机器故障，如宕机、重启、关机，数据可能丢失、陈旧、出错。如何让系统容纳这些问题，对外保证数据的正确性，需要相当复杂的设计。

② 网络和通信故障。由于网络的不可靠，消息可能丢失、卡住，这给机器间的协调带来了极大的复杂度。像 TCP 等网络基础协议，能解决部分问题，但更多的需要系统层面自己处理。更不用说，开放式网络上可能存在的消息伪造。

③ 管理复杂度。机器数量到达一定数量级时，如何对它们进行有效监控、收集日志、负载均衡，都是很大的挑战。

④ 延时。网络通信延时要比机器内通信高出几个数量级，而组件越多、网络跳数越多，延时便会更高，这些最终都会作用于系统对外服务质量上。

4.5
工业低代码 APP 开发

工业软件广泛应用于我国制造企业研发设计、生产控制、经营管理和服务保障的全生命周期过程，已成为智能制造的关键支撑。但是，工业软件开发也存在着传统开发模式成本高、开发速度落后于需求增速、灵活性差、敏捷性弱等众多实际难题。在此背景下，低代码工业应用开发成为推进工业互联网应用的新兴热点领域，以云原生低代码等为代表的新型数字技术，既能解决效率和成本问题，又能提升对市场变化快速响应的能力。

4.5.1 工业低代码 APP 开发简介

（1）低代码开发平台

低代码开发是通过图形化用户界面、利用少量代码快速开发应用软件的方法。低代码开发平台提供可视化集成开发环境，便于终端用户使用易理解的可视化工具开发自己的应用程序，构建业务流程、逻辑和数据模型等所需的功能和定制化服务。

低代码开发平台可以减轻非软件开发人员的压力，同时也可以帮助软件开发人员提取应用开发过程中的繁琐底层架构与基础设施服务。低代码平台也是一种可视化的"拖拉拽"平台，更是一种具备开放性、可扩展性，允许开发人员编写代码或脚本的平台。

（2）工业为什么需要低代码

① 工业软件开发存在的问题

a. 效率低。软件开发就是为了解决人类社会的效率问题，但传统软件开发效率低下，开发者一直在试图通过新的计算机语言或者开发方式的更新迭代来提升软件开发的效率。

b. 应用程序与实际功能匹配度差。软件开发由于"开发者不用，用者不开发"，因此应用程序与实际功能匹配度差，开发出来的软件总是难以实现真实的业务逻辑，也不能满足企业的开发需求[23]。

c. 软件供给缺口增大。伴随着越来越多的企业推动数字化转型，对于新软件开发的需求高速增加；但是受限于国内软件工程师数量的有限增速，以及传统软件开发门槛高、信息化需求旺盛，软件供给的缺口越来越大[24]。

② 低代码的优势

a. 加速企业数字化转型。在企业数字化转型过程中，企业对云计算的需求不断提高，低代码能通过公有云或私有化部署赋能业务部门，以其高集成度、低编程门槛以及丰富的模板和插件的特点，助力企业快速搭建业务中台，打通系统，加快数字化转型速度。

b. 企业降本增效的有力工具。低代码平台的使用有效降低软件开发成本，可以降低软件开发人员的薪资增长对企业造成的巨大的人力成本，低代码平台降低或去除应用开发对原生代码编写的需求量[8]。开发者通过最少的手工编码和在配置、培训、部署等方面的最低初期投入就可以实现业务应用的快速交付[25]。这大大降低了软件开发行业对开发者的能力要求，从而实现企业人力成本的降低。

c. 低代码平台为开发人员提供高效技术。随着人工智能时代的来临，IT 行业人才缺口较大，低代码平台的出现为开发人员提供了一个具有高技术集成度的开发平台，开发人员只需了解技术的函数实现，掌握项目实现的基础逻辑，通过使用简单逻辑和拖拉拽式的可视化界面就能够进行各种业务的开发，而几乎不需要编写代码即可构建应用程序和流程。

d. 低代码平台能加强开发过程的沟通协作。传统开发模式下，业务、产品、设计、开发、测试与运维人员各司其职，且各有一套领域内的工具和语言，这让跨职能的沟通变得困难、低效。使用低代码开发平台进行开发，上述各类成员都可以在同一个低代码开发平台上紧密配合，这不仅打破了职能沟通障碍，还能通过统一的可视化语言和单一的应用表示，例如页面、数据、逻辑等，轻松对齐项目各方对应用形态和项目进度的理解。

4.5.2 工业低代码 APP 开发原理

（1）低代码 APP 开发的平台架构

从架构分层来看，如图 4-29 所示，低代码 APP 开发平台主要分为应用层、服务层、数据集成层和开发层。其中，应用层是使用工作流组件和低代码平台的各种设计器构建出的逻辑具象表达；服务层则是流程引擎提供的各种构建业务的抽象能力组件服务；数据集成层负责集成和存储异构数据，以供上层操作；开发层提供云端或本地的开发资源。

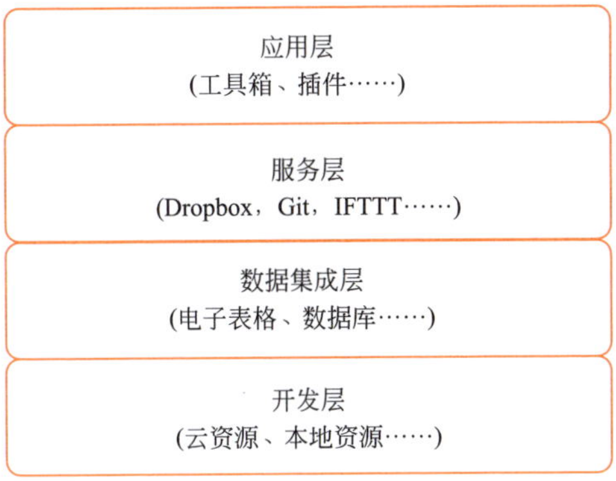

```
应用层
(工具箱、插件……)

服务层
(Dropbox, Git, IFTTT……)

数据集成层
(电子表格、数据库……)

开发层
(云资源、本地资源……)
```

图 4-29　低代码 APP 开发的平台架构

从技术实现路径来说，低代码一般包括表单驱动与模型驱动两种方式。

① 表单驱动：利用表单来定义业务，通过建立多张不同表单模型的方式来区分不同业务，并利用工作流来调度表单、审批表单。使用这类开发平台，以制作表单为切入点，用户操作直观、使用门槛及技术实现门槛低，但各个表单背后隐藏的相关数据表很难形成结构层次关系，如果需要在各个数据表的字段之间整理出客观业务之间的层次及关联关系就十分困难，这也是表单驱动的低代码开发平台在遇到稍微复杂一些的业务就很难实现的原因。

② 模型驱动：基于业务模型驱动开发，通过使用高度抽象的领域业务模型作为构件，完成代码转换实现或各种模型驱动引擎配置支撑，降低开发成本，应对复杂需求变更。模型驱动的基本思想是让开发重心从编程转移到高级别抽象中去，通过模型转成代码或其他构件来驱动部分或整体的自动化开发。这类平台利用云计算技术和模型驱动技术的最新发展，例如平台即服务 PaaS，以及经过验证的软件设计模式和架构，以确保有效和高效地开发、部署和维护所需的应用程序。

（2）低代码 APP 开发的一般流程

低代码 APP 开发从宏观层面拆解，如图 4-30 所示，主要包括数据建模、页面建模、业务建模、权限设置、开放与集成、发布部署等功能模块。

图 4-30　低代码 APP 开发流程

①　数据建模　数据建模通常是应用开发的第一步，是对现实世界各类数据的抽象组织，确定数据库需管辖的范围、数据的组织形式等直至转化成现实的数据库。具体来说，数据建模是将经过系统分析后抽象出来的概念模型转化为物理模型后，在 visio 或 erwin 等工具建立数据库实体以及各实体之间关系的过程。建模过程中的主要活动包括：确定数据及其相关过程，定义数据，确保数据的完整性，定义操作过程，选择数据存储技术[26]。

低代码 APP 数据建模通常是需要提供一套工具或者引擎来支撑业务进行相关的数据建模，一般数据方式有基于表单管理数据对象以及它们之间的关系，另一种模式是基于可视化图表方式来建立数据模型，类似传统数据建模 E-R 图，通过实体、数据结构、枚举等构建低代码 APP 数据模型，可视化定义数据之间的关联关系。

②　页面建模　在低代码平台上，页面建模是指在可视化编辑器中，通过自由拖拽物料和数据绑定等操作完成应用中用户界面的编排，最终完成和数据建模的串联，来完成应用业务需求的过程。

一般低代码平台会提供三态模式：编辑态、预览态、运行态。

a. 编辑态模式，低代码平台提供物料库、拖拽物料编排、可视化配置等功能，支持单表、关联表、树等多种数据结构展示形态，基于组件化结合的思想，通过模板创建或在空白画布通过拖、拉、拽物料的方式，可视化数据绑定，构建复杂页面能力。编辑态用户界面画布与可视化配置双向绑定，配置的内容调整，画布内容会实时更新变化，便于用户快速查看效果并调整。通过页面与页面之间的交互配置，页面之间能够串联起来，最终通过配置导航，将页面能力集合成应用。

b. 预览态模式，是用户编辑页面的最终呈现效果，一般预览页面会开启平台沙箱环境和用户信息，采用运行时渲染能力，将编辑态页面的配置信息通过沙箱的数据转换成可运行的页面。

c. 运行态模式，低代码平台会将编辑态配置的应用发布到指定服务器上，通过容器化服务启动应用，运行时页面与预览态页面在样式上是一模一样的，唯一的区别在于数据是测试数据还是生产数据。

③ 业务建模　业务建模是以软件模型方式描述企业管理和业务所涉及的对象和要素，以及它们的属性、行为和彼此关系，业务建模强调以体系的方式来理解、设计和构建企业信息系统。业务建模的工作主要包括对业务流程建模、对业务组织建模以及改进业务流程等方面[27]。业务建模的方法多种多样，主要有针对数据库设计的实体关系法、面向对象分析与设计方法，以及围绕领域驱动设计方法等。以企业业务为例，业务建模的思路与步骤如下。

第1步：明确业务领域所在的业务体系、在体系中的作用、与其他业务领域的关系；

第2步：明确业务领域内的主要内容、业务目标、服务对象，构建领域内的业务层次；

第3步：明确各业务的背景、目标、内容；

第4步：明确各业务的流转顺序；

第5步：明确各业务节点的六何分析法；

第6步：明确各业务中业务规则的算法；

第7步：明确各业务输入、输出的数据以及参考的资料；

第8步：明确各业务的业务主角与业务配角。

a.可视化业务逻辑编辑器。将传统通过代码编写逻辑方式高度抽象，抽象为很多原子组件以及操作行为，通过这些原子操作和行为排列组合来表达业务逻辑。

以低代码开发平台Mendix为例进行介绍，在Mendix中，业务逻辑编辑器也被称为微流。如图4-31所示，微流由节点和连线组成，一个微流必须且仅能有一个开始节点，可以有多个结束节点。微流的理念相当于Java编程语言中的方法。节点是微流当中最小的逻辑处理单元，节点会根据设置以及变量，执行该节点特有的操作。节点间通过连线交互，连线当中有3个属性，即起始节点名、目标节点名、连线类型。连线类型目前分为成功、异常、真、假、自定义等，从一个起始节点连接出去的连线，连线类型不允许重复。各个节点可以输出变量到上下文环境中，

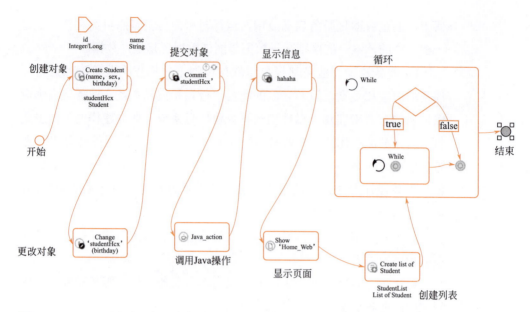

图 4-31 Mendix 业务逻辑编辑器（微流）的工作流程

但是需注意变量名称的使用，当发生变量名称重复时，新变量会顶替旧变量。当一个节点执行时抛出了异常，微流默认回滚并结束执行，用户也可以手动添加异常节点，选择异常发生后的操作类型。每次触发微流时，会生成一个上下文环境对象，该对象可以记录节点的输出变量，定义了节点走向的控制逻辑，也有一些日志和数据库操作等。

b. 工作流。工作流指的是低代码平台提供的一种面向流程的可视化语言，允许用户构建可扩展的流程，适用于编排相对固定的需要指派给人来完成的任务的流程。从使用时序（图4-32）来看，工作流大体分为运行时阶段与定义开发阶段，定义开发阶段主要由用户从自身的业务角度出发以可视化语言对业务进行编排，运行时阶段则是以用户编排的工作流进行真实的业务流转。

工作流的设计主要依赖于开源的 Java 轻量级业务流程引擎 Flowable。工作流在企业管理系统中是高频使用的功能，最常见的场景就是 OA 系统的流程审批，事实上，工作流引擎能支持的业务场景远远不止单据审批，几乎所有涉及业务流转、多人按流程完成工作的场景背后都可以通过工作流引擎作为支撑。基于工作流引擎，可以搭建客户关系管理系统

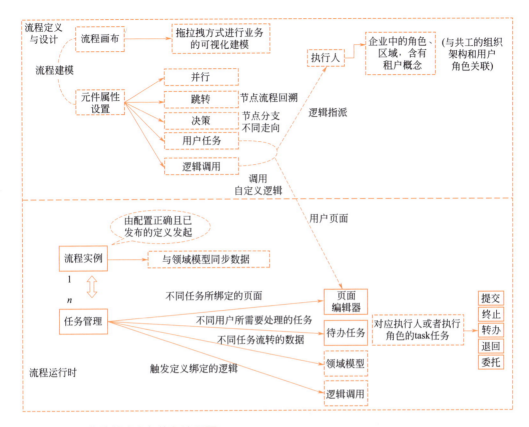

图 4-32 工作流的定义与执行流程图

（CRM）、运输管理系统（TMS）、仓储管理系统（WMS）、财务费用系统等多种复杂业务系统。对于达到一定规模的企业，良好的业务流程管理（BPM）体系可以支持创建公司内横跨不同部门的复杂业务流程，既提高工作效率又可推动企业规范化发展。

工作流引擎为多种应用场景提供不同的服务，低代码平台流程编辑器在结合自身需求与适配其他低代码平台开发工具的前提下提供服务于流程定义开发阶段的服务，包括流程模型的解析与静态数据存储服务、流程的历史流转信息及操作服务、用户认证及操作服务，以及服务于流程运行阶段的服务，包括任务运行流转操作服务、运行时操作及查找服务、动态流程参数设置操作服务。图 4-33 表示目前工作流引擎提供的基础服务，这些服务用于支撑复杂业务逻辑的编排。

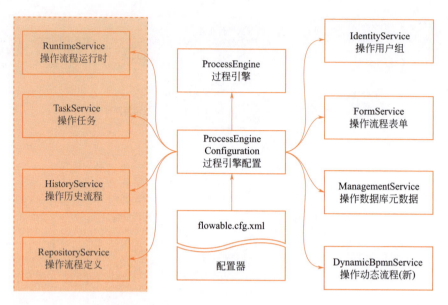

图 4-33　工作流引擎提供的基础服务

c. 表达式语言（公式编辑器）。表达式语言是 Java 中的一种特殊的通用编程语言，它借鉴了 JavaScript 中的 XPath。可以将 Java Web 应用程序嵌入网页中，对页面的上下文进行访问，也可以访问不同作用域中对象属性的值。表达式语言会自动地对得到的数据进行数据类型转换，具有一定的容错性。

例如，微软推出的开源编辑语言 Power Fx，便是一种基于微软 Excel 的强类型、声明性、一般用途的低代码公式语言，具有类似 Excel 里的公式及多种内置函数，比如数学函数、字符串处理函数等，可供比较复杂的计算。图 4-34 是 Power Fx 架构图，其核心思想是将对应各种不同操作封装成函数，通过一次申明多处运行的方式，对于页面元素细化控制颗粒度，提高可操作性。

④ 权限设置　低代码 APP 开发需要考虑的权限包括：多组织分级权限、功能权限、表单权限、流程权限、数据权限等。主流的厂商主要是采用基于角色的访问控制（Role-Based Access Control，RBAC）这种扩展建设，配合公式语法，进而实现深层次表单、流程、数据权限等。如图 4-35 所示，RBAC 权限控制即指用户通过角色与权限进行关联，单

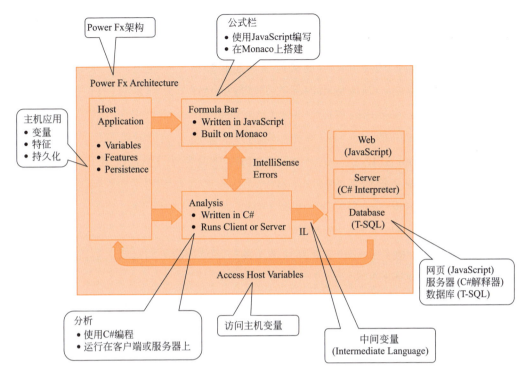

图 4-34　Power Fx 架构图

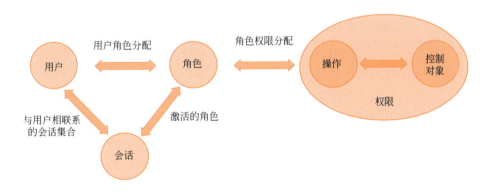

图 4-35　基于角色的访问控制权限管理体系的模型图

个用户拥有若干角色,每一个角色拥有若干权限。因此,就构造成"用户 - 角色 - 权限"的授权模型。在这种模型中,用户与角色之间,角色与权限之间,一般都是多对多的关系[28]。

⑤ 开放与集成　开放与集成也是低代码非常核心的一项能力,低

代码 APP 需要具备能够调用外部 API 和开放 API 给第三方 APP 的能力。

　　基于低代码搭建的 APP 通常需要为业务方去定制数据输出的接口，平台为了让用户可以更快速地构建起数据交互能力，允许用户自定义注册服务，开放应用内部的实体数据允许与外部系统进行交互。目前国外主要采用的数据标准是 Open Data Protocol（OData 协议），它是一个开源的协定，以简单和标准的方法来建造或消除可查询和可操作的 RESTful API。这里的 RESTful API 是指两台计算机系统用于通过互联网安全地交换信息的接口。对于以 Java 语言开发的平台，Apache Olingo 项目提供了一个可用于实现 OData 服务的库。它根据 OData 规范提供诸如 URL 解析、输入验证、内容的（反）序列化、请求调度等服务。OData 服务实现的主要部分是元数据定义、请求的运行时处理以及 Web 基础设施的定义。

　　除了 OData 以外，低代码工具普遍还支持通过 REST 服务实现集成。RESTful API 是一种基于 HTTP 的网络应用程序设计风格和开发方式，可以使用 XML 格式或 JSON 格式定义。RESTful API 适用于移动互联网厂商作为业务接口的场景，实现第三方 OTT 调用移动网络资源的功能，动作类型为新增、变更、删除所调用资源[29]。使用 RESTful 这种统一的 API，来进行定制接口的开放，更便于交互双方的对接。发布一个 RESTful API 接口，将应用的实体和逻辑公开给使用 REST 标准的其他应用程序，在接口内部使用逻辑进行业务的定制。REST 服务分服务端和消费端，通过这种申明方式实现服务之间数据业务协同。

　　⑥ 发布部署　业界常见的低代码平台有三种部署方式，分别为 SaaS 部署、公有云上部署和私有云上部署。

　　a. SaaS 部署方式。绝大多数低代码平台都是从 SaaS 模式开始的，这种模式早期允许用户免费使用，在成熟之后，进行收费。这种 SaaS 低代码平台往往局限在某个领域，比如表单填报，功能受限，目标客户和场景为各种企业的边缘业务和数据需求。SaaS 模式的优点是客户按需采购，但劣势是数据安全、隐私保护以及数据所有权等问题较突出，需要进一步完善和提高。

　　b. 公有云上部署方式。公有云上部署低代码平台既可提供 SaaS 的功能，又可以保证用户对平台、数据等具有所有权。大部分云服务企业提供的全域低代码平台功能全面，客户可自主搭建内部管理系统、客户端小程序 APP 以及数据平台，且有严谨的多租户、权限以及数据归集等机制。

c. 私有云上部署方式。私有云上部署的方式对于政府、国企、体制内事业单位以及其他中大型企业较为适合。相比于公有云上部署，私有云上部署可以将低代码平台更好地结合到企业原本的 IT 技术体系。首先，私有化部署，可以保证客户的数据完全私有，提高低代码平台数据的隐私性和保密性，更加适合政府、军工、科研等信息敏感性高的单位和财务、税务等关注隐私和机密性的场景。其次，私有化部署，可以打通企业原有的信息化架构体系，比如账号中台、消息通知中台、主数据管理等系统，实现系统的完整集成，避免出现新的数据孤岛和影子 IT。再次，私有化部署可以实现数据资产的统一管理。最后，私有化部署，可以方便复用企业原有的监控体系和安全管理体系，以最低的成本提高系统的安全性和稳定性。

低代码 APP 发布流程如图 4-36 所示，应用程序发布之后，先判定是否为第一次发布，如果是第一次发布启动中间件，在启动成功后获取对应的数据库中间件相关连接信息，并上报数据源信息给开发工具，最后执行结构化查询语言文件；反之，如果判定不是第一次发布，则先检查中间件状态是否正常，如果状态失败则重新启动中间件，待启动成功之后，获取对应的数据库中间件相关连接信息并完成后续步骤。待执行结构化查询语言文件成功之后，检查应用状态，若应用停止则启动应用，启动结果成功则结束，失败则停止应用，返回错误信息给开发工具，并移除数据库，返回错误信息给开发工具；如果结构化查询语言文件执行失败，则直接移除数据库，返回错误信息给开发工具。

4.5.3 典型的低代码开发平台

（1）Mendix 低代码开发平台

西门子 Mendix 是一个支持简单、快速地构建及不断改进移动端和

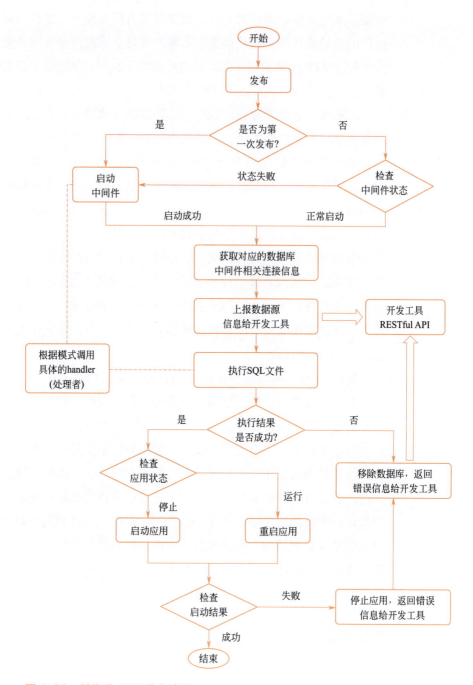

图 4-36 低代码 APP 发布流程

Web 端应用程序的低代码开发平台，其便捷的开发过程、快速的交付能力、简单的操作界面和灵活的个性化创新能力，备受行业用户关注。

Mendix 低代码平台的关键组件如图 4-37 所示，提供包括 Mendix 开发工具专业版和 Mendix 开发工具以及含有数百个公共可用的构建模块的西门子低代码市场，通过工作流、页面、使用数据、微流、安全权限等功能支持，加快应用程序的开发和发布速度。

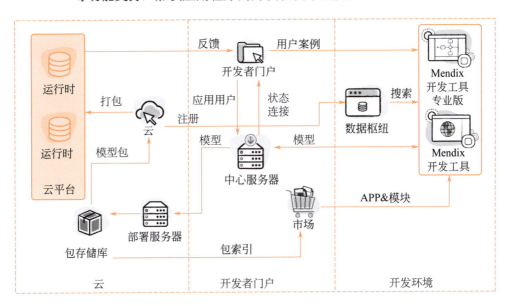

图 4-37　Mendix 低代码平台的关键组件

① 工作流　工作流即低代码开发六大模块中的业务建模模块，是 Mendix 低代码开发平台的一种可视化语言，可让用户构建可扩展的业务流程。工作流与其他可视化语言可以轻松集成，例如微流编辑器和页面编辑器。工作流和微流之间的主要区别在于等待方面——工作流会暂停，直到它从最终用户那里获得输入。例如，员工发送出差请求（触发工作流的开始），然后工作流暂停，直到经理通过单击按钮批准请求。

② 页面　页面即低代码开发六大模块中的页面建模模块，是在页面编辑器中创建和编辑的，用于定义 Mendix 应用程序的最终用户界面。每个页面都基于布局和模板，其中布局是放置页面的框架，每个页面都

基于一个布局。模板则是新页面的起点，每次创建新页面时，用户都可以根据要在页面上显示的数据以及要显示它的方式选择模板，包括列表、仪表盘、表单。根据选择，页面模板上可以包含许多预定义元素，例如带有图像的列表、表单。

③ 使用数据　在 Mendix 开发工具中，可以通过多种方式处理数据。例如，创建自己的数据并在页面和微流中使用它；可以启动应用程序从电子表格上传数据，或使用组织中其他应用程序的数据。在 Mendix 开发工具中使用数据可以分为以下两种。

a. 使用自己创建的数据。在领域模型中创建和管理数据——领域模型是一个可视化编辑器，用户可以在其中处理数据。领域模型是一种数据模型，它以抽象的方式描述应用程序域中的信息。它是应用程序架构的核心。从自己的数据开始——使用 Mendix 开发工具，还可以从自己的数据开始构建应用程序。为此，需要使用电子表格应用程序模板中的应用程序，可以在其中导入 Microsoft Excel 电子表格。电子表格中的数据将自动转换为实体、属性和关联。

b. 使用外部数据。如果用户的组织拥有数据枢纽许可证，可以将组织中其他应用程序的外部数据连接到自己的应用程序并在本地使用这些数据。显示和控制数据——可以通过页面显示数据，并通过微流和页面控制要检索和显示的数据。使用微流，可以检索对象/对象列表。在页面上，可以使用数据容器（数据视图、列表视图或数据网格）和页面上的其他小部件来显示数据。最后，可以使用数据过滤器控制在页面和微流中显示哪些数据。

④ 微流　微流同工作流一样，都是低代码开发六大模块中的业务建模模块。虽然 Mendix 开发工具有很多开箱即用的内置逻辑（例如按钮），但是如果要添加自定义逻辑，则需要创建微流。微流是一种表达文本程序代码的可视化方式。微流可以执行诸如创建和更改对象、显示页面和做出选择等操作。用户在应用程序内定义的微流，可以用于更改或扩展按钮的标准行为，或用于调用其他系统服务、数据库、Web 服务。

微流类似于流程图，在新的微流上，默认会创建一个开始事件和一个结束事件。开始和结束事件由流顺序（带箭头的线）连接，可以在其中添加新事件和活动。

⑤ 安全权限　安全权限即低代码开发六大模块中的权限设置模块，是对平台构建的应用程序进行角色权限定义的地方，Mendix 提供了即时可用的基于角色的用户访问。这是因为 Mendix 中的应用程序由一个或多个模块组成，并且每个模块通常具备功能范围（如物品、客户、订单），同时又是独立的，因此可以在多个应用程序中重复使用。由于应用程序和模块之间的区别，对应用程序和模块两个级别都进行了安全性定义。应用程序级别的安全设置适用于应用程序内的所有模块，而模块级别的设置则特定于每个模块。

（2）Power Apps 低代码开发平台

Power Apps 是微软公司推出的低代码平台，如图 4-38 所示，是一个包括应用、服务、连接器和数据平台的套件，可针对业务需求构建自定义应用。通过使用 Power Apps，可以快速生成自定义商业应用程序，以连接到存储在基础数据平台或各种在线和本地数据源（SharePoint、Excel、Office 365、Dynamics 365、SQL Server 等）中的业务数据，并与微软 Power Platform 平台上的其他功能，如 Power BI、Power automate 等，进行集成。

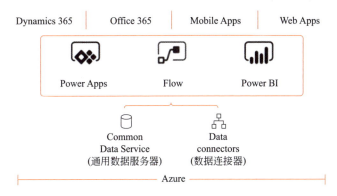

图 4-38　微软 Power Apps 平台架构示意图

使用 Power Apps 构建的应用提供丰富的业务逻辑和工作流功能，将手动业务流程转换为数字化自动化的流程。此外，使用 Power Apps 生成的应用具有响应式设计，可以在浏览器和移动设备（手机或平板电脑）

上无缝运行。Power Apps 使用户能够在不编写代码的情况下创建功能丰富的自定义业务应用，同时还提供一个可扩展的平台，让专业开发者以编程方式与数据和元数据交互、应用业务逻辑、创建自定义连接器，以及与外部数据集成。

Power Apps 是商业应用的高效开发平台，可以创建三种应用。

① 画布应用　画布应用从用户体验开始，借助空白画布设计出高度定制的界面，并将它连接到可供用户选择的 200 多种数据源。用户可以为 Web、移动和平板电脑应用程序构建画布应用。画布应用使用户能够按照所需方式灵活地安排用户体验和界面，让用户充分发挥创造力和商业意识来制作应用程序应有的外观。

② 模型驱动应用　模型驱动应用从数据模型开始，从微软 Dataverse 应用程序中的核心业务数据和流程的模型进行构建，来为窗体、视图和其他组件建模。模型驱动应用会自动生成能够跨设备响应的用户界面。在创建模型驱动应用时，可以借助 Dataverse 应用程序的强大功能快速配置窗体、业务规则和流程，最终实现从 Power Apps 站点创建模型驱动应用。

③ 门户　门户可以为用户创建面向外部的网站，使组织外的用户能够登录应用程序，可以在微软 Dataverse 应用程序中创建和查看数据，或是可以匿名来查看内容。

（3）用友 YonBuilder 低代码开发平台

用友 YonBuilder 低代码开发平台是用友公司 3.0 战略落地的重要载体，以用友 iuap 作为技术底座，以云原生、多租户、模型驱动为基础技术，面向包括原厂开发、ISV 开发、本地化开发、企业自建、个人开发者在内的全生态，提供无代码和低代码的可视化开发能力，实现快速、简单的应用构建。

YonBuilder 低代码开发平台基于模型驱动开发框架，提供可视化的设计器界面，实现对数据模型、页面模型、流程、开放集成等的无代码配置方式开发的能力。同时通过可视化设计器中整合的 YonScript 函数编辑器实现无服务器部署的函数式开发能力。如图 4-39 所示，YonBuilder 低代码开发平台提供的数据建模、页面建模、流程配置、集

图 4-39 用友 YonBuilder 可视化应用构建流程图

成配置、脚本开发、发布管理功能将支持开发人员的无代码配置开发。

① 数据建模　数据建模设计器帮助开发者构建和管理应用中的数据对象,包括实体数据、查询数据、枚举数据等。实体数据是定义应用中数据实体的存储及业务模型,通过元数据提供的服务,开发者只需要操作实体对象,无需关心数据持久化过程中的数据存取、数据同步、读写分离等底层操作。查询数据是提供基于实体数据的关联及合并查询定义,为综合分析页面建模提供数据模型。支持通过关联、合并或通过 YonQL 对象查询语言等多种方式的建模。

② 页面建模　页面建模是提供应用的功能页面设计器。通过统一的协议,实现网页、移动等多端设计及运行的统一。

单据页面支持通过数据模型生成页面,同时支持拖拉拽式的调整页面模型,支持页面相关的规则及后端服务的配置。表单页面从业务过程出发,拖放控件生成页面,发布后反向生成页面对应的数据模型,实现快速的无代码的开发能力。分析页面集成数据中台的分析、报表页面设计能力,基于数据建模提供的实体、查询对象进行报表及分析图表的设计。画布设计通过灵活的自由布局的方式,将元素拖放到画布来设计应用,无需以传统编程语言编写代码。

③ 流程配置　流程配置即低代码开发六大模块中的业务建模模块,该模块支持工作流、业务流、机器人、函数等设计及管理功能;支持低代码单据定义工作流程;支持原厂单据及低代码单据间单据流转;支持通过机器人设置各种自动执行任务。通过函数管理页面建模、流程设计中的函数脚本的管理和维护。

④ 集成配置　集成配置即低代码开发六大模块中的开放与集成模块,

该模块与开放平台对接，应用构建支持在集成配置中进行 API 授权及发布。通过 API 授权，可申请使用 YonBIP、集成三方，或通过应用构建开放的 API。开发者可在函数或代码中调用。通过 API 发布，可以支持通过 YonScript 函数发布为开放的 API 给三方使用。

⑤ 脚本开发　应用构建平台通过 YonScript 脚本引擎提供前端及后端的低代码开发能力。通过页面建模、工作流、业务流等设计器中提供的脚本扩展点，打开函数编辑器来进行脚本编辑、运行调试。通过 YonScript 函数实现业务逻辑的扩展。

函数引擎提供各种基础系统函数功能，包括日志、高精度计算和基于实体数据模型的对象访问。并通过 YonQL 对象查询语言支持对数据的条件查询。此外函数编辑器提供大量通用脚本片段，便于开发者快速开发使用。

⑥ 发布管理　发布管理即低代码开发六大模块中的发布部署模块，该模块在通过应用构建设计器开发完成后，需要将开发的页面发布出来进行测试验证。一方面，支持将应用发布到工作台中应用，同时生成相关的菜单；另一方面，也支持移动端等泛终端页面的发布能力。

（4）雪浪云共工

共工是一款国产化工业 APP 开发平台，基于技术引擎、资源、模型和业务组件，提供工业 APP 全生命周期服务能力，赋能业务人员敏捷搭建工业 APP。共工能够将工业机理、技术、知识、算法与最佳工程实践，通过低代码配置完成封装，解决工业场景单点问题；支持以集群化应用工业 APP 集的方式，集成各 APP 能力，联合计算，解决工业复杂场景问题；通过重用、重构资源库中包含丰富工业知识的资源，快速完成工业 APP 开发，实现工业知识的流通与共享。

① 核心功能　共工面向工业领域，可覆盖工业软件全生命周期，充分集成雪浪 OS 算盘、虎符等产品的功能优势，帮助制造业打通工业知识价值链的最后"一公里"，产品包括九大核心功能。

a. 持续集成：借助版本管理工具，实现开发 APP 代码版本管理，构建工业 APP 的 BizDevOPS；

b. 云原生：构建和交付可移植、可伸缩且具有弹性的应用程序，支持在线/离线多环境部署；

c. 多端体验：支持 PC、PAD、移动端等多种 UI 呈现方式，为用户提供卓越的体验；

d. 数据集成：支持集成多种数据源、工业通信协议、消息中间件等，可扩展；

e. 人工智能：拥有智能应用程序，拥有海量 AI 组件，无缝连接 AI 和认知服务；

f. 超级自动化：整合逻辑编排、流程编排、RPA、ML，将人员、数据和系统整合在一起的应用程序提供端到端的流程自动化；

g. 工业 APP 星链：支持 APP 远程版本升级、构成 APP 星链，实现业务协同、群体发现、群体智能，让业务更智能；

h. 丰富工具箱：提供 NewBOM 智能分析服务工具箱、供应链仿真优化工具箱、离散仿真工具箱、流程优化工具箱、智能设计工具箱、通用工具箱等，为不同行业与场景提供智能解决方案；

i. 丰富工业资源库：共工提供海量工业 APP 模板与组件，围绕销售、采购、库存、生产、质量、模具、设备、精益、产品、财务等业务流程，用户只需简单修改即可快速搭建专属的工业 APP。

除此之外，为了方便企业用户高效地开发 APP，共工还支持多人协作进行搭建。

② 架构组成　雪浪共工低代码开发平台架构图如图 4-40 所示，包括管理系统、数据中心、开发工具、运行环境等。

a. 管理系统。对于平台来说，随着系统的复杂性上升，一个完整的管理系统是非常重要的，它需要统一管控系统的基础信息与权限控制。共工的平台管理主要是用户信息、工作空间、企业应用，以及不同空间下的用户权限的信息统一管理。管理系统即低代码开发六大模块中的权限设置模块。

b. 数据中心。数据中心作为产品内外集成以及协作重要的归口，管理数据连接类型，包括数据源以及数据使用权等。数据中心即低代码开发六大模块中的开放与集成模块。

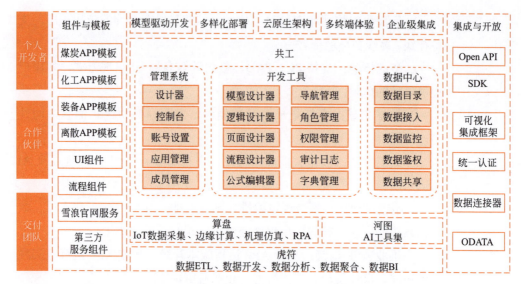

图 4-40　雪浪共工低代码开发平台架构图

c. 开发工具。开发工具包括领域模型、页面编辑器、逻辑编辑器、工作流编辑器四大核心组件，其业务模型之间关系如图 4-41 所示。

领域模型是一种数据模型，它以抽象的方式描述应用程序中的信息构成，定义支持应用程序运行的数据结构。它是应用程序体系结构的中心。领域模型即低代码开发六大模块中的数据建模模块。

页面编辑器主要采用基础组件作为基石，通过组件的堆叠搭建出页面。页面编辑器主要由组件库、SDK、配置面板和画布组成，通过导航配置将应用的菜单配置出来，运行时通过获取导航配置找到对应的页面进行渲染。页面编辑器即低代码开发六大模块中的页面建模模块。

逻辑编辑器定义应用的一系列行为，比如修改数据、删除数据、查询数据、打开页面等，并且提供了图形化的展现形式，来让用户更直观地去操作、定义这些行为。逻辑，只能在服务器端运行，一般而言，它需要搭配页面编辑器去使用，比如某一个页面需要通过查询后台数据来展现网页内容时，可通过配置数据源为逻辑，来完成数据的查询、返回、展现。

工作流编辑器定义的工作流是共工的一种面向流程的可视化语言，主要包括决策、并行、跳转、结束、用户任务、调用逻辑六个基础组件，

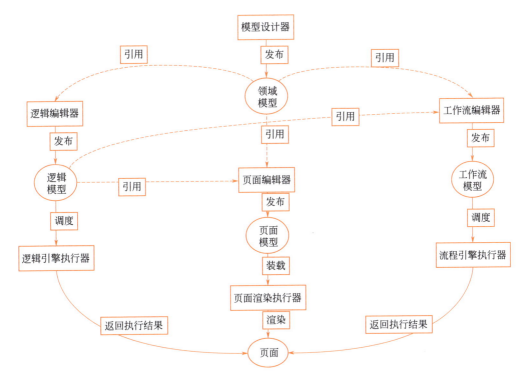

图 4-41 开发工具业务模型关系

可以用它来构建可扩展的流程。此外它还与其他低代码可视化语言完全集成,例如逻辑编辑器和页面编辑器等。工作流除了可以完成常规性的任务流程,还能实现跨 APP 任务调度以及围绕数据状态流转相关任务调度,具备完善的任务监控、任务追溯、任务流程优化等能力。

d. 运行环境。运行环境即低代码开发六大模块中的发布部署模块,雪浪共工平台主要支撑包括 Windows、Linux、单机环境、集群环境、容器化等各种场景的部署模式。

4.5.4 工业低代码的应用场景

(1)低代码面向的工业业务

低代码适用的工业业务可以分为工业物理性应用和工业经营性应用。工业物理性应用的"物理性"是指"物理实体的科学规律",是以研发工具为主,如计算机辅助设计、计算机辅助工程、电子自动化设计或者流程模拟等应用。根据企业的业务流程可以分为厂房设计、基于模型的系统工程、教学和实验室、制造过程和产品服务五大过程。

① 厂房设计　厂房建设以及设备安置与民用建筑类似,但仍有很多不同之处,需要使用独特的应用来完成。一类是专门面向建筑、工程设计和施工(AEC)的三维设计应用,包含了建筑、结构、水暖电等,一般用来设计民用建筑、基础设施,以及工厂的建筑和结构;另一类应用是面向专业的领域,如石油化工、电力和海事(PPM)等。

② 基于模型的系统工程　基于模型的系统工程是支撑复杂工业品开发的一种方法论和系统观,是以模型化的描述方法,重写一遍系统工程的传统模型。与传统系统工程的最大区别是"以模型为中心",取代了传统的"以文档为中心",以及全过程虚拟验证。

③ 教学和实验室　地球化学模拟应用被广泛应用在环境地球化学、油气地球化学等学科,用来模拟复杂的地球化学反应过程。

④ 制造过程　对待全球化之下的制造,需要具备全局构思和全球视角。无论是设计创新,还是国际化布局,抑或是工厂现场力驱动,都离不开工业物理性应用。正是无处不在的工业物理性应用,让制造过程可以在数字空间中提前模拟进行。制造全过程包括大物流规划、生产线布局、现场机器调试等相关应用。

⑤ 产品服务　产品服务往往与嵌入式软件有密切关系。嵌入式软件是跟终端设备密切捆绑的一类软件,通常随着产品一起销售出去。这类软件的行业跨度很大,而且已经与机、电、液压等融合紧密。例如,常见的控制系统PLC,就是一个嵌入式系统。随着边缘计算和泛在连接的发展,嵌入式操作系统可以更好地实现边缘智能和机器端决策,嵌入式软件是高端装备的重要组成部分。

工业经营性应用指的是工业企业运营管理相关的应用。比如,企业资源计划(ERP)、生产制造执行(MES)、仓储管理系统(WMS)、质量管理系统(QMS)等,都是典型的工业经营性应用。

(2) 低代码面向的用户群体

① IT技术人员　IT技术人员是软件开发的主力军。进入低代码时

代后，IT技术人员依然是软件开发的主力，也是低代码平台的主要用户群体。低代码技术在现有软件工程方法论的基础上，使用可视化和代码自动生成技术，减少了大量重复性工作，让IT技术人员将精力集中在更具创造性的领域，通过更快的交付速度，更智能化的软件应用，显著提升用户的满意度。

② 业务人员　低代码更低的学习门槛，让业务人员具备一定的软件开发能力，进一步扩充软件开发力量，加速信息化建设。在低代码技术被命名之前，国际知名的研究机构就提出了"业务开发者/平民开发者"的概念。此概念与专业开发者对应，专指那些向业务部门汇报而开发能力用来辅助业务发展的员工。这些人和向IT部门报告的专业开发者不同，他们的主要工作职责是业务发展，软件开发只是一个辅助性工作。在传统的编码开发时代，业务开发者较为少见，有能力从事辅助性软件开发的业务人员主要集中在数据分析师、软件公司的程序员（程序员的主要工作是开发软件产品或对外交付软件项目，而不是辅助性的软件工具）等具备编程能力的人群。而低代码技术的出现，让更多的业务人员可以成为业务开发者，比如构建订单管理应用的销售主管、人事档案系统的HR、库存盘点APP的库管人员等。

参考文献

[1] 武利军. 融合媒体云平台PaaS层探析[J]. 数字传媒研究，2017, 34(10): 52-54, 62.

[2] 工业互联网产业联盟. 工业APP白皮书（2020）[R]. 北京：中国信息通信研究院，2020.

[3] 毕小红, 刘渊, 陈飞. 微服务应用平台的网络性能研究与优化[J]. 计算机工程，2018, 44(5): 53-59.

[4] 王洪亮，穆龙新，时付更，等. 分散存储油气生产动态大数据的优化管理与快速查询[J]. 石油勘探与开发，2019, 46(5): 959-965.

[5] Boyle M. Collabrary Shared Dictionary v1.0.17 - Programming Paradigm and Wire Protocol [EB/OL]. (2003-01-30)[2022-08-24].https://grouplab.cpsc.ucalgary.ca/grouplab/uploads/Publications/Publications/2003-Collabrary.Report2003-731-34.pdf.

[6] Taibi D, Lenarduzzi V. On the Definition of Microservice Bad Smells[J]. IEEE Software, 2018, 35(3): 56-62.

[7] 谭锋. Spring Cloud Alibaba微服务原理与实战[M]. 北京：电子工业出版社，2020.

[8] 李从磊. 面向微服务的公共事业信息服务开放平台的设计与实现 [D]. 绵阳：西南科技大学，2017.

[9] 程永涛. 移动边缘计算环境中计算服务迁移策略优化设计与实现 [D]. 北京：北京交通大学，2020.

[10] 浙江大学 SEL 实验室. Docker 容器与容器云 [M]. 2 版. 北京：人民邮电出版社，2016.

[11] 王振樯，蔡旭. 新形势下的智能制造发展展望与对策建议 [J]. 智能制造，2018(6): 36-39.

[12] 任秋扬. TCL 集团品牌营销策略优化研究 [D]. 长沙：湖南大学，2020.

[13] 周晓然. 运用大数据管理技术助力小微企业融资的研究 [D]. 北京：北京邮电大学，2020.

[14] 张长军. 新零售行业数据质量管理研究——以 A 公司为例 [D]. 北京：北京邮电大学，2020.

[15] 韩嫕，展祎萌，李义彪. 央视网的融媒体数据中台实践 [J]. 现代电视技术，2019 (6): 90-93, 48.

[16] 刘荷花. 基于 ETL 的系统模型研究与开发 [J]. 火力与指挥控制，2012, 37(7): 179-182, 187.

[17] 李英楠. 基于 Hive 的购销数据仓库系统的设计与实现 [D]. 重庆：西南大学，2020.

[18] 唐文笙，张亮，程登，等. 基于 kettle 的车机大数据清洗方案 [J]. 电子测试，2022, 36(12): 81-83.

[19] 李志强. 基于 Struts 框架和 Ajax 技术的汽车租赁管理系统设计与实现 [D]. 郑州：解放军信息工程大学，2008.

[20] 杨普. 基于多层开发架构下的工作流引擎在协同软件中的设计与实现 [D]. 成都：成都理工大学，2009.

[21] 骆金维，曾德生，潘志宏，等. 基于大数据平台的教学资源共享系统访问量实时统计 [J]. 智能计算机与应用，2018, 8(3): 148-153, 157.

[22] 贾育. 基于演于构件的软件复用方法 [D]. 北京：中国科学院研究生院（软件研究所），2002.

[23] 郭卫丹，刘宗凡，邱元阳，等. 深入评析低代码开发平台 [J]. 中国信息技术教育，2021 (11): 80-86.

[24] 谯涵容. 无代码开发平台完成近亿元融资 [J]. 计算机与网络，2021, 47(20): 10-11.

[25] 马蓉蓉. 基于可视化建模技术的低代码赋能电力行业数字化转型平台 [J]. 云南电力技术，2022, 50(3): 21-24.

[26] 袁永龙，高寒雨，赵松. 新形势下提升情报研究能力的探索 [C]// 中国核科学技术进展报告（第七卷）——中国核学会 2021 年学术年会论文集第 8 册（核情报分卷）. [出版地不详]：[出版者不详]，2021: 201-205.

[27] 吴迪. 论业务建模对完善 BOSS 系统的重要作用 [J]. 声屏世界，2011 (7): 67-68.

[28] 高磊，陈意，花胜强. 基于移动平台的水电管理信息系统研究 [J]. 水电自动化与大坝监测，2013, 37(4): 71-75.

[29] 张皓，叶飞. 油田企业承包商动态管理系统设计与实现 [J]. 现代信息科技，2021, 5(21): 139-141, 145.

Digital Wave
Advanced Technology of
Industrial Internet

Key Technologies
of Industrial Internet

工业互联网关键技术

第 5 章
工业互联网 SaaS 层

随着分布式集群、微服务、低代码开发等技术的发展,软件授权和交付的模式逐渐从线下转为线上,出现了软件即服务(SaaS)的模式。基于 PaaS 层服务和 SaaS 的软件授权模式,工业 APP 是将工业中的技术知识软件化形成的工业应用程序。本章介绍工业 SaaS 的技术和特点,工业 APP 关键技术、开发流程和应用实例,以及工业 APP 生态体系建设等相关内容。

5.1
SaaS 概述

随着云计算的日益普及,软件即服务(SaaS)这一软件授权和交付的运营模式在工业互联网中得到了广泛的应用。SaaS 的出现重新定义了工业互联网领域中服务提供商和客户间的关系,使得 SaaS 具备了独特的属性和特点。本节围绕 SaaS 的定义和特点进行介绍,回顾 SaaS 的发展历程,总结 SaaS 的发展现状,并简要列举工业互联网中 SaaS 的代表产品。

5.1.1 SaaS 定义

SaaS 本质是一种软件授权和交付的运营模式,用户基于订阅获取软件的访问权,其中软件位于外部服务器上。在 SaaS 模型下,企业客户无需购买、维护或安装软件及硬件,直接通过客户端或网页即可使用软件。因此,SaaS 应用程序又被称为"基于 Web 的软件"。

SaaS 通过因特网向外界提供服务,服务提供商不用再为每位客户提供单独的服务器以及部署独立的软件,而是将应用软件统一部署在自己的服务器上,利用多客户技术实现客户的灵活性租赁和按需定制。在共享资源节约成本的同时,SaaS 服务供应商为确保所有客户的服务与客户签订服务水平协议(SLA),并满足不同客户的服务质量需求[1]。

SaaS 提供完整的软件解决方案,客户可以从云服务供应商处按现收现付的方式购买解决方案。大多数 SaaS 应用程序可以直接通过 Web 浏览器运行,这意味着不需要下载或安装客户端,只需要租用一个应用程序，通过 Internet 即可使用服务，减轻了客户内部 IT 人员的负担，从而以最低的前期成本快速启动并运行应用程序[2]。

5.1.2 SaaS 主要特点

（1）Internet 在线服务性

客户通过 Internet 随时在线访问所需软件和功能，实现 SaaS 服务面向客户。Internet 在 SaaS 模式实现和 SaaS 服务中具有重要作用。

（2）按需租赁性

SaaS 以租赁的形式向多个客户提供服务。客户可以通过较低的成本获得整个软件新产品或软件许可证。使用 SaaS 服务的形式可以是年、月、日甚至论次租赁，这极大地降低了软件服务的硬件和软件的使用成本。

（3）资源共享性

SaaS 模式中提出了多客户概念。客户通过 SaaS 模式可以共享基础设施和 SaaS 服务，还可以根据需求选择多种业务。

（4）网络访问性

基于 SaaS 在线访问功能，提供强大的网络支持，使客户能够使用多种方法访问 SaaS 服务，以保持高效、快速的网络访问。

（5）按需自配置性

SaaS 提供自助式服务，客户不需要直接与提供者交互，可以直接根据自己的需求进行配置或设置功能。

（6）灵活可拓展性

SaaS 软件具有自动、快速拓展和快速发布的特点，其供应能力是无限可拓展的。

（7）高安全性

SaaS 软件本身的"托管"功能使客户能够满足自己更加严格的信息安全要求，必须采取多种先进技术和措施来确保 SaaS 软件的数据和信息安全[3]。

（8）服务特性

严格来讲 SaaS 是一种商品，具有明显的服务属性，可以根据实际需求租赁特定的 SaaS 服务,并将租赁费交付给相应的运营商。交费的数额取决于订购时间和订购软件的数量[4]。

5.1.3　SaaS 发展现状

(1) 国外发展现状

国外 SaaS 的研究起步于 20 世纪末期,产生了 ASP(应用服务提供商)技术,出现了软件托管外包的概念,这就是 SaaS 的前身。所谓 ASP 技术,就是利用网络进行商业应用服务解决方案的配置、租赁和管理,来提供应用服务给商业和个人。随着网络技术的发展,在线软件服务商提出了 SaaS 的新概念,可以让客户在世界上大部分国家获得软件服务。

早在 2014 年,互联网巨头(如亚马逊、IBM、微软等)先后加大对云计算的投入,资本大量入场,SaaS 在这个阶段获得了快速的发展。2015 年后,美国企业级 SaaS 已经进入成熟期,行业标准规范、商业盈利模式、应用技术水平都已成熟。目前,国外企业级 SaaS 服务已经日趋成熟,相关技术不断创新、不断完善成熟,应用范围不断扩张,所搭载的产品和服务也在不断增加,并且更加深化。国外的 SaaS 企业的数量日益增多,比较著名的有 SaaS 行业开创者 Salesforce、人力资源公司 Workday、IT 服务提供商 ServiceNow 等;世界级企业,如 Google、Adobe、Microsoft 等,也提供了许多的 SaaS 服务。

综合来看,SaaS 已经成为全球科技领域最为关注的产业方向之一,SaaS 产业仍处在快速发展的过程中,产品以及业务模式不断创新,行业竞争格局和产品应用场景日新月异,并产生了新的市场机会。

(2) 国内发展现状

相较于国外 SaaS 产业,中国 SaaS 行业起步较晚,萌芽于 2004—2005 年,2010 年前后正式起步,经历了前期摸索式发展,2016 年后随着企业对"云"的认知不断提升,对 SaaS 的接受度不断提高,SaaS 产业掀起了一轮新的风潮,国内 SaaS 市场进入发展快车道。

之后国家相继出台了多项政策文件,进一步带动国内 SaaS 和相关行业向上发展。国家政策的积极引导和大力扶持是 SaaS 行业发展的有力保障，对于 SaaS 及其上游产业 IaaS 和 PaaS 的发展具有良好的推动作用。

中国信息通信研究院统计数据显示，2012 年中国公有云 SaaS 市场规模仅有 28.1 亿元，到 2018 年，中国公有云 SaaS 市场规模已达 145.2 亿元，较 2017 年增长 38.5%。但站在全球视角下，国内的 SaaS 市场还有待进一步发展[5-7]。

5.1.4　SaaS 代表产品

在面向智能制造的 SaaS 服务市场中，核心业务类型可以分为企业管理数字化领域、产品创新数字化领域和 IT 基础架构领域这三大类。

① 企业管理数字化领域　涵盖支撑企业业务运营的各类管理类 SaaS 软件，包括 CRM、SCM、ERP、OA 等。

② 产品创新数字化领域　支撑制造企业进行研发创新的工具类和平台类 SaaS 软件，包括 CAD、CAE、CAPP、EDA 等工具类 SaaS 软件和 SaaS PDM/PLM 软件，以及相关的专业软件，如浏览器、三维模型库、知识管理等。

③ IT 基础架构领域　提供 IT 服务管理、云管理平台、高性能计算等服务的 SaaS 软件。

按照以上分类方法，相关智能制造领域企业级 SaaS 代表产品如表 5-1 所示。

表5-1　智能制造领域企业级SaaS代表产品

大类	小类	主要厂商/产品
企业管理数字化	CRM	八百客、销售易、红圈营销、外勤 365 等
	ERP/ERM	金蝶、用友等
	OA	明道、泛微、企明岛等
产品创新数字化	PDM/PLM	达索、西门子、神舟软件等
	CAD	参数公司、华天软件、天喻软件等
	CAE	适创科技、云道智造、中船奥蓝托等
IT 基础架构	IT 运维	神州数码、骞云科技、国津 Ahoovad 等
	高性能计算	北鲲云超算 SaaS 版等

5.2 工业 APP 概述

各种各样的工业 APP 是由工业技术知识数字化、软件化形成的。工业 APP 的出现填补了现代工业在工业技术知识数字化方面的不足，开启了全面数字工业时代。本节介绍工业 APP 的定义和特点，分析工业 APP 与传统工业软件的区别，总结工业 APP 的国内外发展现状。

5.2.1 工业 APP 定义

工业 APP 是一种特殊的工业应用程序，是工业技术知识的载体。与典型的移动 APP 不同，工业 APP 是工业领域的应用程序，具有明显的工业应用属性，面向工业领域的设计、生产、制造、运营维护等特定业务场景，而移动 APP 主要应用于消费者领域或服务业。

工业 APP 是承载工业技术知识、经验和规律的形式化产业应用程序，是工业技术软件化的主要成果。工业 APP 本质是工业互联网平台上的应用程序。工业互联网平台为工业 APP 提供了必要的环境支持，工业 APP 支撑了工业互联网平台智能化应用，是工业互联网平台的价值出口。

工业 APP 是工业软件发展的一种新形态。传统工业软件是紧耦合单体式架构，承载的是工业通用知识，多以成套的方式出售，如 CAD、CAE、MES 等。工业 APP 以特定的知识为导向，将专业知识和经验封装成可重复使用的组件，进行组合和传播，独立完整地表达一个或多个特定功能，解决特定问题。

工业 APP 的类别可以从三个维度划分。按照适用范围的维度，包括面向基础材料、零部件、工艺和技术等的基础共性类，面向具体行业及其细分行业的行业通用类，面向企业专业和工程技术的企业专用类，以及其他类；按照业务环节的维度，包括研发设计类、生产制造类、运维服务类和经营管理类；按照知识来源的维度，包括面向业务管理、流程管控、信息流转等的业务信息化类，面向业务各环节所产生数据的挖掘、分析、处理等方法的数据分析类，以及面向特定应用场景工业经验和机理的知识建模类[8,9]。

5.2.2 工业 APP 的特点

工业 APP 借鉴消费 APP 方便灵活的特性，又承载工业技术软件化的理念；作为工业软件的新形态，其不仅具有软件的特性，同时依托平台也具有生态化的特征。工业 APP 的特点介绍如下。

（1）工业技术要素的载体，承载特定工业技术知识

工业 APP 是工业技术要素的载体，在工业 APP 中封装了具有特定功能和解决特定问题的流程、逻辑、数据流、经验、算法、知识、规律等工业技术要素，工业 APP 固化了这些技术要素。每一个工业 APP 都是一些特定工业技术要素结合特定应用场景的集合与载体，这一特征赋予工业 APP 知识的属性[1]。

（2）特定应用性，解决特定问题

工业 APP 所承载的工业技术知识只解决具体的特定问题，表达一个或多个特定的功能，具有典型的特定适应性。而工具软件和工业软件的功能通常具有普适性，可解决一大类相似的问题。例如，齿轮设计 APP 只承载解决某种类型的齿轮设计问题的具体工业技术知识，而不是几何建模这种通用的技术与知识。

（3）小轻灵，可组合，可重用

工业 APP 目标单一，只解决特定的问题，不考虑功能普适性，因此每一个工业 APP 都非常小巧灵活，不同的工业 APP 可以通过一定的逻辑与交互进行组合，解决更复杂的问题[1]。

（4）依托平台，可移植

工业 APP 从概念提出到开发、应用，以及生态的构建与形成，都是基于平台开展的。生态的建设需要社会化力量共同努力，平台既可以提供工业 APP 生态快速建设的基础，又可以减少每一个 APP 开发过程中重复地进行基础技术开发和基础资源构建的工作，降低工业 APP 开发的

门槛,还可以通过平台来统一规范与标准,实现工业APP的广泛重用。

(5)轻代码化

工业APP需要一个非常庞大的生态来支撑,要求让掌握了工业技术知识的广大工程技术人员尽量都能参与到工业APP生态建设的进程中。所以,工业APP的开发主体一定是工业人而不是IT人。这就要求工业APP的开发要在图形化的环境中,通过简单的操作和定义,如拖、拉、拽等来完成,没有代码或者只有少量代码。

(6)可解耦/可重构

工业APP具有组件化的特点,边界和接口明确,使得工业APP可以不被紧耦合约束到某一个具体的应用软件中,与其他的应用程序或APP通过接口交互实现松耦合应用。

(7)集群化应用

对于复杂的工业问题,可以通过问题分解将复杂问题变成一系列单一问题,每一个单一问题由对应的工业APP来解决,通过将多个边界清晰、界面清晰的工业APP按照一定的逻辑和交互界面进行系统组合,工业APP集群化可以解决更复杂的系统性问题。

5.2.3 工业APP与工业软件

工业软件不仅包括传统工业软件,还包括云化工业软件、工业APP等新形式的工业软件。传统工业软件可以通过云化迁移转化为云化工业软件,也可以通过APP转化成工业APP集合。工业APP与工业软件的主要区别介绍如下。

(1)目的不同

工业软件是解决一个或多个问题,满足一个或多个需求的抽象工业应用程序,通用于各种应用场景。工业APP是解决特定问题,满足特定场景下特定需求的更具体的应用。

(2)本质不同

工业APP是工业技术知识、实践经验、工业运行规律的载体。工业APP本质上具有知识属性;而工业软件提供人们应用工业知识、实践经验与规律的支撑框架,是通用工业原理、基础建模、计算、仿真、控制与执行等要素的集合，不以提供具体的工业技术知识为主[1]。

（3）体量不同

工业 APP 具有小、轻、灵的特征；而工业软件需要独立提供全面的要素（建模、数据库等），体量大。

（4）开发模式不同

工业 APP 开发轻代码化，可以由个人完成。不需要大量代码工作，通过简单的拖、拉、拽等操作和定义完成工业 APP 开发，便于工业人沉淀工业知识；而工业软件通常需要大量代码开发工作，通常由一个组织协同完成。

（5）开发主体不同

工业 APP 以工业人为主，可以是个体，也可以是组织（工业人对工业技术知识的表达）；而工业软件则是 IT 人 + 工业人（IT 人对工业技术知识的软件表达），其通常是多人协作或者一个组合。

（6）建模能力不同

工业 APP 具备通用的数学建模能力，缺乏专业的领域建模引擎，通过调用专业引擎完成专业领域建模；而工业软件则是具备专业的领域建模引擎，可以完成复杂的创造性模型构建。

综上所述，工业 APP 具有典型的"知识"属性，工业软件具有明显的"工具"属性。虽然工业 APP 与工业软件有明显的区别，但工业 APP 往往需要与工业软件一起使用，才能在实践中取得更好的效果。

5.2.4 工业 APP 发展现状

（1）国外发展现状

国外的工业发展理念以及创造理念相较于中国而言比较先进，对工业的重视程度也更高，工业互联网与工业 APP 的研发相对来说也比较早。

工业互联网能够在制造业数字化、网络化、智能化发展过程中对制造业本身及相关产业产生强大的吸附力，从而影响全球制造业的布局。欧美等国际领军企业围绕"智能机器 + 云平台 +APP"功能架构，整合"平台提供商 + 应用开发者 + 海量用户"等生态资源，对工业领域 APP

进行大规模开发和使用，并在长期应用过程中取得了大量收益。以西门子、博世、ABB等为代表的大型制造业企业和APP解决方案提供商，依据工业4.0的体系标准，结合实际应用需求，研发、推广各类工业APP，加快实现工业4.0体系建设的脚步。例如西门子以MindSphere为契机，封装工业领域APP，切入工业数字化服务领域[1]。

综上所述，欧美制造强国争夺下一代制造业主导地位的核心，是以工业互联网为平台，依靠工业APP占领未来工业领域的高端价值链，将全球制造企业纳入其框架和新的工业体系中。

（2）国内发展现状

国内工业APP起步较晚，但在国家和各级政府的政策引导下，工业APP的体系规划与布局已经基本完成，工业APP也得到了快速的发展。

工业互联网平台定位于工业操作系统，是工业APP的重要载体；另一方面，工业APP则支撑了工业互联网平台的智能化应用[1]。国内行业巨头企业基于深耕自身所在行业的多年经验，挖掘行业特性，将知识封装成工业APP解决企业自身问题，包括研发设计、生产制造、经营管理和运维服务等全生命周期的各个阶段。例如，中国航发集团商发公司基于民用航空发动机研发设计体系，将工业APP作为今后企业数字化转型的关键，构建了完整的民用航空发动机研发APP体系，经过几年的积累，已经开发出航空发动机研发设计不同专业领域的600多个工业APP支撑发动机研发设计；航天四院九部结合火箭总体设计业务需求，整理总结开发出快舟火箭总体设计APP集支撑快舟系列火箭总体设计。

综上所述，国内工业APP起步较晚，但在国家和政府相关政策的支持下发展态势良好，具有较大的发展潜力[10,11]。

5.3
工业APP开发

工业APP融合了工业技术知识和信息技术，其开发和一般的APP有所不同。工业APP的开发需要工业人和IT人协作完成，因此需要不同于一般 APP 开发的技术架构和关键技术。本节介绍工业 APP 开发特有的技术架构和相关技术，阐述工业 APP 的开发流程。

5.3.1 技术架构

工业 APP 开发实现了工业技术与信息技术的融合，工业 APP 既具有工业属性，又具有软件属性，因此，工业 APP 开发需要 IT 人和工业人共同完成，其技术架构如图 5-1 所示。

IT 人负责前端开发和后端服务等纯 IT 技术；懂工业的 IT 人通过组件化开发环境和工具包，实现基于前后端开发技术的工业软件接口与适配器组件、驱动器开发业务组件、模型组件等业务组件开发，实现工业技术与信息技术的融合，并基于业务组件提供面向工业人的低代码工业 APP 开发环境；工业人在低代码开发环境中实现工业技术知识快速转化为工业 APP。

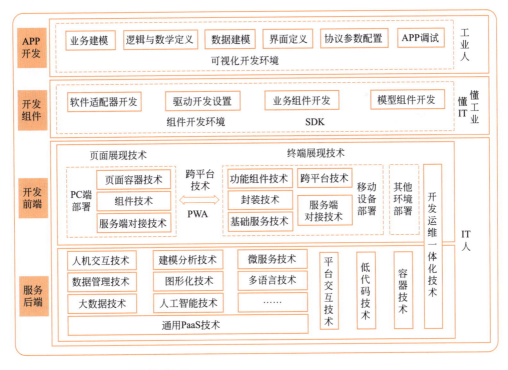

图 5-1　工业 APP 开发的技术架构

5.3.2 关键技术

工业 APP 的开发，既要充分利用现有的工业软件和硬件，又要使工程人员的开发难度降低。工业 APP 开发具有可视化、低代码的特点，是把专业技术人员的知识和技能转化为"小"的、可重复调用和快速执行的应用程序。在微服务体系结构的基础上，将工业领域的机理、算法、知识等，以及信息化系统进行拆解和集成封装，构成多个工业微型服务单元组件，并利用"拖拉拽""所见即所得"的可视化编程和软件代码自动生成，支撑工业 APP 的开发和应用。因此，工业 APP 开发需要采用以下关键技术[12]。

（1）微服务：工业互联网架构技术变革的关键

微服务是指将一个复杂的应用分解为多个单一功能组件，并以模块的形式结合起来，以"松耦合"的形式进行应用开发的一种软件架构。功能组件又被称为微服务组件，具有独立性、可部署性的特点。每个微服务组件可以根据自身的业务逻辑选择最合适的开发部署形式。

基于微服务架构，可以将传统单体式架构庞大、冗杂的业务系统，微服务化成多个轻量化、松耦合的组件，如身份认证、消息推送等组件模块。系统开发团队将从传统的技术开发转向更加注重功能性的组织架构，开发人员集中精力开发、维护和部署单一或多个微型服务组件，以实现业务系统的敏捷开发和灵活部署。

（2）低代码技术：图形化编程手段的应用

面向工业领域技术人员，将接口、数据库、编码过程等都实现图形化，采用简单的拖、拉、拽等便捷操作方式，从而降低工业 APP 开发专业难度，有效解决 IT 和 OT 融合的工业难题。在面对特定领域的业务时，通过便捷的操作和快速的指令，轻松完成面向业务内容的开发，降低对软件开发知识的要求。

（3）可扩展性：丰富的 API 接口和 SDK 包

工业 APP 的开发需要提供丰富的 API 接口和多种开发语言环境的 SDK 包，提高代码的复用率，降低工业 APP 开发重复性工作量，实现高效率开发和快速集成。

5.3.3 开发流程

工业 APP 完整的开发流程包括知识特征化定义环节、APP 实现环节、APP 交付应用环节以及优化迭代环节。其中，知识特征化定义环节是基础，工业 APP 作为工业技术知识的载体，只有具备结构化、显性化、有效的工业技术知识，才具备形成工业 APP 的基础；APP 实现环节是技术实现手段，即用信息化、轻代码化以及可视化手段实现工业技术知识沉淀与封装；交付环节是对 APP 实现结果的验证与确认，以确保工业 APP 具有解决特定问题的能力和可用性，为应用环节提供准备；应用环节是 APP 的重用与价值复现；优化迭代环节是 APP 在应用中不断完善优化的过程。

（1）知识特征化定义环节

知识特征化定义的输入包括工业 APP 开发计划、相关技术资源、质量要求等。知识特征化定义的输出包括知识特征化定义策略，以及显性化和结构化表达的知识特征化定义结果、知识内容描述、知识特征模型等。在知识特征化定义过程中，需要各种专业技术人员、技术文献以及各种模板工具来支撑知识特征化定义过程的梳理与表达。具体步骤如下。

① 对象与目标的确定 知识特征化定义的第一步就是要确定对象，界定要解决的问题范围，明确工业 APP 要达成的目标。

② 解析对象机理知识 解析对象机理知识是知识特征化定义的第二个步骤，在确定对象、问题范围与目标后，接下来需要解析这个对象在所选择的问题范围内的运行原理与机理，这是对象运行与工作的基础。

③ 过程梳理 知识特征化定义的第三步是过程梳理，梳理对象设计/实现/运行过程是对解析对象机理知识流程的补充与完善，通过对原理、机理的外在表现形式的分析，以及影响因素的发掘，可以为下一步流程活动抽取特征要素提供基础。

④ 抽取特征要素 抽取特征要素是知识特征化定义过程中关键的一项流程，该流程的目的是要对梳理的机理知识、梳理的对象设计/制造/运行过程中的各种工业技术知识进行特征化表达。在这一流程中，

需要对解决该对象特定问题的因素进行列举，分析相互之间的逻辑关系，分析不同因素的敏感性，构建知识特征模型。

（2）APP 实现环节

针对工业 APP 开发的特殊性，需要专业的工业 APP 开发平台来支撑工业 APP 的实现。工业 APP 的开发实现主要包括以下流程。

① 定义业务逻辑　定义业务逻辑的目的是根据知识特征化定义环节中梳理完成的 APP 封装对象，完成其研发、设计、制造或运维过程中的各种业务逻辑描述，定义其完整的业务逻辑。当一个工业 APP 解决某一个特定问题时，往往需要将其分解成多个步骤，每个步骤之间的业务逻辑，包括过程中的迭代、分支、数据交互形式等，需要在本活动中使用统一的业务建模环境来定义完成。

② 定义特征要素逻辑　定义特征要素逻辑就是完成特征化建模。其主要目的是从知识的特征化定义环节中抽取各种特征要素，这些特征要素取决于特定对象以及它的特定目标，紧接着定义这些特征要素之间的逻辑关系，构建出特征要素逻辑模型以及算法模型。

③ 定义数据交互　定义数据交互的目的是根据特征要素逻辑模型相关的算法，明确各特征要素之间数据的交互以及数据交互形式。此外，定义数据交互也可以用于多个工业 APP 之间进行数据的传输。

④ 定义交互界面　大多数工业 APP 在运行过程中都包含了人与 APP 之间的交互，为了实现人机交互的方便与高效，通常都会将需要交互的关键特征要素提取出来，定义到图形化界面中，以实现快捷的人机交互。

（3）APP 交付应用环节

工业 APP 实现后，需要对工业 APP 的实现结果进行验证评估，确认实现的工业 APP 是否达成了最初的开发目标，是否解决了特定的问题，并评估工业 APP 的质量。通过验证评估后，再将工业 APP 进行交付应用。

（4）优化迭代环节

工业 APP 的优化迭代是工业 APP 生命周期流程的迭代应用。通常，优化迭代过程是工业 APP 在投入应用后，根据用户所反馈的问题对工业 APP 的持续改进与优化过程。优化迭代环节的主要内容包括：

① 根据体系或标准的调整对工业 APP 的整体架构进行调整；

② 从整体上对工业 APP 进行组合优化；

③ 进一步精炼工业 APP 所承载的知识，完善 APP 所承载知识的特征要素，迭代演算 APP 用到的算法；

④ 对工业 APP 人机交互界面、更多使能工具封装、开放性与通用性、可用性以及价值等方面进行迭代优化。

5.4 工业 APP 应用

智能制造是指具有信息自感知、自决策、自执行等功能的先进制造过程、系统与模式的总称。具体体现在制造过程的各个环节与新一代信息技术的深度融合，如物联网、大数据、云计算、人工智能等[13]。

工业 APP 作为工业软件发展的一种新形态，利用新一代信息技术和人工智能技术，可将工业机理、技术、知识、算法与最佳工程实践按照系统化组织、模型化表达、可视化交互、场景化应用、生态化演进等原则相结合，提高企业智能化水平，促进装置健康管理能力和生产运营效率，成为解决企业痛点问题、助力传统产业加快转型升级、新兴产业加速发展壮大的必然选择。在面向智能制造的应用场景中，工业 APP 具有广泛的应用前景。

本节围绕智能制造中的智能设计、智能生产和智能运维等典型应用领域，聚焦联合仿真、模型降阶、智能调度、排产预演、实时优化、设备诊断等典型应用场景，分析相关工业 APP 应用的背景和需求，介绍工业 APP 的主要功能和应用价值。

5.4.1 面向智能设计的工业 APP

（1）联合仿真 APP

① 背景和需求　仿真分析是智能制造的设计过程中非常重要的一部分，目前大多数仿真都是通过专业领域软件模拟特定专业领域的模型

系统。机电一体化系统越来越复杂，液压、电子、控制、多体等多科学和多子系统特性的系统越来越多。此时，单子系统模型分析已不能满足产品设计的仿真要求，需要多子系统和多学科联合仿真。联合仿真指在不同的工具中对机电一体化系统的子系统建模，使用不同的联合仿真方法将每个子系统模型合并到一个仿真中并复用。

但是，现有的仿真软件由于本身的体系，相互连通性弱，设计问题往往只反映在物理样机的测试中，从而大大降低了设计效率，增加了设计成本。因此，应在工业互联网平台基础上开发轻便、易于操作的联合仿真APP，降低联合仿真技术的应用阈值。

② 主要功能和应用流程　根据参与计算的求解器的不同，联合仿真可分为协同仿真（Co-simulation）和模型交换（Model Exchange）两种类型。Co-simulation指主程序同时调用辅程序的模型和求解器，即联合的双方用各自的求解器求解各自的模型，一边求解一边相互交换数据；而Model Exchange指主程序只调用辅程序的模型而不调用其求解器，即辅程序将模型全部输出（Full Export）到主程序，由主程序求解器运算，辅程序求解器不参与运算[14]。协同仿真Co-simulation因具备优良的计算速度和成功率，适合大型复杂系统的联合仿真，在实际中应用较多。

基于工业互联网平台融合机理、模型和工业知识开发联合仿真APP，核心功能包括异构仿真服务、协同控制逻辑、仿真结果可视化和仿真接口组件，如图5-2所示。

a. 异构仿真服务：提供仿真运行的环境，进行仿真的启动和每一步结果的输出。

b. 协同控制逻辑：对多种仿真软件的结果输出进行统一管理，保证输出结果同步。

c. 仿真结果可视化：提供丰富的仿真结果可视化功能组件，具备输出曲线图等功能。

d. 仿真接口组件：支持不同仿真软件的接入，包括Simulink接口组件、Abaqus接口组件和Fluent接口组件等30余种组件。

③ 价值和应用成效　在混合动力汽车动力源分配中，如何对其分配进行优化是提高整车能量效率的研究方向，搭建精确、合理的仿真模

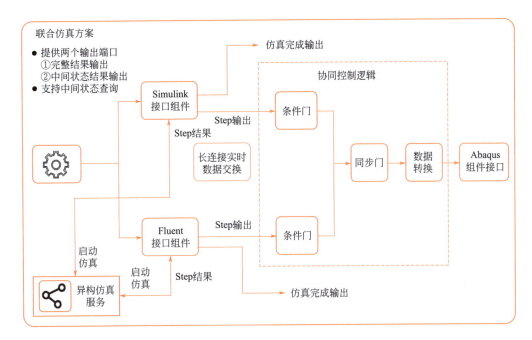

图 5-2 基于工业互联网的联合仿真 APP

型对能量管理策略的研究有重要意义。文献 [15] 提出了搭载新型复合功率分流式动力系统的混合动力汽车基于 AMESim 和 MATLAB 的联合仿真平台。其中，整车物理模型在 AMESim 中实现，包括整车基本参数，发动机、电机、变速箱和动力学模型；逻辑控制模块在 MATLAB 中实现，包括电机与发动机转矩、锁止器与离合器和挡位控制信息。该仿真平台在 WLTC 和 NEDC 工况下进行验证，结果显示 WLTC 工况下油耗 6.76L/100km，电耗 0.1661kW·h/km；NEDC 工况下油耗 5.2L/100km，电耗 0.1342kW·h/km。

（2）模型降阶 APP

① 背景和需求　模型降阶方法是设计优化、智能运输和优化控制应用中常见的手段，它将随时间推移变化的多维物理过程用低维的近似描述处理代替，达到减少计算维数、减少计算量、节省计算时间和负荷的效果。

仿真分析是智能设计的重要阶段，虽然计算机的处理速度和存储能力在不断提高，但始终无法满足越来越复杂的工程与科学问题对计算能力的需求。对于结构静力分析，可以建立规模很大、网格很密的有限元模型，但对于结构动力分析方面，一方面其计算量要比静力分析大几个量阶，另一方面包含太多细节的有限元模型会给分析动力学整体性能带来干扰。因此在结构动力分析领域，通常需要通过模型降阶 APP 构造简化模型来提升动力分析效率，并获得足够精度的动力响应，实现高效的工程应用。

② 主要功能和应用流程　模型降阶的核心环节包括数据准备、降阶模型训练、降阶模型使用。数据准备环节主要包括仿真参数的配置、仿真接口的调用、仿真结果数据后处理等；降阶模型训练环节主要包括训练数据的选取、降阶模型的训练和模型训练结果展示环节；降阶模型使用环节主要包括传感数据的采集和预处理、模型内参数配置、仿真结果后处理等。

基于工业互联网平台融合数据、模型和工业知识，开发模型降阶 APP，包括数据接口、仿真接口、结果可视化、优化算法、模型管理等功能，如图 5-3 所示。

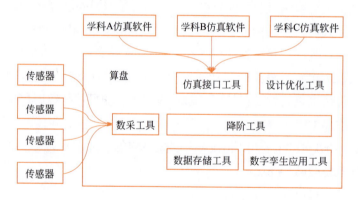

图 5-3　基于工业互联网的模型降阶 APP

a. 数据接口：用于数据的输入、传感器数据的采集和预处理、相关仿真数据存储等。

b. 仿真接口：支持多仿真软件的结果输入，进行数据预处理后输入到模型降阶工具中。

c. 结果可视化功能：提供丰富的仿真结果可视化功能组件，具备输出曲线图、网格仿真分析图等功能。

d. 优化算法：包含单目标/多目标即插即用优化算法组件，实现多样化的求解方法与高效求解效率。

e. 模型管理：支持机理模型和数据模型接入和管理，支持模型并行计算，极大地提高求解效率。

③ 价值和应用成效　模型降阶 APP 的应用场景涵盖热力学、流体力学、动力学和化学等。如运载火箭、火车车厢和高层建筑等大型梁式结构的动力学性能分析中，其计算工作量非常大，需要对动力模型进行降阶处理。运载火箭的液体推进剂的质量占箭体总质量的 80% 左右，对运载火箭结构的动力学特性有着重要影响，对液体推进剂的合理模拟是箭体结构动力学建模的重点。文献 [16] 采用实体降阶法，通过合理定义实体单元的材料属性来模拟液体推进剂。与传统的集中质量法相比，可在操作简洁性更优的同时，保证低阶频率的相对变化均在 8% 以内。

（3）优化标定 APP

① 背景和需求　对于物理系统建模和仿真，部件或子系统通常包含许多难以直接测量的参数，如摩擦系数（Friction Factor）以及设备上某部件的质量，在不拆卸设备的前提下很难测量，因此通过模型标定使用易测量参数对难测量参数进行数值标定，使得模型能够准确计算难测量参数。模型标定也称为参数估计，优化过程以最小化仿真结果与测量值之间的误差为目标，估计相关核心参数。通过计算模型仿真结果变量和相应测量指标变量各测量点误差的平方和，使用最小平方和作为模型验证和优化标准。利用该值的最小化作为参数校正的目标，可以快速获得物理系统的最佳参数。

② 主要功能和应用流程　基于工业互联网平台融合数据、模型和工业知识开发优化标定 APP，主要功能包括数据导入、数据前处理、标定配置等，整体架构如图 5-4 所示。

a. 数据导入：提供数据的导入，支持多种格式的数据输入，包括 CSV、mat 等格式。

b. 数据前处理：包括缺失数据自动补全、低通滤波降噪等功能。

c. 标定配置：具备标定参数选择、测量/模型对应、误差算法配置、

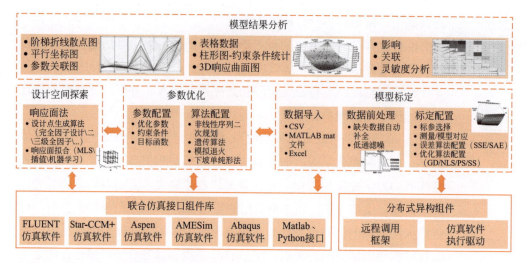

图 5-4　基于工业互联网的优化标定 APP

优化算法配置等。

③ 价值和应用成效　多能源电动车辆至少具有 2 个动力源，控制策略较复杂，因此控制策略参数优化标定系统对参数开发周期及成本具有重大影响。要提高控制策略的开发效率，须对参数标定方法、标定效果的评价指标、台架标定试验等进行深入研究。

文献 [17] 利用 Isight、dSPACE 等工具，基于优化算法的自主寻优能力，以综合评价指标为目标函数，开发了多指标归一化的电动车辆自动优化标定系统仿真平台。采用基于 CAN 总线的 CCP 协议将优化后的参数标定至整车控制器，控制试台架进行验证。试验结果表明，标定后综合评价指标提高了 11.84%，综合油耗降低了 8.65%；动力性指标均有所提高，0～50km/h 加速时间缩短了 0.9s，最高车速 15km/h 时的最大爬坡度分别提高了 4.8km/h 和 1.4%，验证了电动车辆参数自动优化标定系统实时仿真平台的有效性和可靠性。

5.4.2　面向智能生产的工业 APP

（1）智能调度 APP

① 背景和需求　调度问题的基本目标是"如何把有限的资源在合理

的时间内分配给若干个任务，以满足或优化一个或多个目标"。生产调度的对象与目标决定了这一问题具有复杂特性，其突出表现为调度目标的多样性（多目标性）、调度环境的不确定性和问题求解过程的复杂性。

a. 多目标性。生产调度的总体目标一般是由一系列的调度计划约束条件和评价指标所构成，在不同类型的生产企业和不同的制造环境下，往往种类繁多、形式多样，这在很大程度上决定了调度目标的多样性。

b. 不确定性。在实际的生产调度系统中存在种种随机的和不确定的因素，如加工时间波动、机床设备故障、原材料紧缺、紧急订单插入等各种意外因素。

c. 复杂性。多目标性和不确定性均在调度问题求解过程的复杂性中得以集中体现，并使这一工作变得更为艰巨。

调度问题的复杂特性，制约着相关技术的应用与发展，使得该领域内寻求有效方法的众多努力长期以来难以完全满足实际应用的需要；而智能调度技术的出现，为解决调度问题提供了新的方法[18]。

② 主要功能和应用流程　基于工业互联网平台，融合数据、模型和工业知识，开发线边库/缓存库调度 APP，如图 5-5 所示，该智能调度 APP 可根据生产计划、在产节拍、线边库库存容量，实时计算线

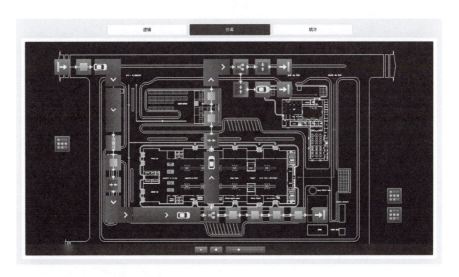

图 5-5　基于工业互联网的智能调度 APP

边库物料短缺情况，并按需求自动呼叫自动导引车（Automated Guided Vehicle，AGV）进行搬运任务，提高产线智能化程度。此外，对于汽车行业，工厂仿真与实时优化系统可对其平面缓存库进行智慧调度，选取最优的锚点规则库组合，智能调度缓存库的进出车顺序，实现车间之间的动态排产，并进一步计算、分析缓存库的各项关键指标，通过提前预警来规避堵塞风险，辅助车间实现精益生产。

③ 价值和应用成效　基于工厂仿真与实时优化系统对物流小车的路线规划进行仿真，避免新增的物流轨迹与原有物流轨迹干涉，保证运输通畅，提高物流小车利用率；根据仿真结果，可进一步对比真实物流情况，分析物料准时情况及物流异常原因，针对痛点解决。

（2）排产预演 APP

① 背景和需求　在汽车生产制造的过程中，汽车零部件的组成种类繁多，对于组织生产工作来说，就有着非常精细化的要求。及时的物料供给是组织生产的前提，而对于混流生产线上的多种产品，制定合理的排产顺序是保证作业平滑运行的基础。因此制定排产顺序是生产计划中一项十分重要的工作，排产问题也成为了人们研究的热点问题。基于工业互联网平台的排产预演 APP 能够通过数字化技术，将生产过程中的物理实体转变为数字模型，根据历史数据以及随客户需求而改变的参数，对生产过程进行模拟、控制、验证和预测[19]。

② 主要功能和应用流程　基于工业互联网的排产预演 APP，主要功能包括生产计划预演与分析、物料齐套验证、物料缺口预警等应用模块，其中，物料缺口预警系统如图 5-6 所示。

a. 生产计划预演与分析。通过内置组件模拟工厂的生产线布局、设备配置、生产制造工艺路径模型，输入每日排产计划（待制订单）与产线在制订单，通过仿真生成预演报告。

b. 物料齐套验证。提供物料齐套检查功能，依据事先定义的齐套检查规则，快速构建库存、采购订单与生产订单、半成品生产订单与成品生产订单、成品生产订单与销售订单之间的消耗关系，对参与排产的生产订单进行分析。

c. 物料缺口预警。基于排产计划与生产系统仿真，提供物料匹配计

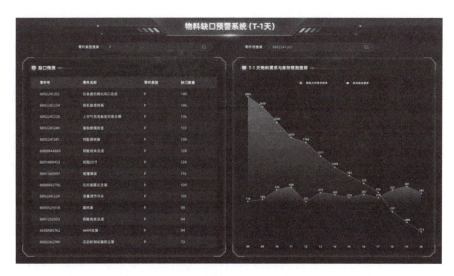

图 5-6 基于工业互联网的物料缺口预警系统

算策略配置/自定义，按既定策略进行物料缺口预测，提前进行预警，支持多种预警方式配置，及时规避因缺口造成的停产或中途订单调序的风险。

③ 价值和应用成效　该排产预演 APP 应用于某汽车生产制造企业，实现了以下价值和意义。

a. 分析、评估和验证日常生产计划：快速识别系统运行中可能出现的问题和风险，及时调整和优化，减少后续生产运行阶段对物理系统的更改和返工次数，从而降低成本，缩短时间，提高效率，避免成本浪费。

b. 生产计划所需物料配套的可执行性验证：物料缺口预警系统基于生产计划仿真的实时预测进行物料匹配，及时按订单顺序预测库存缺口，提前规避缺料带来的生产故障，采取锁车等方式规避相关风险。

c. 生产计划健康评价：使管理者对每日生产计划的健康度一目了然，并对历史记录进行多生产计划比对，便于对排产、调序、单线体优化等过程进行反馈优化。长期来看，将降低生产成本，提升产能。

（3）装配图谱 APP

① 背景和需求　知识图谱是将客观世界实体间的复杂关系信息进行结构化处理，将信息与信息之间构建联系形成知识，从而让人更容易

得到自己想要的知识。知识图谱按照作用对象划分可以分为通用行业知识图谱和垂直领域知识图谱。知识图谱不仅在知识搜索、推荐方面起到了不可替代的作用,更在装备制造业等垂直领域发挥了巨大的作用[20]。

产品装配是产品生产周期的最后环节,决定着产品的性能。随着产品复杂度与质量要求的不断提高,装配环节在机械产品生产周期中的重要性日益凸显。产品装配知识是在实践中不断总结形成的具有参考意义的产品设计制造信息资源,复杂产品的装配工艺设计及实施往往都是基于历史产品装配知识进行的。

因此,知识图谱可以作为产品装配领域一种有效的数据组织方式,基于工业互联网平台构建装配图谱APP,将装配环节涉及的所有知识资源通过知识图谱进行表达,形成统一的知识数据底层资源,可以为装配知识的共享、检索和推荐提供有力的技术支撑。

② 主要功能和应用流程 基于工业互联网的产品虚拟装配知识图谱APP如图5-7所示,系统主要由虚拟装配人机交互模块、知识图谱管理模块、知识推荐模块三部分构成。

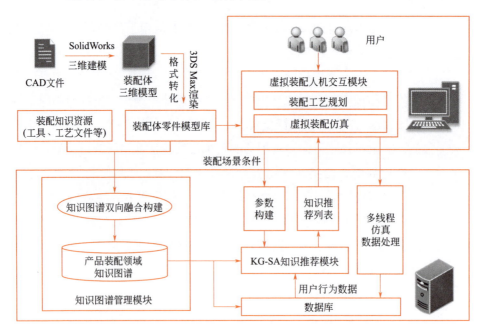

图5-7 基于工业互联网的装配知识图谱APP

a. 虚拟装配人机交互模块主要包括装配工艺规划和虚拟装配仿真功能。用户可以通过参考企业历史装配工艺文件并进行在线交流，拟定装配工艺顺序。虚拟装配仿真功能中的装配对象来自装配体零件模型库。

b. 在知识图谱管理模块中，系统加载数据库中存储的装配知识资源数据、装配体零件模型库中虚拟装配零件三维模型的各类信息数据，通过知识图谱双向融合构建模型，构建产品装配领域知识图谱。

c. 知识推荐模块结合人机交互模块获取的装配场景条件参数、用户装配知识历史行为数据以及知识图谱构建模块数据，生成推荐列表。知识推荐模块与人机交互模块通过网络进行远程通信。

③ 价值和应用成效　通过装配知识图谱 APP 为装配人员在装配过程中提供知识支持，并根据装配场景和知识图谱提供个性化的知识推荐，有助于提高装配人员生产装配效率。

文献 [21] 采用装配知识图谱 APP 为装配技术人员进行丝杠螺母副装配提供指导，根据系统的装配场景参数和知识图谱，通过基于知识图谱和场景的知识推荐算法计算得到知识推荐列表，根据装配知识项，装配人员可知应采用杠杆百分表测量电动机支座与轴承支座对于滚珠丝杠安装孔的同轴度，并保证同轴度误差小于 0.02mm；采用游标卡尺测量滚珠丝杠与导轨平行度并保证误差小于 0.02mm，以顺利完成滚珠丝杠螺母副的装配任务。

5.4.3　面向智能运维的工业 APP

（1）工业实时优化 APP

① 背景和需求　实时优化（Real-Time Optimization, RTO）是一类实时调控过程运行性能的闭环优化方法，保证装置运行指标最佳。在流程行业生产控制类工业软件中，实时优化处在衔接计划调度和先进控制的关键环节，在生产负荷、原料属性、设备性能和市场价格等发生变化时，自动优化关键操作变量的设定值，保证工业装置经济效益、能耗、环境影响、碳排放等运行指标最优。

在大量使用 DCS 的生产装置中，虽然复杂控制（串级控制、比例控制、前馈控制、均匀控制等）和模型预测控制等先进控制系统在一定程度上满足了自动化生产的需求，但随着过程工业大型化、连续化的发展趋势和日益加剧的竞争压力，对过程控制的品质和精益生产提出了更高的要求。因此，迫切需要应用实时优化技术，实时调控操作条件，降低能耗物耗，提高装置的智能运行水平和企业的市场竞争力。

② 主要功能和应用流程　实时优化技术的核心生产过程优化问题的构建，包括优化目标、约束条件和决策变量三要素。优化目标有经济效益、装置能耗、环保指标等顶层需求，约束条件包括产品质量、收率、设备处理能力、公用工程限制等，决策变量根据实际的优化问题确定，包括加工负荷、操作压力、温度、生产周期等。

基于工业互联网平台，融合数据、模型和工业知识，开发实时优化APP，包括数据接口、稳态检测、优化引擎、优化算法、模型管理等功能，如图5-8所示。

a.数据接口组件：支持多种通信协议和数据类型接入，平台数据总线为各个功能组件提供准确的数据。

b.稳态检测组件：判断当前工况是否处于稳态区间，用于后续优化计算。

c.优化引擎组件：定制目标函数，配置优化算法参数，实现优化算法、过程模型和计算资源的高效部署。

d.优化算法组件：包含单目标/多目标即插即用优化算法组件，实现多样化的求解方法与高效求解效率。

e.模型管理组件：支持机理模型和数据模型接入和管理，支持模型并行计算，极大提高求解效率。

按照图形化、拖拽式的开发模式，根据需求选择不同的功能组件，简单、高效地搭建实时优化系统。数据接口组件集成OPC、Modbus等常用通信组件，从DCS、LIMS、其他数据库获取过程数据并将数据返回DCS系统或与其他平台交互，同时提供实时数据库，对过程数据进行集中管理和应用；稳态检测组件判断流程是否处在稳态，决定是否执行优化；模型管理组件可以调用外部过程模型；优化组件可以调用外部优化算法、求解器或通过二次开发优化求解功能求解优化问题获得最优

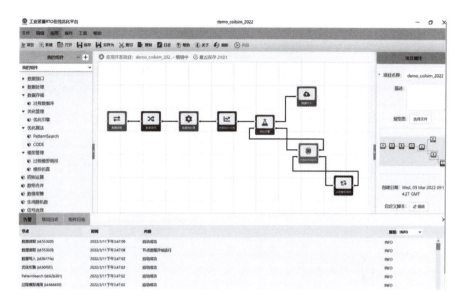

图 5-8　基于工业互联网的工业实时优化 APP

决策。优化完成后,最优结果通过 OPC 接口回写到 DCS,使生产过程保持在最优状态。

③ 价值和应用成效　实时优化工业 APP 的应用范围包括石化、化工、钢铁、建材、有色等典型流程行业。典型应用场景如炼油常减压装置、催化重整、S_Zorb,乙烯装置裂解炉、精馏塔、加氢反应器和全流程,煤化工装置苯加氢、煤气精制过程,水泥生产原料粉磨、熟料煅烧过程等。实时优化技术应用后,通过实时调整决策变量,提高目标产品收率,降低过程能耗,实现了节能减排,提高了效益和运行效率。

以乙烯装置裂解炉为例,介绍实时优化 APP 的应用成效。乙烯装置是石油化工的龙头,提供 75% 的基础化工原料,裂解炉是乙烯装置的核心部分。裂解深度实时优化流程如下:实时优化系统从 DCS 获取裂解原料属性数据和裂解炉运行数据,应用裂解产物收率预测模型预测目标产品收率,在满足生产约束的条件下,优化出目标产物收率最大化情况下的操作条件,并将最优操作条件下达到先进控制系统执行,保证裂解炉运行效益最大化。在某大型炼化企业乙烯装置应用后,高附加值产品收率提高了 0.213 个百分点,经济效益显著提升[22]。

（2）装置性能评估 APP

① 背景和需求　现有的面向大型装置智能运维的性能评估中，设备产生的信息和数据无法相互关联，存在着大量的信息孤岛，生产管理工作协同困难；缺乏实际有效的长期数据积累，数据挖掘困难，基于设备性能分析的生产优化也不可能实现。而传统工业软件又存在体量巨大、不同软件间协同通信困难、不可多层级解耦、难以对海量数据进行处理等问题，亟须基于工业互联网平台开发装置性能评估 APP。

② 主要功能　基于柴油机系统和数字孪生技术提出柴油机性能动态评估框架，如图 5-9 所示，主要包含柴油机性能虚拟模型、物理空间感知系统、面向性能评估的孪生数据和性能评估等 4 个模块，各模块的功能介绍如下。

a. 虚拟模型模块：通过在虚拟空间中创建柴油机运行过程的振动、噪声及热动力性能仿真模型和基本三维模型，反映柴油机的真实运行状态信息。

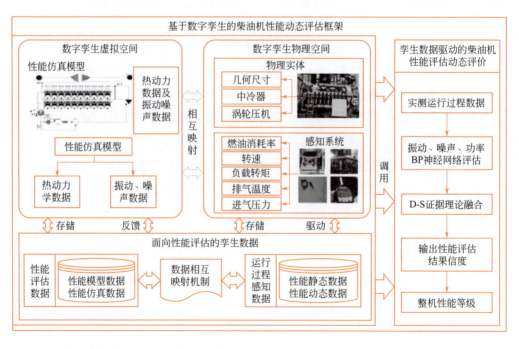

图 5-9　基于数字孪生的柴油机性能动态评估框架

b. 物理空间感知系统：在物理空间中对柴油机实体运行过程中产生的数据进行采集，获取柴油机运行过程中的多源异构数据，用于更新虚拟模型和预测性能指标。

c. 孪生数据模块：该模块数据包含性能评估数据和运行过程感知数据，以及二者之间的映射机制，主要为性能评估模块服务，是基于数字孪生技术驱动的柴油机整机性能评估的核心。

d. 性能评估模块：利用孪生数据对柴油机整机的性能状态进行动态评估。

③ 价值和应用成效　以对船用柴油机整机性能状态的实时评估为例[23]，通过构建柴油机数据感知传输网络，联通柴油机物理状态与虚体模型间的数据交互，基于虚拟模型和孪生数据，采用神经网络算法对柴油机性能进行预测评估，实现了对船用柴油机整机性能的评估。结果表明，采用数字孪生技术在提高柴油机整机性能评估效率的同时，能保持较高的精度，满足船用柴油机整机评估的实际工程要求。

（3）设备故障诊断APP

① 背景和需求　传统的故障诊断方法主要有时域分析法、频域分析法和时频域分析法，主要通过采集少量信号，通过信号分析来进行故障诊断，这种方式只适合少量数据，并且依赖于经验，已经无法适应海量数据的分析要求。随着工业信息化的发展，工业生产制造过程中产生的数据呈几何级增长。通过深度学习的方式可以自动提取出轴承振动序列信号特征，并且对海量数据特征进行学习，生成预测模型，从而进行故障分析诊断。

工业互联网在故障诊断方面可以充分发挥工业大数据利用价值，在产业制造业和社会经济发展中发挥积极作用，已经成为未来工业的发展趋势。因此，基于工业互联网平台，构建实时故障诊断APP成为亟须解决的关键问题。

② 主要功能　基于工业互联网平台融合数据、模型和工业知识，开发设备故障诊断APP，包括数据接口、故障预警与可视化、实时故障诊断、智能算法分析等功能，如图5-10所示。

a. 数据接口功能。需要根据数据特点，设计关系模型与数据库表进

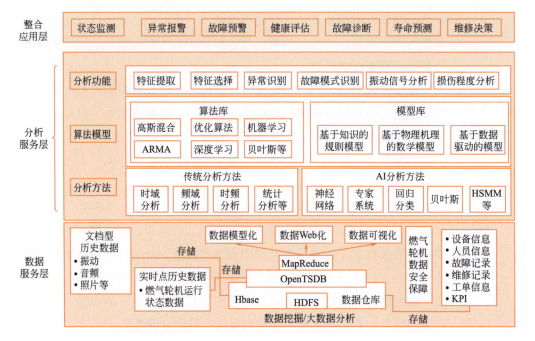

图 5-10　基于工业互联网的设备故障诊断 APP

行数据存储，同时支持多种通信协议和数据类型接入，平台数据总线为各个功能组件提供准确的数据。

b. 故障预警与可视化功能。当机械设备发生故障时，传统的处理方式是需要有丰富的相关经验的人员去逐步定位排查分析故障类型，但是这种方法不仅效率低，而且严重依赖相关技术人员，维护成本也会很高。如果能实时显示轴承的运行状态，当发生故障时候能够显示并且通知相关人员，这样即使经验不丰富的人员也能很方便地对故障进行及时处理。

c. 实时故障诊断功能。通过实时故障诊断，及时发现故障并且解决故障能够大大提高企业的生产效率，减少安全事故的发生。

d. 智能算法分析功能。采用机器学习、深度学习等方法能够充分挖掘海量监测数据中的信息，最大限度保证设备安全高效运行。

③ 价值和应用成效　文献 [24] 建立基于工业互联网的船用燃气轮机故障诊断 APP，实现了模型和数据混合驱动的故障诊断。模型驱动的方

法以故障机理为基础，融合模型在线修正、多种算法模糊决策融合、特征参数估计等，对传感器故障、燃气轮机故障进行诊断。通过数据驱动的方法构建复杂信息网络，对机组故障进行特征提取，并根据不同燃气轮机故障特征选择有效的分析方法进行诊断。通过建立故障预警系统，依据历史数据建立各参数变化与故障损伤的概率模型，结合当前运行参数，进行健康状态判断、趋势分析与异常情况自动报警，降低了运行维护成本。

5.5 工业 APP 生态体系建设

工业 APP 生态体系建设是一个长期的过程，需要发挥制度优势，通过政府引导、产学研资以及工业企业和用户各方共同努力去建设。本节首先介绍了工业 APP 生态体系的构成内容，然后阐述了相关参与主体和主要活动，最后围绕工业 APP 生态基础建设和使能环境建设两个方面进行深入分析。

5.5.1 生态体系的构成内容

工业 APP 以解决特定问题为目标，通过体系化的多个工业 APP 的组合去实现复杂的工业应用，所以需要建设起面向不同工业领域、不同行业的工业 APP 生态。纵观整个工业体系，需要一个庞大的工业 APP 生态体系来支撑。图 5-11 给出了工业 APP 生态体系模型，工业 APP 生态体系由基础部分、参与主体与主要活动、使能环境三大部分组成。

工业 APP 生态体系主要从开发、基于可持续发展商业模式的应用与生态使能要素三方面考虑：将工业技术知识开发成工业 APP 是源头；可持续的商业模式是推动工业 APP 成功应用的基础，是驱动工业 APP 生态健康发展的动力；生态使能要素则提供了工业 APP 生态建设的重要保障。

工业互联网平台、基础工业软件和工业建模软件，以及工业 APP 体

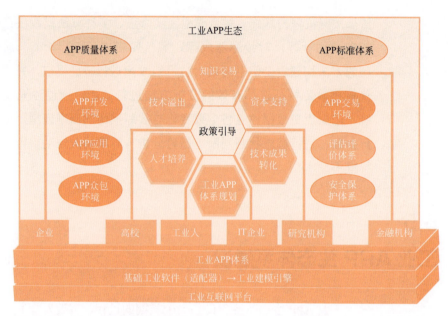

图 5-11　工业 APP 生态体系模型

系构成了工业 APP 生态体系的基础部分；APP 质量体系、APP 标准体系、评估评价体系、安全保护体系四个体系，以及众包、开发、交易和应用等四大环境构成核心的使能环境；同时以政策为指导，融合了工业龙头企业、高校、社会化工业人、IT 企业、研究机构以及金融机构的工业 APP 生态参与主体，完成人才培养、技术溢出、知识交易、资金支持、技术成果转化、工业 APP 体系规划等活动。

5.5.2　参与主体及主要活动

工业 APP 生态建设是一项浩大的工程，需要包括各级政府、企业、企业内的工业人、高校、研究机构、金融机构，以及社会化工业技术知识拥有者等在内的主体广泛参与，并且需要经过一个很长的建设周期才能产生成效。

工业 APP 生态体系建设的参与主体及其主要活动如图 5-12 所示，其中，各类型工业企业是生态体系的最终服务主体；领军工业企业或行业组织提供行业通用体系开发与运营相关知识和服务；工业互联网平台

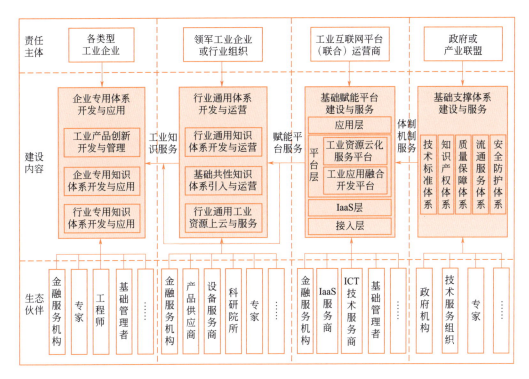

图 5-12　参与主体及其主要活动

（联合）运营商提供基础赋能平台建设与服务；政府或产业联盟提供体制机制服务。政府、产业联盟、行业组织、各类型工业企业要发挥各自的生态主体作用，制定相应的机制，充分推动各主体等进入工业 APP 开发与应用生态体系。

（1）政策指引

在国家制造强国建设领导小组的带领下，鼓励地方政府制定相关政策，整合各方力量协同推进工业 APP 格局的形成。

（2）人才培养

在 APP 生态建设中，人才培养同样非常关键，首先要充分利用高校教育资源，其次要提供多样化的社会化人才培养途径，最后需要借助工业互联网平台去构建工业 APP 开发者社区，将 APP 开发人才聚集起来。

① 通过培训，培养工业 APP 人才。培训是人才培养的关键方式，政府、企业等各方都希望通过培训培养人才。

② 通过发起工业 APP 赛事活动，动员工业 APP 开发团队。工业互联网产业联盟通过 APP 创新应用大赛等有偿征集形式，遴选企业内外优秀的工业 APP 产品，挖掘创新人才，激发企业或个人参与工业 APP 开发的热情。

③ 建立工业 APP 开发者社区，可组织有共同兴趣与爱好的工业 APP 开发者共同攻克某一领域或某些领域的工业 APP 开发任务，通过社区带动工业 APP 开发者的协同性，共同推动工业 APP 生态建设。

（3）工业技术 APP 技术转化和认证

将工业技术 APP 纳入技术转化和认证体系，有利于鼓励知识工作者的技术转化。工业技术 APP 技术转化和认证主要包括两个方面：工业企业的技术溢出和技术转化；以及产学研通力合作，共同提升研发创新水平。

① 工业企业的技术溢出和技术转化　大型集团型公司尤其是有成熟技术的工业企业必须充分利用自身优势，紧跟市场需求，完善相应体制机制，从企业实际出发制定资金扶持相关政策，推动技术溢出，催生新技术，孵化新产业，促进成果向产品转化，项目经济向产业经济转变。

② 产学研通力合作，共同提升研发创新水平　企业应与高校或科研院所开展紧密的研发合作，既能让高校和科研机构获得最新的创新成果，又能潜移默化地学习企业独有的研发思路和方法，从而在短时间内迅速提高研发创新水平，激发溢出效应。

5.5.3　生态基础建设

工业 APP 的生态建设以工业 APP 体系和工业互联网基础平台为基础。工业 APP 体系规划提供了工业 APP 生态的全景框架，而工业互联网基础平台提供了工业 APP 生态的基础支撑环境。

（1）工业 APP 体系规划

工业 APP 体系是对工业 APP 生态的一种结构化表达，具有明确的层次性。按照工业 APP 体系规划流程，工业 APP 体系规划需要自顶向下按照所处的层级逐层分解和细化。

宏观层面站在政府组织的视角，关注工业 APP 顶层，以行业维度为主线，生命周期阶段（研发、制造、运维）与适用范围作为辅助属性，将工业 APP 按照行业大类进行分解，在宏观层面体系规划中，最低分解层次到行业小类。

中观层面考虑某一个具体的产品对象的定义、设计、实现与运维，因此，在中观层面，其主要关注点在于某个或某些特定的产品对象的研制与运维，这是企业层面的重点关注内容，考虑的是该产品对象在本企业或者上下游配套协作企业的研制与实现。

微观层面的工业 APP 主要是面向专业目标的实现。基于专业领域，辅之以专业学科，多学科集成与综合来开展 APP 体系模型。针对不同的产品对象，专业划分存在明显的差异，根据产品服务对象的特性、行业特性和产品特性规划微观工业 APP 体系。

（2）基础工业软件（工业建模引擎）

西门子、达索、通用等工业软件巨头，在新一轮的工业信息化革命中，通过并购，逐步扩展到整个行业，形成了完整的生态系统。这些企业的工业软件及平台已经覆盖了需求、设计、模拟、测试、工艺、生产、制造、服务等各个产业环节，并与其工业控制系统进行了无缝的对接[25]。

在中国的工业领域，基础工业软件是痛点问题。我国基础工业软件研究薄弱，目前使用的各类基础工业软件基本都是国外的软件。因此，我国应当重视基础工业软件的开发，建立良好的基础工业软件开发环境。

（3）工业互联网平台

工业互联网平台是工业 APP 生态建设的基石之一，在政府、学术界和工业界引起了广泛的关注。当前，工业互联网平台正在驱动工业全要素、全产业链、全价值链实现深度互联，推动生产和服务资源优化配置，促进制造体系和服务体系重构，在现阶段的工业数字化转型过程中开始发挥核心支撑作用[26]。

5.5.4 使能环境建设

工业 APP 使能环境建设包含了 APP 标准体系与评价体系、APP 质量体系、安全保护体系三个使能体系，以及工业APP众包、开发评估、交易、应用四个使能环境的建设。

（1）APP标准体系与评价体系

工业APP标准体系是工业APP健康发展的保障，建立工业APP的标准体系，为保证数据模型和工业技术知识的重用及提高重用效率提供了基础。工业APP既需要使用其他工业APP的输出结果，也应该为其他工业APP提供输出模型和数据，所以工业APP需要一套标准体系来保证相互之间的交互性与开放性。

科学的工业APP评价体系，包括中立的评估评价团队、合理的评估评价工作流程、科学的评估评价方法，并针对工业APP建立完善的评估评价，也能促进工业APP生态有序发展。

（2）APP质量体系

构建一个由政府部门、行业联盟、第三方机构和企业多方参与的开放工业APP质量生态体系，是确保工业APP品质的重要途径。

在整个生态体系中，政府制定相关的政策和法规，建立工业APP的上线审核制度，并对行业的经营管理机制进行规范；行业协会等制定标准，为质量管理工作提供指导；第三方机构根据相关政策、法规和规范，形成测试认证评估能力，通过提供优质的管理服务，从管理体系认证、产品测试、持续服务能力评价、运行维护监管等多个层面对产品进行全面的质量控制。

（3）安全保护体系

工业APP安全保护体系包括四大方面，即法律和机制保护、知识与模型保护、安全性设计和置信度、安全保护。

① 法律和机制保护提供工业APP安全保护的外部环境，包括建立对工业APP的知识产权保护，建立有偿使用机制，以及构建并形成企业内部良好的共享企业文化。

② 知识与模型保护包括模型与数据的分级授权、知识组件化封装、知识组件授权等方面的保护。模型与数据分级授权解决了长期以来困扰企业在知识与模型分享过程中对数据与模型所有权控制的问题。通过工业知识组件化封装，可将工业技术中的方法、算法、流程、技术、经

验、知识等工业技术要素，以统一的标准打包成"知识黑盒"，对知识组件内部的机理、知识逻辑以及关键核心技术进行加密保护。工业知识组件授权是知识共享和知识交易过程中对知识的核心保障手段，通过大范围、多频次的使用来让知识贡献者获得收益。

③ 工业 APP 不仅要重视信息安全，更要重视工业 APP 执行结果的功能安全性和置信度。对于安全性设计，从研发过程管理、安全保障技术等多个方面对工业 APP 的开发过程的建模、数据交互、特征完整性、安全保障等方面进行安全性设计，提升工业 APP 的功能正确性，降低其他风险。对于工业 APP 置信度的保障，需要确保在复盘过程中知识特征化定义的准确性、完整性，确保相关的工业技术知识、流程、算法、经验以及规律在工程实践中已经被验证，以及结果是在安全可控的范围内。

④ 工业 APP 的安全保护是一个综合技术，包括软件与硬件的配合、人工智能机器日常维护查找问题，以及人工参与的应急处理与反击等一系列组合应用。尤其是在工业互联网背景下云端工业 APP 信息查询、分级手段等应用方面需要加强控制，建立覆盖设备安全、控制安全、网络安全、软件安全和数据安全的多层次工业 APP 安全保障体系，建立主/被动防御结合、动/静态监测相组合的安全保护体系。

（4）工业 APP 众包环境

工业 APP 众包环境主要是确保工业 APP 众包流程及相关活动的完成。

在实际的研发、生产、销售活动过程中，有许多外在条件不能依赖本企业资源完成，通过众包环境，可以更好地解决工业活动中资源与能力对接的问题。工业 APP 众包环境可以提供多种模式的众包需求发布，包括一般的需求发布、擂台赛、揭榜，提供需求沟通与协商、需求确认，并结合评估评价体系完成方案评估、选优、公示等功能。

（5）工业 APP 开发环境

工业 APP 开发环境是工业互联网平台的关键内容，APP 开发环境的核心是建模环境与建模引擎。对于过程驱动型工业 APP 的开发环境，需要由工业互联网平台接入的工业软件来提供专业建模引擎。对于数据驱动型工业 APP，建模引擎相对简单，不涉及专业建模引擎，一般的工业互联网平台基本都可以支撑。

（6）工业 APP 交易环境

工业 APP 交易环境是促进工业 APP 生态建设的动力。只有通过工业 APP 交易环境体现知识工作的价值，才能驱动全社会的知识工作者产生挖掘和构建知识、实现知识价值体现的内生动力。

（7）工业 APP 应用环境

网络化、云端化的工业 APP 应用环境是工业 APP 查找、调用、监控的统一入口。用户可以方便地调用不同工业 APP 以快速完成产品设计、仿真、工艺、运维等方面的工作，并查看 APP 的执行过程、执行数据以及工业 APP 之间的相互调用关系。

参考文献

[1] 工业互联网产业联盟. 工业 APP 白皮书（2020）[R]. 北京：中国信息通信研究院，2020.
[2] 李晓娜. 面向 SaaS 应用的多客户数据放置机制研究 [D]. 济南：山东大学，2015.
[3] 张洋洋. SaaS 架构设计及单点登录技术研究 [D]. 沈阳：东北大学，2011.
[4] 葛世伦，尹隽. 信息系统运行与维护 [M]. 2 版. 北京：电子工业出版社，2014.
[5] 黄伟锋. SaaS 模式下企业信息管理平台的设计与实现 [D]. 成都：电子科技大学，2012.
[6] 刘鑫炜. 企业级 SAAS 云平台运营策略研究——以 AWS 为例 [D]. 北京：北京邮电大学，2020.
[7] Dave Russell. AI 和 ML 的发展将影响 SaaS 市场 [J]. 软件和集成电路，2022(5): 10-11.
[8] 张旸旸，刘增志，刘潇健，等. 以标准促进我国工业 APP 发展的几点建议 [J]. 标准科学，2020(9): 49-52.
[9] 陈源，任少波. 桌面云与工业 APP 集成应用研究 [J]. 江苏科技信息，2020, 37(21): 53-56.
[10] 李义章. 工业 APP 产业发展建议 [J]. 中国经贸导刊，2020(15): 30-31.
[11] 蔡伯峰. 工业互联网 APP 的开发研究 [J]. 知识经济，2021(8): 40-41.
[12] 王振华，李义章，王书恒，等. 知识自动化平台——数字工业的操作系统 [J]. 人工智能，2021, 8(2): 38-45.
[13] 蒋璐. Z 纺织企业高技能人才激励问题研究 [D]. 苏州：苏州大学，2017.
[14] 李向鑫. 变位机翻转工作台液压马达同步控制策略研究 [D]. 秦皇岛：燕山大学，2021.
[15] 杜爱民，岳超，陈垚伊，等. 基于 AMESim 与 MATLAB 的混合动力汽车联合仿真平台设计 [J]. 佳木斯大学学报（自然科学版），2021, 39(5): 73-79.
[16] 赵阳，许博谦，李晓波，等. 梁式结构动力模型降阶方法及其应用 [J]. 动力学与控制学报，2021, 19(4): 32-38.
[17] 高建平，余佳衡，孟垚，等. 电动车辆控制参数自动优化标定系统的研究及验证 [J]. 中国机械工程，2022, 33(1): 118-125.

[18] 张超勇. 基于自然启发式算法的作业车间调度问题理论与应用研究 [D]. 武汉：华中科技大学，2007.

[19] 单雪峰. 基于库存成本的汽车总装配排产研究 [D]. 沈阳：沈阳工业大学，2020.

[20] 张威龙. 汽轮机隔板装配质量控制及知识图谱构建 [D]. 哈尔滨：哈尔滨工业大学，2021.

[21] 宫志伟. 基于知识图谱双向融合的产品装配知识推荐方法研究 [D]. 杭州：浙江大学，2020.

[22] 陆向东，赵亮. 镇海炼化乙烯装置裂解深度实时优化系统应用 [J]. 石油石化绿色低碳，2016, 1(2): 24-29.

[23] 周宏根，魏凯，窦振寰，等. 基于数字孪生的船用柴油机整机性能评估方法 [J]. 船舶工程，2022, 44(05): 82-89.

[24] 曹思佳，胡汀，唐瑞，等. 基于工业互联网的船用燃气轮机健康管理平台 [J]. 热能动力工程，2022, 37(05): 180-186.

[25] 工业互联网产业联盟. 工业互联网平台：新一轮产业竞争制高点 [M]. 北京：电子工业出版社，2019.

[26] 杨春立，孙会峰. 工业互联网创新实践 [M]. 北京：电子工业出版社，2019.

Digital Wave
Advanced Technology of
Industrial Internet

Key Technologies
of Industrial Internet

工业互联网关键技术

第 **6** 章

工业互联网赋能行业应用

本章以流程和离散制造业的行业需求为导向，介绍行业典型需求和痛点，基于工业互联网平台的智能化解决方案，以及赋能行业的提质、降本和增效。

6.1 工业互联网赋能流程制造业典型应用

流程制造业是制造业的重要组成部分，提供与国计民生息息相关的"衣食住行"大宗基础材料，典型的流程制造业包括石化、化工、钢铁、有色、建材和生物医药等行业。本节介绍炼化一体化生产智能管控、煤气化炉智慧生产管控、水泥行业智能工厂、钢铁智慧管控、空冷智能控制、危废焚烧智能决策等典型应用场景。

6.1.1 炼化一体化生产智能管控典型案例

（1）应用背景与痛点

石化是我国国民经济和社会发展的战略性支柱产业，也是我国制造业供给侧结构性改革的先行领域和绿色发展的主战场。当前，我国石化企业外部面临产品结构性矛盾突出和产业布局不合理的问题，行业存量与增量存在矛盾，产能过剩与市场选择性短缺存在矛盾，企业数量多、规模差异大、产能分布分散。而企业外部存在"信息孤岛"情况突出，业务之间缺少协同，生产过程能耗高、安全环保要求高、碳排放压力大等问题。因此，必须着力提高产品品质和生产管理效率，重塑竞争优势，数字化转型正是提升石化化工行业竞争力的重要途径。

（2）工业互联网解决方案

针对炼化一体化企业存在的痛点问题和数字化转型的迫切需求，以工业互联网平台为基础，综合应用人工智能、大数据等现代信息技术，与炼化制造过程深度融合，研究原料和产品属性快速表征、生产过程数据与机理融合建模、计划决策与生产调度一体化、生产过程智能调控等技术，形成炼化一体化生产过程智能管控成套解决方案，如图6-1所示。

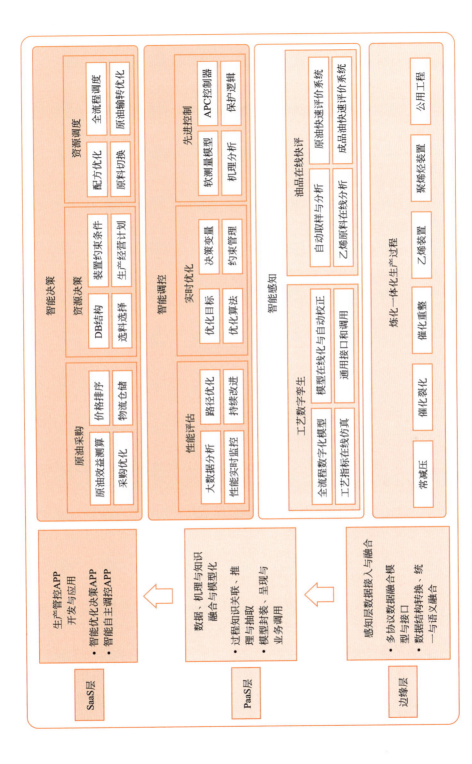

图 6-1 基于工业互联网平台的炼化一体化生产过程智能管控成套解决方案

解决方案分布在工业互联网平台的边缘层、PaaS 层和 SaaS 层。边缘层包括油品在线快评，PaaS 层包括工艺和制造过程的数字孪生，SaaS 层包括智能决策和智能调控方法。主要功能如下。

① 融合装置运行特性和过程机理的模型开发　充分考虑影响装置特性、过程操作特性、过程分离和化学反应特点的关键变量及其之间的相关性，开发常减压蒸馏、催化重整、加氢裂化、催化裂化、延迟焦化、渣油加氢、汽柴油加氢、S-zorb、乙烯等各类装置的过程模型，准确表征生产过程运行特性，为控制、优化和决策提供多尺度模型基础。

② 生产计划决策　结合炼化企业的生产计划排产要求，开发生产计划优化辅助决策系统子系统，为计划人员提供便利的月度计划排产手段，能够方便地制定不同的生产计划方案。通过以 Delta-Base 为核心的分段线性计划优化模型来制定更加精确的月度计划，为月度计划优化提供决策指导。

③ 生产调度优化　在长周期决策的约束下，根据原油、装置、中间物料和产品库存等短期规划，如油头切换、装置检修开停车、中间物料产品库存限制、产品出厂要求等，以短期内生产效益最大化为目标，以满足短期生产要求和物料平衡为约束，制定符合实际生产要求的可执行调度方案，实现短期内全厂价值最大化。

④ 全流程协同优化　全流程协同优化以全装置的机理模型为基础，以经济效益最大化、综合能耗最小化等为目标，在考虑装置运行约束的基础上，实现对实时生产状况的模拟、分析和优化，在原料、市场、设备性能不断变化条件下使生产过程始终处在最优运行状态，从而提高目标产品收率，降低生产成本，提高装置效益。

⑤ 单元智能控制　以过程机理为基础，深度融合机理与大数据技术，开发融合专家控制规则的智能控制系统，感知和适应工况变化，无需在线模型辨识，对于异常工况有良好的预判和纠错能力，保证了装置长周期稳定运行。

本解决方案可以和炼化企业现有的智能制造系统有机集成，智能感知、智能决策和智能调控等模块可以集成到各个业务过程中。图 6-2 给出了本解决方案与某炼化企业智能制造系统的集成案例。

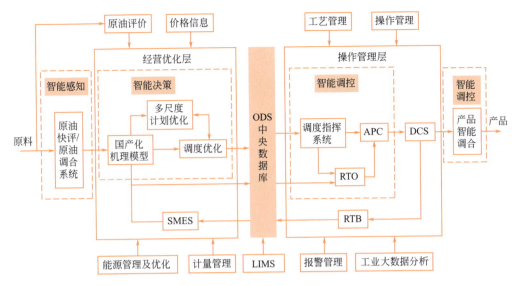

图6-2 本解决方案与某炼化企业智能制造系统的集成案例

该方案依托工业互联网平台,从原料-生产过程-产品全流程的维度对经营管理和生产过程实施智能感知、智能决策和智能调控等技术,实现了以产品结构智能调控为目标的生产要素最优配置,提高了目标产品收率,降低了加工损失率和综合能耗,极大提升了装置的技术水平。

(3)应用成效

以炼化一体化生产过程智能管控为主线,以计划排产、生产调度、实时优化和智能控制等业务为依托,实现了制造全流程的设备、仪表、阀门、物料、信息、人员等生产要素的连接,实现了OT、MES和IT等系统之间的互联互通,实现了产业链上下游信息共享的横向集成和设备层、车间层和企业管理层之间的纵向集成,实现了工业数据的智能分析和应用,支撑生产过程运营智能决策、生产智能管理、能耗管理和供应链优化。

以某炼化企业应用场景为例,连接了100个以上生产单元、1000个以上生产设备、30000个以上检测仪表、2000个以上调控变量、3000多名管理/操作人员。当生产条件发生变化时,通过及时调整加工方案,重新配置生产要素,可以实现装置的效益最大化运行。图6-3给出了工况变化时生产方案的调整案例,箭头前后表示不同单元方案调整前后的加工负荷。

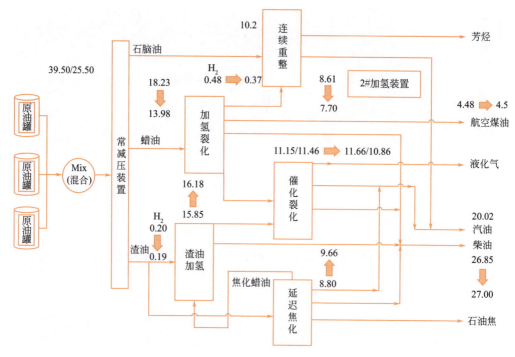

图 6-3 炼化企业计划排产优化示例

在满足配额要求的情况下，优化排产方案节省氢气 1000 余吨，增产柴油 1500 吨，航煤略增产。

6.1.2 煤气化炉智慧生产管控平台案例

（1）应用背景与痛点

世界已进入能源和化工原料多元化时代，因地制宜选择符合自身特点的原材料和先进技术是现代工业发展的主流趋势。煤炭是我国重要的一次能源，立足于我国富煤、贫油、少气的基本国情，大力发展煤炭能源转化技术意义重大。大力发展煤化工企业，可为各行业提供气、液、固燃料及各种化学品，不仅可以缓解工业界对于原油的依赖，同时优化煤炭消费结构，提高煤炭的清洁利用水平[1]。以煤气化为龙头的煤化工，可以生产化学工业基础产品如甲醇和烯烃等以及二次洁净能源，是我国煤炭得以长期高效清洁利用的关键核心技术。随着我国"双碳"目标的提出以及节能环保建设的深入，如何对煤气化过程进行感知、监控、管理和优化，实现流程提质、降本和增效，保证生产装置"安、稳、长、满、优"运行，成为一个亟须解决的问题。

目前我国煤化工企业虽已配备了 MES、ERP、DCS 等信息化和自动化系统，但仍面临原料复杂多变、装置负荷波动、温度压力等重要过程参数需动态调整等现实问题。同时，实际生产过程中的经验性的操作方式还会造成更多的设备处于非正常运行状态，长此以往，导致装置不可逆损坏及煤气化系统的长期不稳定运行。此外，目前企业存在"信息孤岛"多、生产管理工作协同困难的问题，同时数据挖掘困难，以工艺数据分析为基础的生产优化难以实现。

(2) 工业互联网解决方案

针对上述问题，以工业互联网平台为基础，融合大数据分析、气化炉生产过程工艺和人工智能算法，构建煤气化装置智慧运营系统，实现生产过程海量数据与工艺知识的深度融合，以提高企业对于实际工况的智能化监控水平，提升装置健康管理能力和生产运营效率。快速开发与沉淀一批包含关键工业技术、工艺经验、制造知识和方法的典型工业应用，应用于现场建模、分析、决策和执行。解决方案整体架构如图 6-4 所示，核心应用模块涵盖气化炉分布式异构仿真、气化炉关键指标监控、气化炉炉温智能软测量、气化炉运行工况评估和气化炉智能决策优化五大类功能模块，通过图形化、拖拽式的系统开发模式高效构建监控预测优化系统，助力煤化工企业在稳定运行、产品质量、生产成本、生产效率、节能减排多个方面获得提升，赋能煤化工企业高质量发展。

① 气化炉分布式异构联合仿真　基于仿真软件相关的功能模型接口标准开发相关的模型接口，实现不同仿真软件在标准格式下交换模型数据，提高模型仿真求解效率。针对大型气化炉仿真模型，如 Unisim、Aspen 系列等建模仿真软件构建的相关模型，基于分布式异构仿真接口上传仿真工程文件，通过对输入参数数值、输出参数要求、运行环境参数进行配置后，连接工业现场实时数据获取流程模拟仿真结果。同时，平台可更深层次调用底层超算资源加速仿真求解计算，基于仿真结果可以完成全流程模拟、智能控制、全流程操作优化和关键工艺段智能监控

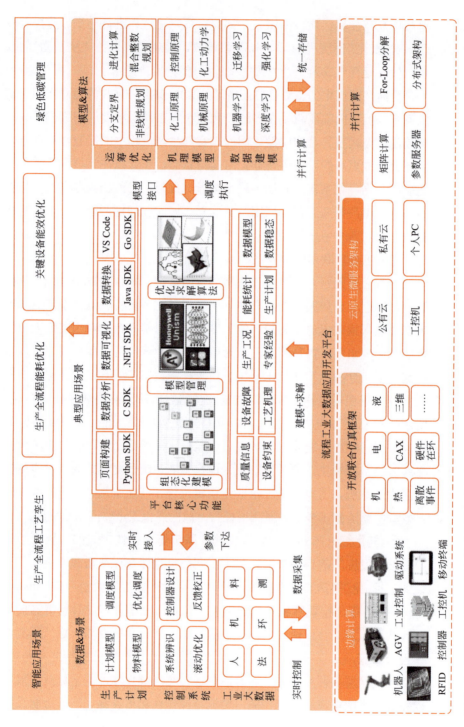

图 6-4 基于工业互联网平台的大型煤气化炉智慧运营系统

等核心应用模块。

② 气化炉关键指标监控　关键指标监控模块是针对生产装置中控制回路的运行信息进行收集、汇总和处理的模块，实现对装置控制系统中控制回路的设定值、测量值、执行机构开度以及回路控制模式等信息的实时采集和存储。实现对气化炉运行过程进行数据分析、实时监控以及相关指标计算或预测，如有效气产量、有效气含量、比煤耗、比氧耗、碳转化率等，助力操作和管理人员实时了解煤气化生产装置的运行情况。

③ 气化炉炉温智能软测量　气化炉温度传感器常因炉内的高温、高压、火焰侵蚀和高强度气流冲刷而造成工作异常或损坏，导致气化炉装置运行过程中缺少了关键的安全和能效指标。结合气化工艺分析，采用过程中实时变量如甲烷含量、二氧化碳含量、氧煤比为智能测量输入参数，选择智能化机器学习算法，实现对于气化炉炉温的精准推断和估计，解决气化炉炉温难测量、测不全、测不准的痛点，帮助操作人员及时掌握炉内温度及其变化情况，解决煤气化行业普遍缺失气化炉温度实时监控的痛点问题。

④ 气化炉运行工况评估　由于生产过程中各种内外扰动以及现场操作人员对于工艺可操作参数的调整，实际的工业生产过程通常具有多种稳定生产模式。对气化炉运行状态的综合评估帮助更好地掌握装置运行状态，通过相应手段将运行状态调至最优，提高生产过程综合经济效益。基于煤气化炉生产工艺判断装置的核心变量，通过无监督学习对数据进行自适应划分，基于工艺知识确定综合性能指标，分别确定不同类别下的性能等级。通过数据降维方法关联各个稳定生产模式中与性能综合指标相关的独立特征，训练后的智能工况评估模型将实时展示工况的运行状态与性能等级，辅助现场操作人员对大型气化炉的精细化和智能化管理。

⑤ 气化炉智能决策优化　大型气化炉装置稳态过程模型应用易受到多工况的影响，导致模型失配，从而影响实时操作参数优化。在现场历史操作数据中，蕴含了大量操作员操作经验和工艺知识，结合气化炉工况评估模块，可提取不同运行状态下最优参数和模式的工况案例库。基于历史数据库的数据进行工况划分后，提炼相对应的工况案例模式。对于实时接入的工况数据，基于特定判定方法和专家知识对案例的核心

模式指标进行匹配，基于相似度排序和阈值判断，输出最优参数推荐。在新的场景下去匹配历史工况案例库，寻找最佳案例状态指导关键参数调整，提升决策解决的鲁棒性，实现气化炉装置智能优化决策。

（3）应用价值与意义

基于工业互联网平台的大型煤气化炉智慧运营系统，实现气化炉炉温实时准确预测，消除了气化炉炉温难测量、测不全、测不准的痛点，通过对气化炉的数据分析，对气化炉从数据角度进行监控，在掌握装置的实时工况稳态表现的基础上，操作人员可更好地把握生产过程特性，实现了在线评估时对稳定生产模式和过渡生产模式的识别，克服了利用人工操作方式判断工况案例状态的局限性，帮助操作人员对工况案例状态进行及时准确的判断，并根据工况案例状态的变化自动调整进入需求指标，降低生产成本，提高经济效益，降低气化炉等装置故障和安全事故发生的概率。

图 6-5 所示为大型煤气化炉智慧运营驾驶舱，系统实现了气化炉核心指标的准确计算与监控，碳转化率、有效气产量、有效气含量和炉膛温度等气化炉关键指标实现准确预测，且预测值与实际值平均相对综合误差维持在 2% 以内；装置运行状况实现准确识别，且对非优工况进行及时调参，关键指标参数平稳性提升 20%，生产过程能耗降低 0.5%；装置运行状态实现智能决策优化，煤浆负荷提高 15%，比煤耗降低 5%。

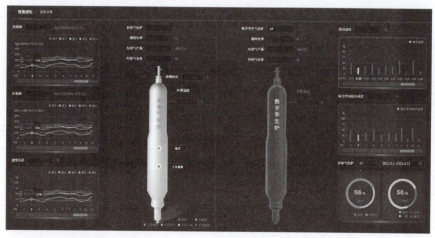

图 6-5　大型煤气化炉智慧运营驾驶舱

6.1.3 水泥行业智能工厂建设典型案例

（1）应用背景与痛点

水泥工业是国民经济的支柱和基础产业，是制造业绿色低碳高质量发展的主战场。我国是世界第一水泥制造大国，工业规模、从业人数远超世界其他国家总和。然而，我国是水泥制造大国而非强国，与世界先进水平相比，在资源利用率、能源消耗、安全环保等方面存在较大差距，且碳排放占全国总量约14%，迫切需要推进水泥工业转型升级。2022年《政府工作报告》强调"推进钢铁、有色、石化、化工、建材等行业节能降碳""促进产业数字化转型"。因此，面向国家"双碳"目标和制造业数字化转型的迫切需求，推动以大数据、人工智能等现代信息技术与水泥工业深度融合，是实现水泥制造资源利用高效化、生产绿色低碳化，构建水泥工业数字经济发展新格局的关键。

（2）工业互联网解决方案

针对水泥行业存在的痛点问题和数字化转型的迫切需求，基于工业互联网平台从矿山智能开采系统、专家优化生产系统、自动化验配料系统、清洁包装发运系统、设备管理系统、能源管理系统、安全管理系统和生产制造执行系统等方面进行深入研究[2]，形成水泥生产智能管控成套解决方案，如图6-6所示。

① 智能检测与感知 针对海量工况检测数据存在的信息容量大、关系复杂的特点，使用深度学习技术使传感器采集到的信息与工艺知识有机融合。在数据预处理方面，排除冗余与噪声数据，降低测量数据的不确定性和提高信息的可靠性，是解决系统建模、能效评估和智能优化等问题的关键。利用水泥工业制造全生命周期大数据的管理，多时空尺度知识的统一表示，知识的深度学习及新知识发现，以及新一代知识管理软件等理论方法和技术，实现不同设备性能、生产运行与管理决策的知识的关联与优化。

② 智能建模与数字孪生 运用数字孪生技术打造水泥生产工艺流程和关键设备模型，基于实时生产数据在数字空间进行体系化仿真，实现流程模拟、闭环控制、操作优化、设备远程运维等应用场景，有效促

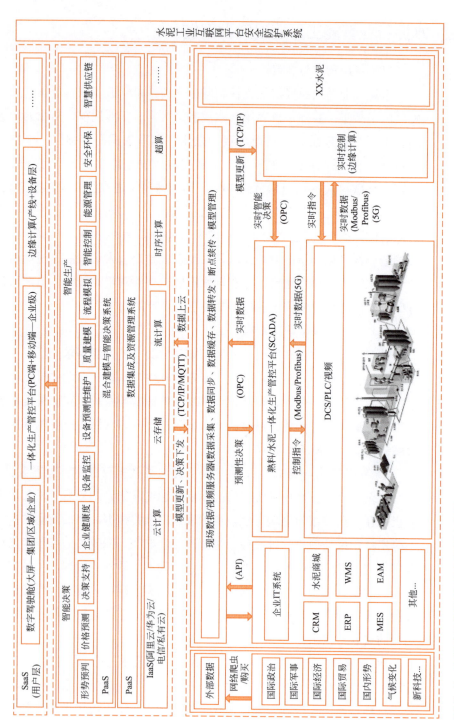

图 6-6 水泥生产智能管控成套解决方案

进了企业全套生产装置的设计、安装以及装置运行全周期的优化管理，拥有建材工厂的可视化、可预测性、可维护性和可回收性等特点[3]。

③ 智慧决策　大数据时代下企业新一代智慧经营决策体系构建可以按照"1+1+1"的方式落地开展，即一个基础平台、一套分析展示方法、一个业务组织。建设过程中面向全业务域、全层次、全过程，覆盖集团下属各控股子公司，以实现对各业务域的经营管控要求。指标体系的设计围绕企业战略规划、年度经营目标，层层分解形成各类指标体系。聚焦重点目标、重点单位、重点任务和重点能力等关键管控对象和环节，强化监测和分析工作，形成各类态势；对内与战略、年度经营目标进行对比分析，关注经营过程中可能出现的财务、市场、质量、安全等重大风险。通过建设，企业具备全域的数据采集能力、全级次决策模型管理能力、全流程多场景应用能力[4]。

④ 智能优化控制

a. 磨机智能控制：针对原料磨、煤磨、水泥磨的关键被控参数，充分考虑装置的多变量、耦合性和时滞特性，构建磨机智能控制解决方案，实现磨机稳定控制，提高劳动生产率和原料、煤粉、水泥质量。

b. 窑炉智能控制：针对分解炉、回转窑和篦冷机的关键被控参数，充分考虑装置的多变量、耦合性和大惯性等特性，构建窑炉煅烧过程控制解决方案，实现窑炉"风、煤、料"的最优匹配，有效降低能耗，提高劳动生产率和熟料质量。

c. 全流程能耗优化：基于水泥原料磨、窑炉煅烧过程质量守恒和能量守恒构建核心主机装置、公用工程等流程稳态机理模型。在稳定控制的基础上以能耗最小为目标实施实时优化操作，有效提高水泥生产流程的产品质量，降低产线能耗。

⑤ 智能运行与自主控制　通过采集生产现场的各类过程和质量以及图像、视频等多源数据，分析各个因素对质量和能耗指标的关联关系以及影响程度，充分考虑各类约束条件最终给出工艺优化的方向与建议。通过大数据和人工智能算法模型的开发，能够用数据描述整个生产过程的各个方面，实时分析生产效率的高低，并从全局层面优化调度生产资源，提升生产效率，降低生产成本，缩短生产周期，保障产品的良品率。

（3）应用价值与意义

水泥生产过程全流程数字孪生系统采用大数据、人工智能与可视化等技术，集成多源信息和异质模型，实现了全流程物质转移与转化和能量传递与消耗的模拟与分析。融合过程机理与数据驱动的多装置系统协同控制方法，解决了"风、煤、料"失配、余热回收气体利用率低等问题，提升了分解炉、回转窑和篦冷机等装置的控制性能，实现了全窑系统稳定运行。

工业示范应用覆盖 12000t/d 及 5000t/d 水泥生产线，所应用的系统集成数字孪生模型、智能控制与优化系统等子模块。系统投运后，生产线工况稳定，投运率高，与本地工况相比，能耗、备件消耗等大幅减少，劳动生产率大幅提升。其中，智能优化控制系统投运率大于 98%，熟料烧成能耗降幅大于 5%，篦冷机热回收效率提升 4.5% 以上，劳动生产率提升 50% 以上，设备故障停机率降幅超 40%，备件成本下降 20% 以上。

6.1.4　基于工业互联网平台的钢铁智慧管控中心建设

（1）应用背景与痛点

现代钢铁制造流程是集成烧结、球团、焦化、炼铁、炼钢和轧钢等多工序过程的耗散结构体系，在物质流、能量流和信息流协同作用下，完成一系列复杂的冶金过程。钢铁行业具备生产流程长、生产工艺复杂、供应链冗长等特点，涉及生产管理、物流管理、能源管理、环保监测和安全应急处置等系统数据的管理和衔接。

目前我国钢铁制造行业已经配备了比较完善的信息化系统，比如 ERP、MES、EMS、WMS 等。但是各个系统都是相对独立运行的，系统之间数据没有实现共享，形成信息孤岛，难以对钢铁冶金的整个过程进行协同管理、优化资源配置、提高生产效率。因此，如何整合钢铁厂现有各业务系统数据，利用可视化、智能化等技术手段来支撑公司领导进行科学决策，推进生产、能源、物流、安全、环保等领域一体化管控，实现原燃料进厂、生产全流程可视化、能源平衡优化、物流平衡预警、安全环保智能可控、设备远程运维的全系统智能化集成，成为钢铁行业亟须解决的难题[5]。

（2）工业互联网解决方案

针对上述问题，以工业互联网平台为基础，对各业务系统数据进行全方位数据治理，遵循PDCA[Plan（计划）-Do（执行）-Check（检查）-Act（处理）]管理闭环原则，构建以数据驱动的覆盖企业-分厂-车间的指标管控体系，实现全业务、全流程的数据驱动运营模式，打造数据高度集中的智能管控中心系统，如图6-7所示。该系统涵盖现场看板、管理驾驶舱、主题分析、报表中心、即时通信和信息推送六大类功能模块，可帮助企业在产品质量、生产成本、生产效率、节能减排等多个方面获得提升，赋能钢铁企业高质量发展。

智慧管控中心作为数据资源的核心载体，总体分为采集层、存储层、应用层。通过采集层集成公司相关基础数据，利用数据治理与建模构建以生产、物流、能源、环保、安全等为主题的数据模型，最后基于不同场景构建现场看板、管理驾驶舱、主题分析、报表中心、即时通

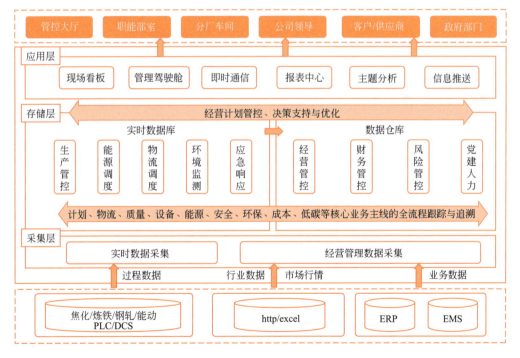

图6-7 钢铁智慧管控中心架构

信、信息推送等应用功能。

采集层方面，中心以公司数据资源存储利用的核心平台为出发点，采集过程数据、外部行业市场数据、业务数据，调用视频数据。过程数据采用部署全新数采网络，利用数采网关、网闸实现数据单向通信，各分厂横纵向隔离，数据更安全；网关可实现断网缓存，更可靠；实施过程中无需更改 IP 以及停产实施，更高效。经营数据采集方面，支持互联网数据采集、数据填报、离线数据同步、元数据同步等多种数据收集方式；视频数据方面，以视频服务器为数据源，按需调取相关视频资源。

存储层方面，按照数据治理与数据建模相关实施方法和理论，以指标体系的构建为出发点，构建满足生产、物流、能源、环保、安全五部门需求为核心的主题，支撑后续应用层的数据高效利用。

应用层方面，基于企业的应用场景设计了现场看板、管理驾驶舱、主题分析、报表中心、信息推送功能，赋能现场生产和业务人员深度应用，提升现场整体效率。

① 现场看板　现场看板主要有生产、能源、物流、环保和安全等五个类别看板，赋能各条线业务人员进行深度应用。

生产看板：通过对接产销系统，实现对生产状态实时监控、生产运行动态预警、关键生产指标展示、生产调度指令轮播功能。

能源看板：通过对接能源管理系统，获取现有能源系统数据，对电力、气体、供水、排水等管网分布的展示，并能够对风、电、气等能源介质状态的流量、容量、流速、温度、压力值、热值等状态数据进行实时监控和预警。

物流看板：通过与铁路车辆定位系统、车辆可视化监控系统、船运调度系统、全国道路货运车辆公共监管与服务平台进行对接，实现对车辆、机车、货船状态信息实时监控，运力能力信息监控，货源信息监控，以及库存信息监控等功能，及时、准确、全面地掌握物流信息，合理调配资源。

环保看板：通过对接环保相关系统，获取环保监测数据，显示环保数据、清洁运输监控、重污染天气管控画面。

安全看板：通过对接安全系统，获取相关安全系统数据，实现对现场的危险作业、危险物料、人车状态、作业环境、应急资源等动态监测，利用电子地图进行网格化可视化管理，实现安全风险四色图预警预报和统一协同应急响应。

② 管理驾驶舱　管理驾驶舱为厂部级和公司级领导提供多级指标看板，可视化展示每日/月公司生产、销售、库存等信息，并与计划进行对比实现异常信息主动提示；系统满足可视化移动化需求，不受地域限制，可以随时查看数据，实时掌握企业生产经营情况，及时发现问题，并作出决策调整。功能包括以下两个方面：

a. 全厂生产计划管控：与产销系统等其他业务系统对接，实现生产计划动态、订单兑现实时进度跟踪，生产实绩、库存信息跟踪，各产品产量、质量追踪以及趋势记录分析；

b. 全厂实时库存跟踪：覆盖全厂含铁料、燃料、辅料、钢坯、钢卷等物料，监控当前库存情况，基于安全库存给予报警提示。

③ 主题分析　为管控中心相关专业人员提供生产、物流、能源、环保、安全等相关主题分析功能，在数据采集和存储的基础上，进行多维度分析，按照日、月、年等维度进行分析和钻取，全面反映公司生产状况。

④ 报表中心　系统需能快速定制化开发各类报表，对各类生产报表集成，实现数出同源、按需分发、随需定制，提高数据利用效率，减少统计人员工作量；取消当前各类纸质调度报表，做到生产数据不落地，实现办公无纸化。

⑤ 信息推送　按照用户层级及数据需求属性，系统可为不同岗位量身订阅不同的信息推送信息。推送信息主要包括日常运营信息、特定主题分析、异常信息提示等各类信息推送；各级领导和管理人员能够实时掌握企业运行情况，为领导决策提供有力支撑。针对政府部门，如发改、安监、环保部门，数据平台可按特定的数据格式将相应数据推送至指定平台，降低企业再次进行数据采集、软件开发的成本。

（3）应用价值与意义

基于工业互联网平台的管控中心系统（如图6-8所示），数据涵盖了生产、物流、能源、环保和安全等业务系统，实现了对全厂生产工序、物流调度、能源平衡、环保监测和安全管控等主要业务的远程监控和集中调度,各系统信息通过实时对接,进行信息集中和共享,可以满足业务在不同平台和岗位之间的协作沟通,避免了企业中不同职能部门之间的"信息孤岛",进一步提升整体生产运营效率。

图 6-8　智慧管控中心生产看板

以某大型钢铁智慧管控中心为例,通过对生产工艺、能源介质、关键设备运行状态、物流运输、污染源监测和重点岗位安全监控等业务数据实时监控和集中管控,为多个部门提供实时数据和异常诊断预警,节省了各部门之间约 10% 的沟通时间,异常事件及时处置率可提高 50%;各部门以往需要通过人工统计的汇报材料可直接通过系统自动生成,极大提高工作效率和数据准确性,各类报表无纸化可达 100%。

6.1.5　基于工业互联网平台的空冷数字孪生智能控制系统

(1)应用背景与痛点

间接空冷系统选用自然通风冷却塔,由于外界风速和散热器流速偏差,各个散热器出水温度存在较大差异。因为各个散热器没有有效温度监测手段,只能控制每个扇区总的出水温度,部分散热器出水温度较整个扇区总的出水控制温度偏低 4~8℃。在冬季,如果盲目降低扇区出水温度，在恶劣天气下易造成空冷扇区冷却三角管束冻结破裂[6]，设备损坏，降低机组运行的效益；为了管束不冻结，就要保持出水温度在较高水平，能耗也不能进一步降低[7]。由于目前火电厂间接空冷系统的自动化程度很低，存在如下主要问题：①人工控制滞后，反应不及时；②环境气流复杂，无法自适应；③散热器冬季防冻压力大，容易损坏空冷管路系统；④汽轮机背压较高，汽轮机组运行效益低。

（2）工业互联网解决方案

针对上述问题，以工业互联网平台为基础，采用基于历史数据、机理模型和数字孪生耦合驱动 AI 预测模型的最优控制系统，如图 6-9 所示，有以下几部分：①利用神经网络控制的大范围工况间接空冷系统流场仿真结果数据集建立间接空冷系统数字孪生模型，实现高实时高精度的稳定工况预测；②利用基于传热机理的预测模型实现大范围工况突变的瞬态精准预测；③采用基于历史数据、机理模型和数字孪生耦合驱动的 AI 预测模型，同时保准稳态工况与瞬变工况的预测精度；④利用人

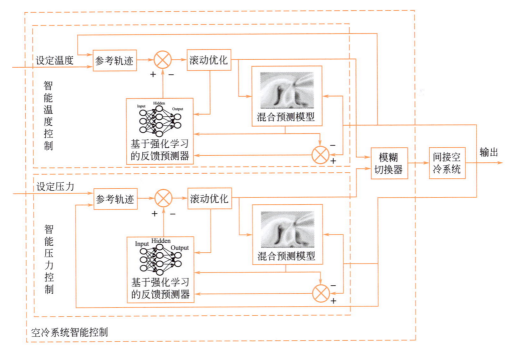

图 6-9 基于工业互联网平台的空冷数字孪生智能控制系统

工神经网络的非线性逼近能力参数化最优控制轨迹，获得控制器输出的全局最优解；⑤边缘计算端实现多执行器分布式实时同步控制输出。

智能控制系统主要实现汽轮机背压与循环冷却水温度的自主和最优控制，其算法总体架构如图6-9所示。空冷系统一般运行在夏季和冬季，在夏季运行时，常常因多种状况影响到空冷系统散热，导致机组背压过高不能满发，而影响空冷系统冬季运行的主要因素是散热器冷凝管道结冰堵塞甚至冻裂管道，所以夏季控制凝汽器压力，冬季控制扇区冷却水出水温度。同时，由于气候多变、机组负荷工况多变，仅选择智能温度控制和智能压力控制中的一种，可能会导致空冷系统的实际特性偏离模型描述，且当实际特性偏离模型描述较大时，单个智能控制模块很难得到好的控制效果，甚至会趋于失效。因此，本智能算法模型还引入了智能模糊切换功能，综合了智能温度控制和智能压力控制这两个模型的输出，提高了整个智能控制算法的自适应性和可靠性。

① 模型预测控制　智能温度控制和智能压力控制的核心算法均采用模型预测控制，其最主要特征就是滚动优化，以智能温度控制算法为例介绍，选择在未来采样点上输出的冷却塔出口冷却水温度的采样值和设定值之间的方差，利用优化算法将其最小化，同时选择在百叶窗控制输出在给定范围内的状态下使控制能量尽量小。相关控制算法是一种有限时段的滚动优化，优化是在线反复进行，优化目标关心预测时域内的系统动态性能，预测时域始终保持一定的长度，而每一步按照一个采样周期向前滑动[8]。

② 数字孪生智能预测模型　以数字化方式创建物理空冷系统的虚拟模型，包括二维三维模型、有限元模型和集中参数系统模型等，借助数据模拟真实空冷系统在现实环境中的行为，通过虚实交互反馈、数据融合分析、决策迭代优化等手段，为空冷系统物理实体增加或扩展新的能力。作为一种充分利用模型、数据、智能并集成多学科的技术，数字孪生空冷系统面向空冷系统产品全生命周期过程，发挥连接物理世界和信息世界的桥梁和纽带作用，提供更加实时、高效、智能的服务[9]。

③ 智能反馈预测器　预测控制是一种闭环控制算法，滚动优化必须建立在反馈校正的前提下，在保持预测模型不变的基础上，利用反馈

校正的多样形式对未来的误差做出预测并加以补充，也可以根据在线辨识的原理直接修改反馈预测器模型。预测控制利用实际系统的情况做出优化决策，同时尽量保证预测系统未来的动态行为比较准确。因此，预测控制的优化是在模型的基础之上利用反馈信息实现的一种闭环优化[8]。

（3）应用价值与意义

通过对空冷塔的温度场和压力场等实现实时预测，用以判断工况的稳定性；结合热传机理模型，预测控制方式，依靠边缘端计算实现多执行器分布式同步输出。该间接空冷智能控制系统融合 AI 预测和最优控制等技术，提前感知未来温度突变趋势，超前控制避免系统冷冻损坏，其现场应用如图 6-10 所示。在保证运行安全前提下，输出间接空冷系统最优的运行指令，使机组背压运行在最佳工作点，节省燃煤，增大能效。

水温稳定且控制精度达 ±0.5℃，使扇区表面温度极差减小 8℃，均匀度更高，系统临界低温降低 5℃，避免系统冷冻损坏，提高了系统安全裕度。通过最优控制，输出冷端最优运行方案，大范围工况降低冷端水温使机组背压运行在最佳工作点，节省燃煤约 1%，提高能效。此外还提高了发电效率，保障了发电安全，提升了资产管理水平，降低了人员工作强度和对人员要求。

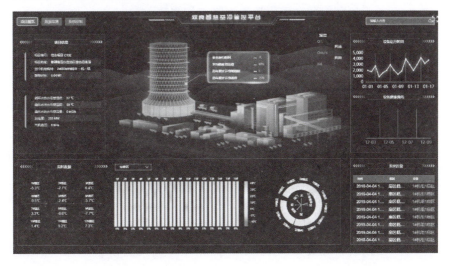

图 6-10　空冷系统智慧管控平台

6.1.6　基于工业互联网平台的危废焚烧智能决策系统

（1）应用背景与痛点

近年来我国经济持续稳健增长，在各类工业行业中每日会产生大量危废产物，对于危废的集中和高效处置，是实现环境保护的重要手段。区域性集中危废焚烧是处置危废最常见的手段之一，如何通过智能化手段控制危废的腐蚀性和毒性，进行高效、节能、环保的有效处置，是当前危废处置研究和应用的重点。

典型的危废处置流程由危废预处理、危废配伍、焚烧系统和余热利用及尾气处理系统几部分组成。在现有的危废焚烧生产实际过程中，在技术、管理和效益方面存在部分棘手问题：在技术方面，现有的危废焚烧与烟气环保处理技术存在滞后性，几大关键环节脱节，焚烧过程异常状态多，固废成分对焚烧影响大；在管理方面，设备和物资管理不精细，无法提高设备使用效率；在效益方面，设备的检修维护、非正常停炉次数多且时间长，设备长时间低效运行直接影响企业效益[10]。

（2）工业互联网解决方案

针对上述问题，以工业互联网平台为基础，构建生产运行分析、关键设备故障诊断、焚烧辅助操作、统计分析等智能应用，如图6-11所示，赋能焚烧工厂提质、降本和增效。

① 质检预测：废渣热灼减率软测量模型　热灼减率是废渣最重要的检测指标，直接反映危废的焚烧效果。因此对废渣热灼减率的控制，可有效降低危废焚烧的机械未燃烧损失，提高燃烧的热效率。但实际现场中热灼减率实验室检测为每班（8小时/班）1次，无法针对热灼减率达到分钟级调控的精细化水平。

软测量是解决工业过程中质量变量难以实时测量的重要手段，基于危废属性及过程状态数据建立废渣热灼减率模型。其基本步骤为：首先，根据过程机理分析，选择与输出变量关联性较强的可测变量作为软测量模型的辅助变量，主要包括危废热值、回转窑转速、窑头燃料流量、窑尾燃料流量和窑负压等；然后，根据所选择的辅助变量采集数据，对数据中的异常值、缺失值等进行预处理；随后，利用机器学习建模算法，

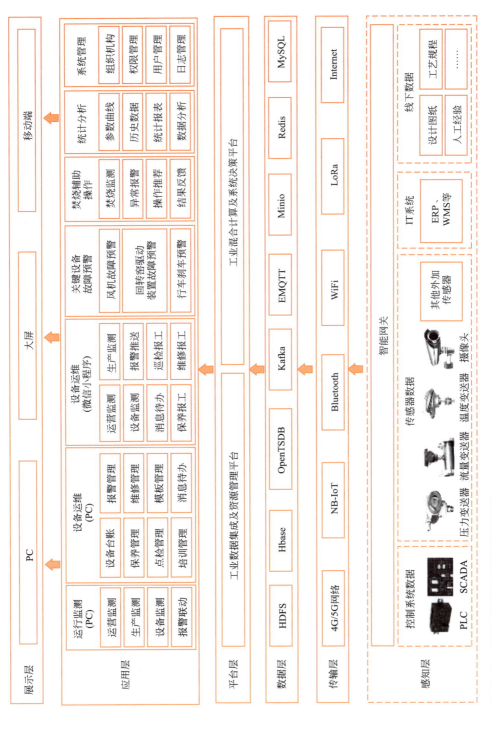

图6-11 危废处置工业互联网解决方案

如神经网络、支持向量机等，建立热灼减率和辅助变量之间的软测量模型；最后，当软测量模型投入使用后，定期对模型进行校正和维护。

② 状态监控：核心主机设备回转窑过程监控　回转窑是整个危废焚烧过程的核心主机设备，对回转窑进行有效监控对提高生产管控水平具有重要意义。基于现有回转窑筒扫图像及主电机电流等状态数据来综合判断回转窑内部运行状态。

a. 基于筒扫图像识别的回转窑内部状态监控。现场大型回转窑筒体扫描仪用来检测回转窑运行状态，可以准确检测出回转窑中的热点（由于回转窑耐火砖的脱落而产生），同时热力图可以有效表示回转窑内核心燃烧带的位置，以避免窑体损坏所带来的损失并大大延长窑体的使用寿命，需要操作员提供完整的检测窑体运行的重要参数。然而现场筒扫需要操作员肉眼观察判断回转窑运行状态，降低了劳动生产率。

二维筒扫图像的热力图包含大量信息，基于图像识别技术可以自动检测耐火砖脱落位置以及核心燃烧带位置，在后续回转窑检修过程中更具有针对性，同时可以调整燃烧器角度及风机转速来控制核心燃烧带位置，保证危废在回转窑内部的充分燃烧。

b. 基于主电机电流的回转窑状态监控。回转窑主电机电流是一个综合性指标，工艺、设备、电气等方面都会影响到主电机电流的变化趋势，结合回转窑其余状态变量，对回转窑主电机电流进行深入分析可以判断出多种工况，并采取及时有效的措施调整回转窑工况，保持回转窑长周期稳定运行。

③ 专家系统：基于机理引擎的智能决策　用户使用焚烧辅助建模工具，根据目标工厂的产线设备、生产工艺、设计参数以及专家经验，在工具内先定义不同数据类型，然后再结合工艺机理逐条搭建和完善面向该厂的焚烧辅助专家模型，模型搭建完成后进行发布运行。将固废处理一体化平台中采集的产线实时运行数据接入该厂的焚烧辅助专家模型中，当产线数据异常触发专家系统某一对应节点，模型则从该节点开始，按照搭建的专家知识树，开始推荐下一步的操作参数以及操作参数范围，其工作流程如图 6-12 所示。

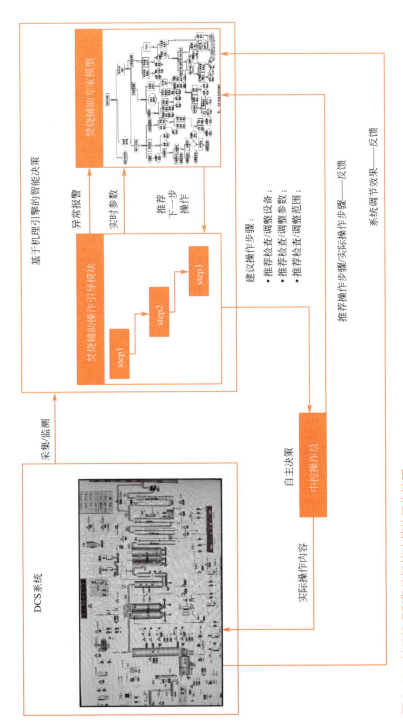

图 6-12 基于机理引擎的智能决策的工作流程

第6章 工业互联网赋能行业应用

④ 运行监控

a. 生产流程展示：三维展示固废处理生产工艺和关键设备，并在固废处置生产流程关键位置标注实时数据，在生产流程中标注人员相关个人和位置信息，车间之间利用动画效果实时显示物流情况，展示物料在车间之间的运转情况，实现生产流程可视化。

b. 生产过程分析：接入工厂危废处置记录、生产运行数据，通过数据管理和科学计算，比对危废处置最优方案，寻找生产过程中关于配料、能耗、质量指标之间的差距并提出相关处置决策意见。同时基于专家经验对已接入的关键设备、关键系统的数据，根据工业机理进行阈值设定，实现故障预警或报警功能，并完成决策动作的自动触发，开启闭环处置流程。

c. 生产安全分析：通过监测生产过程关键参数，采用安全度计量法、模糊综合评价等方法构建适合厂区的安全度指标体系，安全度指标支持点击弹出具体信息窗口，显示细节信息，方便追溯问题。

d. 实时视频监控：可随时查看指定项目、指定点位的监控视频图像，按需调阅实时视频流及视频录像。基于图像数据识别核心区域人员闯禁和危险动作识别，以固定角度的监控视频为数据源，通过人工智能算法，实时监控指定区域是否有人员进入，一旦发现人员进入禁区立即报警，同时人员未佩戴安全帽也立即报警，推送信息以及违章记录和截图到指挥中心。

（3）应用价值与意义

工业互联网平台深度融合新一代信息技术，对危废处置企业整体运营管理中的质量、设备、生产、经营决策等方面进行全方位的感知、监测、分析、处理，实现生产运营与网络的互联，建立了从生产运营车间到决策层的纵向互联，解决了危废处置传统运营模式中高度依赖人工、数据共享不实时、跨部门业务壁垒高等问题。

通过实施现场质检预测、回转窑状态监测和专家系统，在质检、设备、生产层面实现如下目标：针对关键质检指标，提升质检指标稳定性20%以上；针对关键设备，如回转窑主电机、回转窑装置等，降低设备故障率30%以上；针对现场关键被控变量，提升被控变量控制平稳度30%以上，节约煤气等燃料消耗约1%。

6.2 工业互联网赋能离散制造业典型应用

离散制造业是制造业的重要组成部分，是立国之本、兴国之器、强国之基，是衡量国家国际竞争力的重要标志，典型的离散制造业包括机械装备、航空航天、汽车、家电、电子信息等行业。本节基于离散制造业现场典型需求，聚焦高端发动机智能设计和运维、汽车行业生产仿真与优化、工程机械一体化应用、动力电池智能工厂、AI 质检领域等典型应用场景建设。

6.2.1 基于工业互联网平台的高端发动机智能设计、智能运维一体化系统

（1）应用背景与痛点

柴油发动机是工业设备中非常重要的高端装备，广泛配套在各类商业装备中，是汽车、农业机械、工程机械、船舶、内燃机车、地质和石油钻机、军用设备、通用设备、移动和备用电站装备等的主要配套动力。在实际的工业和社会生活中，柴油发动机的使用率越来越高，而且针对不同的应用场景，柴油发动机的运行工况也大有不同。运行工况与发动机性能相关，相对而言，性能越好的发动机对生产的质量和效率的提升越大。

在研发设计方面，柴油发动机产品研发周期长、难度大，研发过程涉及的设计、仿真、管理工具异构繁多，复杂样机构建困难；研发流程复杂、协同效率低，部门人员间协作困难，模型共享复用率低，研发流程间协同流转效率低，需求设计响应不及时。在运行维护方面，传统的柴油发动机性能监测主要以人工监测为主，缺乏对柴油发动机运行过程的可视化管理，发动机状态监测不充分；在柴油发动机发生故障时无法及时准确定位，其故障诊断主要依赖相关技术人员的经验和现场检测，费时费力。

基于工业互联网平台，研发柴油发动机智能设计、智能运维一体化

系统，精准采集柴油发动机运行参数和环境参数，基于平台开展智能设计、运行监测、故障预警、预测性维护等服务，保障柴油发动机安全、可靠、稳定、高效运行，提高柴油发动机研发设计效率，提升柴油发动机运维智能化程度[11]。

（2）工业互联网解决方案

针对柴油发动机在研发设计和运维服务方面存在的问题，基于工业互联网平台开发集智能设计与智能运维于一体的一体化系统，如图6-13所示。在智能设计方面，面向整个研发测试团队的流程与软件集成平台，提供完善的软件接口库、组件库、工具集和行业模板库，通过联合仿真、分布式异构、多学科优化、模型降阶复用、三维动态可视化、流程自动化等技术，实现柴油发动机数字样机与数字孪生模型快速构建与验证，缩短柴油发动机的设计周期，提高柴油发动机产品的可行性、成功率，减少危险实验，降低试制和测试成本。在智能运维方面，实现设计阶段复杂柴油发动机模型在运维阶段的高度复用，通过柴油发动机孪生模型与物理实体的实时同步交互，保证发动机运维阶段模型的高可信度和高保真度，以孪生模型预测结果驱动性能控制的最优决策，提高发动机运行质量指标或能效指标，基于混合孪生数据的性能与故障预测技术和运维决策管理技术，构建发动机智能运维服务体系，提高发动机可靠性和可用性。

智能设计、智能运维一体化系统涵盖智能研发、状态监测、能效优化、预测维护四大类功能模块，通过多源异构数据中台对数据进行集成管理，通过分布式异构接口快速构建数字样机和数字孪生体，通过云边协同实现模型的快速求解计算，优化产品研发设计流程，提升运维智能化程度，助力企业实现柴油发动机高效便捷的研发设计与运行维护。

① 智能研发　优化柴油发动机研发流程，提高研发设计结果可靠性，提升研发人员协同效率，促进柴油发动机产品迈向高端化。基于分布式异构接口技术和自动化优化标定技术，快速构建高可靠、高精度的柴油发动机数字样机和数字孪生体，打通柴油发动机设计流程与仿真分析流程，实现柴油发动机优化设计流程的自动化，缩短研发周期。基于工业互联网平台构建柴油发动机研发云生态，实现知识共享与方案集

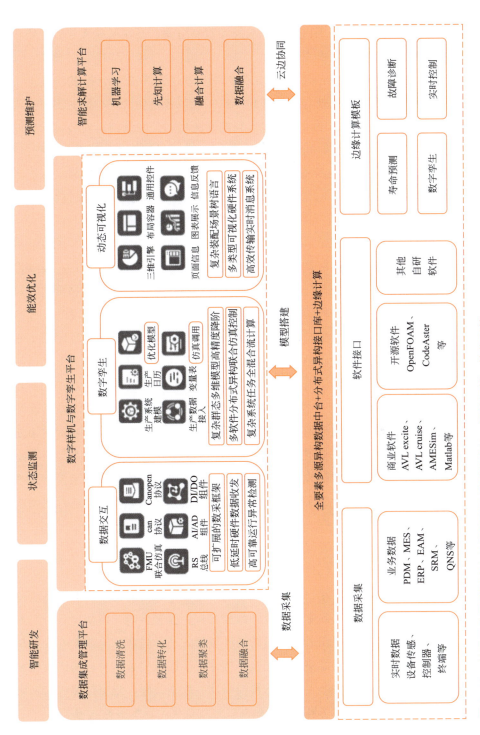

图6-13 基于工业互联网平台的高端发动机智能设计、智能运维一体化系统

第6章 工业互联网赋能行业应用

成，促进全球范围内顶级柴油发动机制造商、高端研发人才、优质企业用户等力量共同攻克难点。

② 状态监测　实时采集柴油发动机运行参数，分析发动机运行状态，经过可视化处理，推送到电脑终端或者移动终端，帮助用户实时掌握发动机健康水平。通过接入柴油发动机本身系统或者安装传感器的方式，实现柴油发动机运行数据实时采集，通过数据中台对数据进行存储、处理和分析，为柴油发动机全生命周期管理提供数据支撑，基于新一代可视化技术，对柴油发动机数据信息做可视化处理，通过终端大屏、AR/VR等方式进行简约展示，帮助用户直观掌握设备健康状况。

③ 能效优化　面对复杂多变的工作环境和功率要求，柴油发动机容易造成不必要的能耗浪费，导致发动机能量转化效率降低、污染物排放增加和经济性变差，基于发动机大量运行数据建立优化控制模型，对发动机运行状态进行调控，实现发动机能效优化。根据柴油发动机设备状态，建立数据分析模型，通过大数据分析计算，不断优化发动机工作功率、时长，对发动机的性能、可靠性以及可操作性都有很大提升，而且可以增加其使用年限，维护成本也会减少，还可以减少发动机碳排放。

④ 预测维护　构建柴油发动机健康诊断、预测预警、故障评估等模型，建立快速故障响应机制，实现柴油发动机智能维修。构建柴油机健康诊断模型，基于过往的运行指标和参数，对设备状态参数的对比分析来识别设备潜在故障风险，进行实时的健康评估和风险预警。通过构建故障模型并分析实时数据，自动生成维修码及维修档案，提前完成柴油发动机设备维护，降低故障发生的频次，确保设备稳定运行。

（3）应用价值与意义

以柴油发动机设计运维一体化为主线，高效连通产品设计、仿真分析、孪生模型构建、运维服务等业务流程，完善的工具链提高了研发阶段的设计和测试效率，通过大数据分析、机器学习、模型计算，实现设计阶段复杂模型在运维阶段的高度复用，基于混合孪生数据的性能与故障预测技术和运维决策管理技术构建智能运维服务体系，构建柴油发动机设计运维全生命周期内的协同研发、数据管理、流程管理的一体化平台，实现柴油发动机的共享研发、迭代优化、运维服务的智能化。

以国内某柴油发动机制造企业应用场景为例，相关平台连接 30 个以上设计仿真软件、100 个以上设计仿真人员、100 个以上运维人员、10000 台以上柴油发动机设备、50000 个以上检测仪表。通过算力减少仿真过程，更快地完成对设计的验证，产品研发效率提升 30%；通过运维平台实现产品运维的智能化，产品运维效率提升 50%。

6.2.2 基于工业互联网平台的汽车行业生产仿真和优化系统

（1）应用背景与痛点

汽车整车制造涉及范围很广。汽车制造和生产从汽车软硬件的制造和运输、汽车整车制造和运输，到购车和后市场服务环节的整个过程中，汽车物流贯穿着整个汽车产业的产业链。从汽车产业的上游来看，主要是汽车软硬件的开发和制造，主要可分为汽车硬件、汽车电子；中游主要是汽车整车制造，其涉及汽车的设计，例如汽车材料的使用设计、内饰设计等；汽车产业的下游主要可分为购车环节和后市场服务，主要服务于购买和使用车的用户。汽车消费在国内市场巨大，汽车行业的迅速发展对中国制造结构转型有巨大意义。

目前我国整车制造企业已经具备了较为完善的信息化和自动化系统，如 MES、ERP、PLM、WMS 等，但仍面临零部件复杂多样、难以管理，生产制造流程繁复、制造周期长、问题频发，软件众多难以整合、数据孤岛难以解决，业务复杂多样、管理不足，以及顶层决策无据可依等问题[12]。

汽车生产过程中突出的问题有：①生产计划&验证困难，生产计划生成慢且生产计划制订过程中很难精准地考虑到实时生产情况，生产情况随时变化，会使得生产计划不符合生产情况；②优化决策难，生产过程出现突变，生产计划难以预料，且人员难以准确响应给出最佳的方案，过度依靠人工经验，且对于决策的优劣难以评估，相似问题再次出现也无法给出更优的解决方案；③总控实时调度困难，在应对生产过程出现的突发异常时，虽然能及时找到合理的解决方案，但是执行流程不顺畅，人员沟通成本高，执行效率低下，对问题的响应及时度差，无法做到出现问题马上处理；④生产状态评估难，对生产过程没有完整的分析和监控，无法评估生产状态优劣，没法发现隐藏的或者即将发生的问题，没法做到提前预警提前处理，只能被动响应问题。

（2）工业互联网解决方案

针对上述问题，基于工业互联网平台，通过对自动化设备数据采集、信息化系统互通互联，融合大数据分析和人工智能算法，构建生产仿真和优化系统，可实现生产过程海量数据与工艺知识的深度融合，提高企业对于实际工况的智能化监控水平，再结合生产仿真能力，快速发现现存问题和潜在问题，搭配人工智能算法的应用快速对现存和潜在的问题进行分析，推荐最优解决方案，并通过智能 APP 的形式将最佳方案推送到自动化设备侧，实现设备的智能化调度，将人工经验沉淀在工业互联网平台，减少人工决策，减低人员工作量。同时，企业可快速开发与沉淀一批包含关键业务流程、工艺经验、制造知识和方法的典型工业应用，应用于现场建模、分析、决策和执行。生产仿真和优化系统方法论如图 6-14 所示。

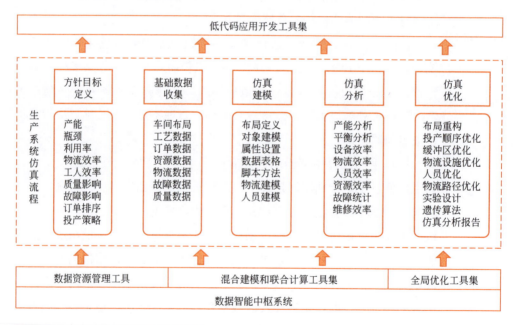

图 6-14 生产仿真和优化系统方法论

生产仿真和优化系统将提供从数据管理到建模仿真及优化分析，再到应用落地的全流程服务能力，结合生产仿真和优化能力针对性地解决生产制造过程的痛点。工业互联网解决方案整体架构如图6-15所示。

数据感知和数据资源管理部分：通过对系统数据和设备数据的实时采集和分析，实现生产情况一手抓，为生产计划指定和验证、优化决策、实时控制、实时评估提供数据支撑；通过数据资源管理能力，为其他需要数据的业务提供数据接口，同时还可以针对业务管理需求针对性开发数据指标，为管理人员提效。

模型和算法部分：首先实现对产线生产逻辑高保真建模，配合实时生产数据的接入，对生产状态进行合理评估，再结合未来的生产订单，通过生产仿真系统对未来生产情况进行预演，实现物料缺口计算及预警、线边库调度方案规划等功能，结合仿真结果利用优化引擎对现有设备设施、物料管控、物流调度等进行优化，从而获取更优的生产计划，同时生产计划还可以再次导入生产仿真系统进行迭代，直至获取满意的结果，实现生产决策的智能化。

场景应用部分：智能APP和深度结合业务，将优化后的生产决策结果下发至生产设备，通过实时数据接口实现控制指令的下行，能够精准地将决策指令发送到自动化设备侧；也可以通过APP或者管理系统对相关的生产状态进行统一监控，为管理层决策提供数据支撑。

① 生产计划预演与分析系统　通过内置组件模拟工厂的生产线布局、设备配置、生产制造工艺路径模型，输入每日排产计划（待制订单）与产线在制订单，通过仿真生成预演报告。用于每日生产计划分析、评估及验证，这样可以及时发现系统存在的风险和问题，采取相应的措施进行调整、优化，可以有效降低生产执行时对系统的更改、返工次数，从而降低成本、减少时间、提升效率。

② 线边库物流调度　快速接入业务系统（MES、WMS）相关数据，根据计划剩余量、产线在产节拍、线边库库存存有量，实时计算线边库物料短缺情况，生成物料配送任务。无需人工任务分配，根据需求量，优先分配尾料暂存区库存，然后按最小包装量分配原材料仓库库存，依据到料情况自动呼叫AGV进行搬运任务，并根据AGV系统返回信号确

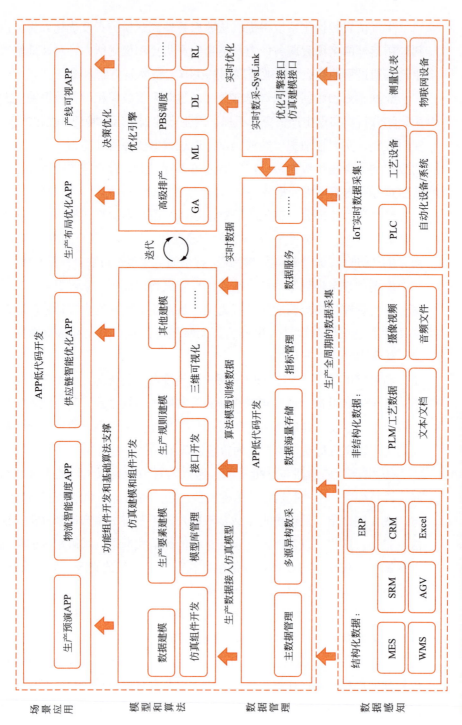

图6-15 基于工业互联网平台的生产仿真和优化系统架构

认配送完成。每日依据既定规则自动计算并执行线边库物流调度，且所有规则支持低代码配置，灵活可调，组态化的 APP 轻量化部署，不仅提升产线智能度，更让企业掌握业务逻辑的开发主动权，大大提升后期维护迭代的灵活性。

③ 到发货计划推荐　根据订单情况和生产状态，推测需要的到货时间，预留足够的时间（卸货入库时间、厂内物流时间等），再根据缺口数量或者缺口预测数据、供应商的信息（供应商发货仓库、供应商送货路径、装车配板时间等），结合两地政策，精准推算供应商最迟发货时间。保证生产物料满足生产，不致因物料短缺而停工；便于评估供应商能力，为采购人员提供更完整的数据支撑。

（3）应用价值与意义

以产线孪生平台为底座，实现 OT、IT 等系统之间的互联互通，将信息融合到一条完整业务流中，将计划排产、生产调度、智能控制等功能与业务深度结合，实现"人机料法环测"全生产要素的实时连接。在生产模拟过程中发现的问题可以被提前解决和改进，从而避免在实际生产时出现瓶颈、对产品出货造成影响，还有助于减少计划外的停机时间，最大化效率与产能，支撑运营智能决策、设备智能调度、供应链优化等智能应用。

以某国内汽车整车制造企业应用场景为例，连接 1500 个以上生产单元、2000 多名管理/操作人员。当生产条件发生变化时，通过生产仿真和实时优化系统，重新配置生产要素、优化调度计划，实现原材料库存资金占用下降 18%，仓储和管理成本下降 22%，流动资金增加 2 亿元，电能消耗每年减少约 1000 万度（1 度即 1 千瓦时）。

6.2.3　大型工程机械一体化平台典型应用

（1）应用背景与痛点

制造业是国民经济的支柱产业，随着互联网技术的快速发展，制造行业迎来了新的技术革新机遇。随着"中国制造 2025"的提出以及"工业 4.0""云制造"的持续推进，以数字孪生为核心的智能软件平台正逐步取代传统信息系统。

大型工程装备与施工环境、地质条件存在强耦合性,其根据工程需求高度定制化的应用模式决定了其设计、制造、运维过程的离散化和复杂化。随着数字化、智能化程度的提高,装备制造企业原有的价值创造方式、价值主体和价值逻辑也相应发生了大的变化。针对复杂施工环境下的重大工程对大型工程装备提出的适应性难题,存在大型工程装备多主体参与的设计/制造/运维一体化协同、复杂环境大型工程装备定制匹配设计、大型工程装备复杂环境下的在线智能运维等问题亟待解决[13]。

(2) 工业互联网解决方案

围绕基于数字孪生的高端装备智能设计/制造/运维一体化开展研究,突破工程机械装备全生命周期价值链与供应链协同、柔性排产、智能运维等方法和技术,开展工程机械装备一体化平台应用验证,实现复杂环境下定制化敏捷设计、高效制造、低成本运维。

针对工程机械装备数据、模型多源异构的问题,基于数字孪生的高端装备设计/制造/运维全局动态优化方法,研发基于数字孪生模型驱动的工程机械装备互联一体化平台,如图6-16所示,实现用户需求、计划、生产、主动服务、应急响应等业务协同,构建适用于工程机械装备数据、模型、服务的交互式应用生态圈。

① 分布式联合仿真 将采用分布式异构联合仿真工具集开发平台所需软件接口,基于平台和工具集完成关键模型的迁移适配并设计开发零部件或子系统及整机数字样机计算模板;基于数字样机计算模板开展关键不确定参数模型标定、多参数模型分析和设计参数自动优化等研究工作并形成相应的计算模板。

② 模型降阶工具集 为解决大部分数字样机无法实现准实时计算的问题,采用模型降阶工具集对关键的复杂子系统组件进行降阶处理,获得具备准实时求解性能的关键子系统高保真模型组件。

③ 制造过程仿真及优化 基于工程机械装备加工制造和工艺流程数字样机研究制造过程中的焊接工艺优化、生产排程优化等,基于关键子系统降阶模型组件、实时数据交互组件和三维动态可视化组件,构建凿岩台车零部件和整机的数字孪生系统。

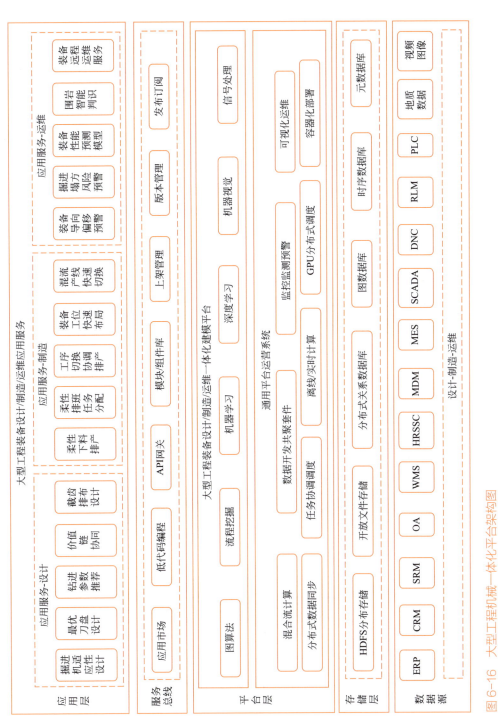

图6-16 大型工程机械一体化平台架构图

第6章 工业互联网赋能行业应用 271

④ 工程机械智能运维　研究数字孪生的智能应用，如故障诊断、寿命预测和智能维护决策等，开发健康管理系统以实现复杂环境下设备的智能远程运维与控制，开发数字孪生总控中心驾驶舱软件以实现复杂环境下相关管理、研究、测试的人员和设备等的全要素管控，助力设备研发测试、生产制造和运维服务的高效协同和创新能力。

（3）应用价值与意义

针对工程装备建立设计/制造/运维等多领域协同模式，构建融合施工环境、使用需求以及运维感知的全域数据模型，实现装备全生命周期价值链多主体协同。为适应复杂施工环境的应用需求，需研究知识融合的自适应设计方法，突破面向综合施工效能的模块化匹配设计关键技术，实现以地质环境和个性化需求为牵引的工程装备定制化设计。揭示大型工程装备与复杂环境耦合下的性能衰退机制，实现监测、诊断、预警等在线智能运维服务。

以某盾构机制造企业应用场景为例，开发数字样机和数字孪生系统及其相应的软件接口、组件库、工具集，为企业打造了服务于发动机设计、测试、制造、运维全生命周期的基于工业互联网的数字孪生平台，如图6-17所示。该系统实现了大型工程机械云边协同的智能运维和测试过程无人值守，助力制造企业在数字孪生领域创新研发能力的大幅提升，产品运行性能提升10%，产品研发周期缩短30%，产品异常率降低50%。

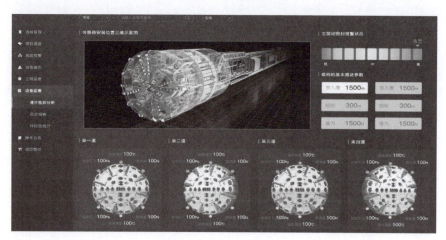

图6-17　大型工程机械一体化平台

6.2.4 动力电池行业智能工厂典型应用

(1) 应用背景与痛点

我国铅酸电池产业发展迅速,已经初见成绩,但是在发展过程中也存在一些问题。铅酸电池产业是一个劳动密集型产业,许多工序都需要人工操作和搬运,生产铅酸电池的工序严重影响员工身体健康,同时对环境产生污染且用工费用逐年递增,因此行业发展面临巨大压力。铅酸电池传统工艺车间环境恶劣,空气质量差,所有操作工人必须佩戴防毒面具和双层的工作手套,工作一段时间后必须休息 10~15min,而且一道工序往往需要几个操作工人合作完成,所需完成的工作重复性大,操作不当将产生大量不合格产品,生产效率较低[13]。

(2) 工业互联网解决方案

相关解决方案典型应用场景主要如下。

a. 动力电池智能工厂总体设计,研制、集成动力电池核心智能生产成套装备,突破短板工艺装备。

b. 实现车间现场网络与生产数据采集,建设安全可靠的车间工业互联网系统;配备智能传感与检测装置,实现生产数据的实时采集。

c. 生产管理系统集成创新,以企业资源计划和制造企业生产执行系统为核心,创新集成数据采集与监视、供应链管理、仓储管理系统和客户关系管理等智能生产管理系统,实现系统的高效协同和精益管理。

d. 全生产流程在线质量检测,将电池生产工艺环节作为主轴线,应用计算机视觉等多种技术,建立完善的质量监控体系,在行业平均水平上提升电池产品一致性和直通率。

e. 先进的车间物流调度系统,包括 AGV(智能引导装置)系统和智能流水线,实现产品生产过程中的非接触管理,提高生产安全性,保障产品质量。

f. 工业互联网平台部署建设,以动力电池制造的行业设备大数据为核心,满足动力电池制造企业的设备监测、故障诊断、次品预检、维保服务和三方协同等功能的业务需求。通过不断的数据积累、汇聚,建立行业预测分析模型,实现数据智能价值分析。云平台收集的数据为产品追溯提供依据。

① 高集成制造系统　动力电池智能工厂具有非常明显的系统属性，其作为一个多维度的智能系统，各个生产环节按照功能需求有机地组成相应规模的系统。通过数据中台能使任一系统内的所有个体之间都存在联系。在智能工厂中，系统的集成主要包括管理数字化平台的集成和虚拟与真实制造车间的集成[13]。

② 电池制造高智能决策　动力电池智能工厂中的设备都具有一定的电池部件检测、分析与判断能力，所有环节的决策都由设备与人共同完成。智能设备基于决策者提出的生产制造规则，通过工业互联网平台采集生产过程中产生的信息数据并与规则进行比较，自动执行决策过程，以此减少决策者主观因素造成的决策性失误。同时，决策生产过程将产生大量的知识数据，设备通过自学习后可丰富设备的决策规则，进而不断拓展和完善决策知识库，提高智能工厂的智能化水平[13]。

③ 动力电池全自动加工　智能工厂的执行终端主要包括生产线上的智能加工设备，智能加工设备通过接收决策指令进行相应加工作业。数字化、自动化和柔性化是智能工厂能够准确、高效地执行制造指令的必备条件。为避免加工过程中由于通信数据格式不一致而带来的通信问题，智能工厂中的加工、检测、储运等设备均采用统一的输入输出接口。另外，采用RFID、条形码、二维码等识别技术，智能工厂中的原材料、产品和设备等都具有唯一的身份标识，便于管理和质量追踪。最后，智能工厂配备智能传感网络，生产设备通过安装在其中的各类信号传感器实时采集加工过程中的状态数据，保证设备在生产过程中的稳定性和可靠性[13]。

（3）应用价值与意义

以动力电池的产品设计、工艺、生产、检测、物流和服务各环节的智能化需求为依据，以智能化生产线、先进制造系统、工业云平台和人工智能等先进技术为手段，对动力电池生产工艺及制造过程进行全方位监管和控制，大幅度提高动力电池产品的一致性、生产效率和资源综合利用率，降低运营成本和产品不良品率，缩短产品研制周期，形成动力电池智能制造产业协同创新机制，联合我国动力电池装备龙头企业、智能制造系统集成优势企业、专业研究院及高校等优势力量，提升动力电池智能制造水平，实现国产动力电池的市场份额提升。

以某动力电池生产工厂应用场景为例，基于工业互联网平台以制造为核心，有效地驱动了研发制造一体化、制造供应链一体化、制造服务一体化，如图 6-18 和图 6-19 所示，并在实践中得到了验证，取得了研制周期缩短 50%、运营成本下降 21%、不良品率下降 75%、资源综合利用率提升 24%、生产效率提升 56% 等良好效果[14]。

图 6-18　动力电池智能工厂数字驾驶舱

图 6-19　动力电池部件制造示意图

6.2.5　基于工业互联网平台的 AI 质检领域典型应用

（1）应用背景与痛点

2021年8月11日，全球权威咨询机构 IDC 发布了《中国 AI 赋能的工业质检解决方案市场分析，2021》报告，报告中提到：经过几年的发展，工业 AI 视觉质检市场也已经开始步入成长期，尽管在过去18个月内因为疫情等原因，工业质检市场交付呈现滞后现象，但2020年全年中国工业质检软件和服务市场仍然平稳增长，市场规模达到了1.42亿美元，较2019年有近32％的增长。目前也有各类新技术供应商凭借各自的优势进入了该市场，如云厂商、互联网企业、传统 IT 企业、AI 创业企业、传统机器视觉企业和工业互联网平台企业等都在 AI 视觉质检领域积极地布局和尝试[15]。

由于工业领域行业特点明显，AI 质检应用场景千差万别，因此目前所建立的各种 AI 质检系统，绝大多数只适用于某一特定环境或场合的专用系统，而建立一个可以比拟人类视觉和思考的通用的视觉系统是非常困难的，正因为如此，工业质检领域出现了很多新的供应商[16]。为了找到企业的痛点并加以改进，未来工业质检领域的技术供应商应该增强对产品生产流程、加工工艺等工业业务场景的理解与沉淀。

（2）工业互联网解决方案

针对上述问题，以工业互联网平台为基础，通过来自基础层的数据采集、数据存储，结合计算层的图像分类、目标检测等计算算法，通过交互层的任务管理、模型管理、数据管理等管理模块，实现生产过程数据分析与业务系统的融合，最后根据客户实际的业务系统基础，或以 API 方式集成，或以工业 APP 的方式部署，通过各种灵活的方式与客户的业务系统进行融合，实现 AI 质检在工业场景的落地，系统架构如图6-20所示。

AI 质检领域的典型应用介绍如下。

① 轮毂相似品智能识别与分拣　为了提升生产柔性，该工厂不同型号轮毂采用混线生产的方式，生产流程如图6-21所示，生产的轮毂类型如图6-22所示。由于生产工艺复杂，标签易损坏，人工无法稳定识别零件型号，所以对轮毂的识别精度要求极高，否则容易出现加工事故。

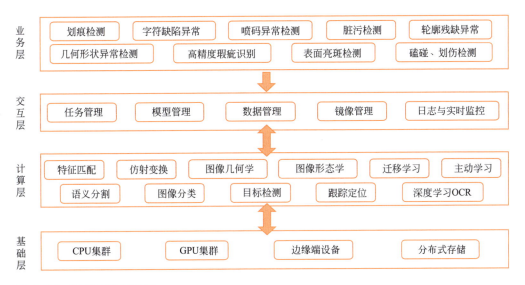

图 6-20　质检系统架构图

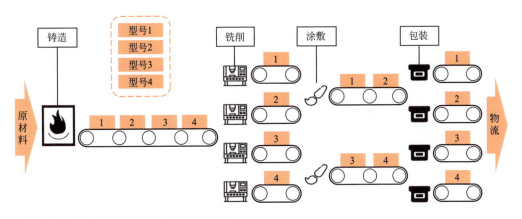

图 6-21　某大型轮毂制造企业的生产流程

图 6-22　某大型轮毂制造企业的轮毂类型

采用高精度智能轮毂分拣方法,利用轮辋、辐条、毂部、照片像素的信息,通过拍摄位置定义校准比例尺,利用点线面圆的显著特征进行选取,以照片像素级别特征作为选取的辅助参考,AI 驱动的轮毂特征识别原理如图 6-23 所示,识别结果如图 6-24 所示。

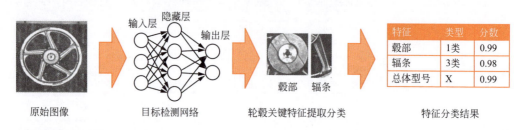

图 6-23　轮毂特征识别原理

图 6-24　轮毂特征识别结果

能够达到 10000 件零件出现 2 例未识别的准确率,并能够通过调整参数避免错误识别的出现,每张图片的计算时间为 1.5s,满足生产节拍要求。

② 汽车发动机涡轮叶片智能瑕疵检测　涡轮叶片是燃气涡轮发动机中涡轮段的重要组成部件,高速旋转的叶片负责将高温高压的气流吸入燃烧器,以维持发动机的工作。因此发动机涡轮叶片需要承受较大的工作应力和较高的工作温度,且应力和温度的变化也较频繁和剧烈,此外还有腐蚀和磨损问题,工作条件要求非常苛刻,对叶片的产品质量要求很高。同时,为提高涡轮效率,涡轮叶片的表面形状通常设计成扭曲的变截面曲面,形状复杂(如图 6-25 所示)[17],质检环节难度大,且非常重要。

图 6-25 某发动机涡轮叶片

考虑到涡轮叶片瑕疵识别的特殊性，针对高精度要求的场景，设计了一种利用 Patch+Sliding Window（图片块滑动窗）的方式进行瑕疵检测的神经网络架构，如图 6-26 所示。对比不同检测网络的性能，SSD Inception（单步多框目标检测模型）的效果最好，模型训练速度较于 Faster RCNN（快速区域卷积神经网络）也快将近 2 倍。

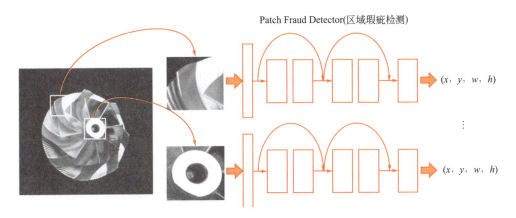

图 6-26 Patch Fraud Detector 结构图

通过现场的实验，占比 50% 的瑕疵类型（划伤、磕伤）能够被此模型检测出来，如图 6-27 所示，后续将针对不同瑕疵类别持续进行算法实

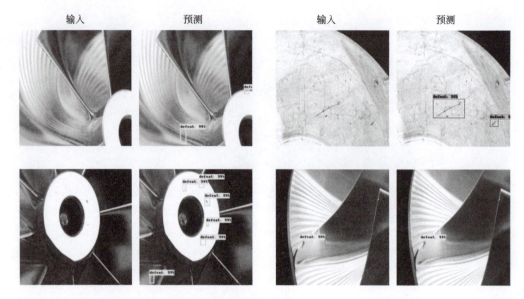

图 6-27　某发动机涡轮叶片瑕疵识别项目结果

验和研究。

（3）应用价值与意义

在工业生产过程中必须要对产品进行质检，但传统方法采用人工进行逐个筛查，具有耗费时间精力、薪资低、单一重复性强等缺点，而且人工检查存在较大误差，难以保证质量的一致性。在 AI 赋能的工业质检场景落地过程中，因为工厂的业务、技术负责人可以根据缺陷识别的准确率、误检率，企业内部人力成本的降低量，训练并识别缺陷的时效性来衡量这一场景的业务结果，AI 工业质检场景因 ROI 逐渐清晰，进而在工业企业大量尝试，逐步成为工业智能领域较为成熟的应用[17]。

目前，人工智能已经逐步赋能到 3C、汽车、电力、装备制造、材料、钢铁、水务等主要工业的细分领域，贯穿生产前、中、后的全流程，逐步形成了初步工业 AI 应用全景地图，初步统计已经有超过 30 个场景的明确应用，部分头部的工业企业已经探索并率先落地了一批具有代表性的 AI 应用场景。

参考文献

[1] 王辅臣. 煤气化技术在中国: 回顾与展望 [J]. 洁净煤技术, 2021, 27(1): 1-33.

[2] 桂卫华, 陈晓方, 阳春华, 等. 知识自动化及工业应用 [J]. 中国科学: 信息科学, 2016, 46(8): 1016-1034.

[3] 工业和信息化部. 建材工业智能制造数字转型行动计划（2021—2023 年）[EB/OL]. (2020-09-16)[2022-08-24]http://www.gov.cn/zhengce/zhengceku/2020-09/21/content_5545222.htm.

[4] 胡建. 基于大数据的复杂装备企业决策支持体系建设 [J]. 中国军转民, 2021 (9): 35-37.

[5] 施灿涛, 吴秀婷, 朱涛. 以数字基建支撑钢铁行业内涵式发展 [J]. 钢铁, 2021, 56(9): 50-55.

[6] 杨凯. 600 MW 间接空冷机组空冷塔散热器冬季防冻优化 [J]. 电力安全技术, 2018, 20(10): 60-62.

[7] 李岚. 大型间接空冷系统运行特性分析与优化 [D]. 南京: 东南大学, 2015.

[8] 俞赟. 模型预测控制在核电站堆芯温度控制中的应用研究 [D]. 北京: 华北电力大学（北京）, 2011.

[9] 陶飞, 刘蔚然, 刘检华, 等. 数字孪生及其应用探索 [J]. 计算机集成制造系统, 2018, 24(1): 1-18.

[10] 文勇. 危废焚烧炉配风控制的优化和应用 [J]. 工业锅炉, 2020(6): 16-19.

[11] 王季. 面向工程机械及关键零部件的云设计平台关键技术研究 [D]. 济南: 山东大学, 2018.

[12] 王文亮. 汽车总装车间生产物流流程建模与仿真优化 [D]. 西安: 长安大学, 2015.

[13] 刘强. 铅酸电池智能工厂及其关键技术研究 [D]. 杭州: 浙江大学, 2018.

[14] 孙俊杰. 宁德时代智能工厂实践与创新 [J]. 中国工业和信息化, 2022(S1): 72-77.

[15] 路通. AI 赋能的工业质检解决方案市场分析报告发布 [J]. 计算机与网络, 2021, 47(15): 9.

[16] 周华, 郑荣, 肖荣. 工业场景下 AI 质检关键技术及平台架构研究 [J]. 现代信息科技, 2022, 6(5): 149-151.

[17] 王刚, 赵万生, 于达人, 等. 柱坐标系下叶片曲面造型方法的研究 [J]. 航空精密制造技术, 2002, 38(1): 28-30.